上海市高水平地方高校建设项目应用经济学（金融学）
上海市哲学社会科学规划项目（2020BGL024）和河
（2018BJJ045）阶段性成果

企业履行社会责任对
财务效率与财务公平的影响研究

王 宾／著

RESEARCH ON THE INFLUENCE OF CORPORATE
SOCIAL RESPONSIBILITY ON FINANCIAL
EFFICIENCY AND FINANCIAL FAIRNESS

经济管理出版社
ECONOMY & MANAGEMENT PUBLISHING HOUSE

图书在版编目（CIP）数据

企业履行社会责任对财务效率与财务公平的影响研究／王宾著. —北京：经济管理出版社，2021.12

ISBN 978-7-5096-8133-6

Ⅰ.①企… Ⅱ.①王… Ⅲ.①企业责任—社会责任—影响—企业管理—财务管理—研究 Ⅳ.①F275

中国版本图书馆 CIP 数据核字（2021）第 251393 号

组稿编辑：许 艳
责任编辑：许 艳
责任印制：张馨予
责任校对：陈 颖

出版发行：经济管理出版社
　　　　　（北京市海淀区北蜂窝 8 号中雅大厦 A 座 11 层　100038）
网　　　址：www. E-mp. com. cn
电　　　话：（010）51915602
印　　　刷：唐山玺诚印务有限公司
经　　　销：新华书店
开　　　本：710mm×1000mm/16
印　　　张：14.5
字　　　数：238 千字
版　　　次：2021 年 12 月第 1 版　　2021 年 12 月第 1 次印刷
书　　　号：ISBN 978-7-5096-8133-6
定　　　价：68.00 元

前　言

　　中共十九大为中国开启了新时代，新时代要有新责任、新担当，还要走更远的路、担更大的责，2018年，习近平总书记发布的新年贺词中体现了发展和传承的思想，企业社会责任研究在经济发展新常态下被赋予了新的使命。现阶段，中国企业社会责任的相关理论分析和实践经验研究日益增多，研究成果如雨后春笋般涌现，与企业社会责任相关的国家政策、标准、法律都在不断地酝酿并陆续发布，中国企业社会责任的持续深入发展得到了有力的保障，中国企业的社会责任意识不断深入，更多的企业将社会责任融入发展远景和财务战略中，从而推动了整个社会可持续发展。但是近年来在这样的大环境中还是有许多忽视企业社会责任的事件暴露出来，如食品药品安全问题、生态污染、信用缺失等。忽视企业社会责任会影响国家健康发展，影响社会安全稳定，影响人民幸福生活，影响企业持续发展……诸多危害严重影响了国家整个企业社会责任体系的构建和健康发展。

　　从2008年"毒奶粉"到2016年"问题疫苗"，一系列忽视企业社会责任的事件频频发生，究其原因，我国目前仍处于社会主义发展初级阶段，社会责任意识刚刚起步，"利润最大化"这一财务管理目标对多数企业的影响依旧根深蒂固。在这样的现实中，研究企业履行社会责任的经济影响和社会影响就需要有更广泛的思路。近年来，企业社会责任被纳入企业财务管理战略中，并迅速与企业具体财务活动高度融合，企业社会责任思想逐步融入企业融资、投资、营运和分配财务活动中，企业社会责任对具体财务活动的经济和社会影响受到了越来越多的关注。国内外许多财务、会计和相关方向的专家学者专门研究了企业社会责任在融资、投资和信息披露等更具体更广泛的财务活动中的经济影响，取得了一些研究成果，为本书继续深入研究企业社会责任在其他具体财务活动中的经济和社会影响提供了坚实的理论和实践基础。

党的十九大报告提出："坚持按劳分配原则，完善按要素分配的体制机制，促进收入分配更合理、更有序。"党的十九大报告对效率与公平作了创新性调整，明确生产重效率，分配重公平。由此可以看出，站在财务活动的角度，企业既要在经营活动中提高财务效率，也要在增值分配活动中体现财务公平，两者兼顾。有学者提出财务双目标协调论，即在价值创造的财务活动中追求效率，在价值分配的财务关系中凸显公平，财务效率与财务公平是企业财务的两个方面，也是衡量企业绩效经济性和社会性的两个维度，绝不可只重视一方面而忽视另一方面。也就是说，企业要通过提高财务效率做大企业价值，再通过提升财务公平实现价值分配公平，既要注重经济效益，也要注重社会效益，这与党的十九大关于效率与公平的创新思路不谋而合。在这样的现实中，研究企业履行社会责任对财务效率与财务公平的影响可以让企业和社会从根本上认识企业履行社会责任的经济和社会影响效果。但是通过相关文献回顾可以发现，关于企业履行社会责任影响财务效率的研究缺乏系统性；关于企业履行社会责任影响财务公平的研究更是凤毛麟角。因此，本书从经营活动和分配活动中分别探寻和揭示企业履行社会责任对财务效率与财务公平的影响效应，帮助企业正确认识积极履行社会责任的重要性，并为我国提升财务效率与财务公平的企业社会责任的积极履行提供对策建议。

本书研究的主要内容包括以下五个方面：

（1）重新界定企业社会责任、财务效率和财务公平的概念，并系统性地衡量企业社会责任、财务效率和财务公平。本书通过深入研究企业社会责任的边界并找到已有定义的分歧原因，完善了企业社会责任概念；根据效率和公平的含义演化推导出财务效率和财务公平的概念。选择润灵环球企业社会责任评级得分和自行设计改进的每股社会贡献值作为企业社会责任的替代变量；用过程（财务资源投入产出比值）和结果（去除"噪声"的社会贡献率）两种形式来衡量经营活动中的财务效率；从劳动、管理、资本三个可观测角度对企业增值额分配时的财务公平进行衡量。

（2）在理清目前财务效率与财务公平的关系后，根据理论基础构建企业社会责任优势和劣势观点，据此进行企业履行社会责任对财务效率与财务公平影响的理论分析。本书首先结合研究效率与公平关系的国家政策和财务双重目标协调论，认为企业既要提高财务效率，又要实现财务公平，既要注重经济效益，也要注重社会效益，两者兼顾。其次依托相关理论基础，分析了基于利益相关者理论、资源基础理论和合法性理论的企业社会责任优势观点以及基于委托代理理论和"股东至上"理论的企业社会责任劣势观点的动因。在此基础上，理论论述了两种观点下企业履行社会责任对财务效率与财务公平的不同影响，并根据理论分析构建了包括主体检验、稳健性检验和拓展研究的实证研究框架。

（3）结合财务效率过程和结果两种形式，运用 DEA-Tobit 两阶段法和系统 GMM 方法，实证检验企业履行社会责任对财务效率的动态跨期影响效应，发现企业积极履行社会责任能提高后期财务效率，从过程和结果两方面真正给企业利益相关者提供可靠财富。另外，本书拓展研究了分别加入真实盈余管理和披露意愿因素后的影响情况，发现企业积极履行社会责任可通过提高其后期财务效率来增大利益相关者的利益预期，从而抑制后期真实盈余管理；只有在自愿披露社会责任报告的上市公司中，企业履行社会责任才能对后期财务效率起到实质性的提高作用。

（4）结合贡献三因素论，从劳动、管理、资本三个可观测角度，运用系统 GMM 方法，实证检验企业履行社会责任对财务公平的动态跨期影响效应，发现企业积极履行社会责任能提升后期财务公平，促进劳资公平、管理公平和资本公平的形成，实现共赢。另外，本书拓展研究了企业社会责任对细化后的财务公平在不同情况下的影响差异，发现只有利润侵蚀工资的企业滞后一期社会责任可以带来劳资公平；只有当企业高管激励不足时，滞后一期企业社会责任履行越好，管理公平状况就越好；在考虑了所有资本成本影响因素后，滞后两期企业社会责任履行越好，企业资本公平状况依然越好。

（5）分别从企业、政府、市场、社会舆论、信息披露和投资者六个层面为促进我国提升财务效率与财务公平的企业社会责任的积极履行提出对策建议。通过理论和实证研究发现，企业积极履行社会责任是企业提高财务效率、实现财务公平的重要途径，两者的相互促进和良性循环意义重大。因此本书基于多元治理机制，结合我国现实，从企业、政府、市场、社会舆论、信息披露和投资者六个层面提出对策建议，以促进我国提升财务效率与财务公平的企业社会责任的积极履行。

本书研究的创新点主要包括以下三个方面：

（1）根据效率和公平的含义演化推导出财务效率和财务公平的概念，并系统地衡量财务效率和财务公平。以过程和结果两种形式完善了财务效率的概念；采用 DEA 模型中基于产出导向的 BCC 模型计算得出的综合效率以及考虑了股东、包括高管在内的员工、债权人、政府、社区和环境六方主要利益相关者实际需求并剔除盈余管理后的社会贡献率对财务效率的两种形式进行系统性衡量。以利益相关各方"对收益的贡献"为分配依据和"等量贡献获取等量报酬"为分配标准重新定义了财务公平的概念；并以有弹性的分配为依据，基于贡献三因素论，从劳动、管理、资本三个可观测角度对财务公平进行衡量。

（2）基于企业社会责任优势和劣势两种相反观点，运用 DEA-Tobit 两阶段法和系统 GMM 方法，研究企业履行社会责任对不同形式财务效率的动态跨期影响效应，证实了企业积极履行社会责任不但能够提高后期过程形式财务效率，还能提高后期结果形式财务效率。这开拓了企业社会责任经济影响研究新的领域，从财务效率角度验证了我国推行披露企业社会责任信息制度的有效性，为利益相关者如何提高企业财务效率提供了新的有效方法。拓展研究发现，企业过程形式财务效率是滞后两期社会责任影响真实盈余管理的中介变量，不同披露意愿下企业履行社会责任对结果形式财务效率的动态跨期影响效应不同。

（3）基于企业社会责任优势和劣势两种相反观点，运用系统 GMM 方法，从劳动、管理、资本三个可观测角度，研究企业履行社会责任对财务公平的动态跨期影响效应，证实了企业积极履行社会责任能够提高后期财务公平，包括劳资公平、管理公平和资本公平，实现共赢。这开拓了企业社会责任社会影响新的研究领域，从财务公平角度验证了我国推行披露企业社会责任信息制度的有效性，为企业有效实现财务公平提供参考。拓展研究实证检验了企业社会责任对细化后的财务公平在不同情况下的影响差异，发现只有利润侵蚀工资的企业滞后一期社会责任可以带来劳资公平；只有当企业高管激励不足时，滞后一期企业社会责任履行越好，管理公平状况就越好；在考虑了所有资本成本影响因素后，滞后两期企业社会责任履行越好，企业资本公平状况依然越好。

目　录

第一章
绪 论

第一节 研究背景

一、我国加强履行企业社会责任的必要性

中共十九大为中国开启了新时代，新时代要有新责任、新担当，还要走更远的路、担更大的责。现阶段中国企业社会责任的相关研究如雨后春笋般涌现，许多企业都在自己的发展远景和财务战略中融入了社会责任元素，从而推动了整个社会可持续发展。党的十九大绘就了新时代中国特色社会主义的宏伟新蓝图，作为市场经济主体的企业，应始终不忘初心，以"担当成就大我"的情怀和精神，勇于履行社会责任，共同推进中国社会责任理论和实践的进步。2018 年，习总书记新年贺词热情洋溢，字里行间中体现了发展和传承的思想，企业坚持履行社会责任并与其战略、管理、经营等相结合，恰恰能够使其具备发展和传承的力量。因此，企业坚持更好地履行社会责任势在必行。

2017 年 11 月 7 日，由中国社会科学院企业社会责任研究中心指导、中国社会责任百人论坛主办的"2017 中国社会责任百人论坛暨首届北京社会责任展"在北京举行；2017 年 12 月 6 日，由新华网、中国社会科学院企业社会责任研究中心、中国企业改革与发展研究会等单位联合主办，完美（中国）有限公司、神东煤炭集团、国家电网等协办的"2017 中国社会责任公益盛典"在北京隆重举行；来自社会责任领域的国家多个部委有关领导、专家学者、国内外近百家知名企业负责人、媒体代表出席会议，共襄企业社会责任盛举。这些会议连续第九次发布《企业社会责任蓝皮书

（2017）》，首次发布《中国企业社会责任报告指南 4.0（CASS-CSR4.0）》《企业扶贫蓝皮书（2017）》《家用电器制造企业社会责任蓝皮书（2017）》《汽车企业社会责任蓝皮书（2017）》等最新研究成果；召开"精准扶贫，助力攻坚""开启报告价值管理新时代""跨国企业公益发展对话""汽车社会·角色"等主题论坛；会议遴选出具有代表性的积极履行社会责任企业样本：更好、更快地提供更高质量的药品和医疗服务来应对老龄化社会所面临的新的医疗健康需求的诺华集团（中国），计划为全国 10000 位贫困、初诊肿瘤患者免费提供比肩国际肿瘤专家水准的治疗方案的爱康集团，不断提升中国县域医疗服务能力，服务基层百姓健康的辉瑞集团。政府、企业和社会都在积极提倡和履行企业社会责任。

2017 年 12 月 26 日，中国证券监督管理委员会发布证监会公告〔2017〕17 号、18 号文，即《公开发行证券的公司信息披露内容与格式准则第 2 号——年度报告的内容与格式（2017 年修订）》和《公开发行证券的公司信息披露内容与格式准则第 3 号——半年度报告的内容与格式（2017 年修订）》对上市公司年度报告和半年度报告信息披露的内容与格式进行了统一修订，公告明确要求上市公司应在公司年度报告和半年度报告中披露其主要环境信息。从 2006 年《公司法》修订提出企业要"履行社会责任"开始，中国企业社会责任在十多年中迅速发展，国有企业、外资企业、民营企业共同推动中国企业社会责任发展。党中央、国务院积极酝酿企业社会责任相应的国家政策、标准、法律并陆续发布，中国企业社会责任继续深入发展得到了有力保障。如果每一家企业都能将自己的本职工作做好，每一家企业都能把自己的产品做好，每一家企业都能更好地履行社会责任，中国人梦寐以求的两个百年目标就更容易实现。

然而，目前还是存在诸多经济、社会和环境等问题，如资源枯竭、环境污染、贫富悬殊、就业困难、食品安全等。2007 年太湖蓝藻污染事件，让人谈"藻"色变；2008 年"三鹿奶粉"引发的中国奶制品污染事件，轰动一时；2009 年儿童血铅超标，重金属污染导致人心惶惶；2013 年起"雾霾"成为中国的标志词语延续至今；2016 年常州"毒跑道"伤害祖国的花朵；2016 年恶性"问题疫苗"引起了全社会的哗然；2017 年大范围的汽车安全"质量门"，闻所未闻。国内外层出不穷的社会责任事件说明，造成这些问题的一个重要原因就是企业忽视社会责任。忽视企业社会责任会影响国家健康发展，影响社会安全稳定，影响人民幸福生活，影响企业可持续发展……这些危害从本质上影响了整个社会责任体系的构建和健康发展。这些现状充分说明了现阶段我国加强履行企业社会责任的紧迫性和认识企业社会责任影响效果的重要性。

二、企业社会责任与财务效率和财务公平的融合现状

由于利益相关者理论的完善带来企业社会责任积极作用的凸显，企业社会责任被纳入企业财务管理战略中，并迅速与企业具体财务活动高度融合，企业社会责任思想逐步融入其融资、投资、营运和分配等财务活动中，企业履行社会责任对具体财务活动的影响受到了越来越多的关注（Lu et al.，2014）。国内外许多财务、会计和相关方向的专家学者专门研究了企业履行社会责任对企业融资行为（El Ghoul et al.，2011；Wu et al.，2014；徐珊和黄健柏，2016）、投资行为（Benlemlih & Bitar，2016；曹亚勇和于丽丽，2011）和信息披露行为（Chih et al.，2008；Kim et al.，2012；Ester Gras et al.，2016；冯丽艳等，2016；宋效中和孟丽，2016；Wang Bin，2017）等具体财务活动的影响，取得了一些比较可靠的研究成果，为本书继续深入研究企业履行社会责任对其他具体财务活动的经济和社会影响提供坚实的理论和实践基础。

党的十九大报告创新性地调整了效率和公平的关系，把效率纳入生产经营领域，把公平纳入收入分配领域，把两者巧妙地分开对待，避免矛盾出现。因为效率包括劳动效率、生产效率、财务效率等，是生产领域的范畴，分配领域讲的是公平不公平、合理不合理，不是效率高低的问题，即生产重效率，分配重公平。报告强调促进收入分配更合理、更公平，鼓励勤劳守法致富。由此可以看出，站在财务活动的角度，党的十九大报告提出的效率和公平分别对应着财务效率和财务公平，财务效率属于企业经营引起的财务活动范畴，财务公平属于增值分配引起的财务活动范畴，企业经营活动中要提高财务效率，增值分配活动中要体现财务公平。

同时有学者提出财务双目标协调论，即在价值创造的财务活动中追求效率，在价值分配的财务关系中凸显公平，财务效率与财务公平是企业财务的两个方面，也是衡量企业绩效经济性和社会性的两个维度，绝不可只重视一方面而忽视另一方面。也就是说，企业既要通过提高财务效率做大企业价值，又要通过提升财务公平实现价值分配公平，既要注重经济效益，也要注重社会效益，这与党的十九大关于效率和公平的创新思路不谋

而合。价值创造是"做饼",可以通过财务效率反映,价值分配是"分饼",可以通过财务公平反映;没有财务效率,就没有经济效益,财务公平只能是"空中楼阁";财务公平实现不了,也会降低利益相关者的积极性,恶化利益相关者之间的关系,引发诸如罢工、代理矛盾、人才流失、股东撤资等问题,社会效益就会低下,反过来又会影响财务效率的提高。企业经营活动必须要提高财务效率,要为利益相关者创造价值;分配活动也要妥善处理好财务关系,提升财务公平,合理解决利益相关者的财务利益诉求。企业应该具有双重财务目标,即财务效率最大化和财务公平最大化兼顾。

我国目前仍处于社会主义发展初级阶段,社会责任意识才刚刚起步,虽然企业社会责任建设取得了一定的成绩,但是经济发展的主导地位还很明显,"利润最大化"这一财务管理目标对多数企业的影响依旧根深蒂固。在这样的现实中,研究企业履行社会责任对财务效率与财务公平的影响可以让企业和社会从根本上认识企业履行社会责任的经济效果和社会效果,具有十分重要的理论和现实意义。那么,在我国当前的经济和制度环境下积极响应并履行社会责任的上市公司是否能够提高财务效率、促进财务公平,成为财务会计和财务管理学术界与实务界急需解决的新问题。通过相关文献回顾可以发现,关于企业履行社会责任影响其经营活动中财务效率的研究缺乏系统性;关于企业履行社会责任影响其分配活动中财务公平的研究更是凤毛麟角。因此,本书最终将研究聚焦在企业履行社会责任是否以及如何影响价值创造阶段的财务效率和价值分配阶段的财务公平。

第二节　研究意义

一、理论意义

(1)将企业履行社会责任产生积极影响的具体财务指标扩展至经营活动和分配活动。企业社会责任经济后果的相关研究从主要关注财务绩效类整体指标扩展至企业经营活动中的财务效率和分配活动中的财务公平,基于我国经济环境的经验证据的研究支持了积极履行企业社会责任的观点。

（2）为企业履行社会责任对财务效率与财务公平影响的研究提供了参考思路。有利于拓展公司财务效率和财务公平方面的基本概念、计算模型，为后续相关研究提供了扎实的基础，并为今后企业履行社会责任对财务效率和财务公平影响的研究提供了参考思路，具有重要理论价值。

（3）从理论上拓展了财务效率与财务公平的影响因素研究。阐述并证明了企业积极履行社会责任是提高经营活动中的财务效率以及提升分配活动中的财务公平的有效途径，拓展了财务效率与财务公平的影响因素研究。

（4）从企业经济效益和社会效益两个维度验证了我国实施企业社会责任制度的有效性和必要性。

二、现实意义

（1）有利于企业从财务效率与财务公平角度认识其履行社会责任的内在价值。本书深入揭示了企业履行社会责任对财务效率与财务公平的影响，能够为企业制定企业发展策略进行自我管理并积极履行社会责任提供一种新思路。

（2）有助于政府相关机构采取有效措施增加企业履行社会责任的行为。本书在我国现阶段的制度环境下考察企业履行社会责任对财务效率与财务公平的影响，为政府相关机构在企业社会责任方面的政策制定、立法、监管等提供了切实可行的依据，有助于监管机构采取有效措施增加上市公司履行社会责任行为。

（3）有利于投资者和其他利益相关者从财务效率与财务公平角度评价企业社会责任。本书的研究有助于投资者和其他利益相关者站在财务效率与财务公平角度准确评价企业社会责任行为，保障资本市场的有效运行，减少投资者的投资风险，保护利益相关者的权益。

第三节　研究目标

本书的研究目标包括以下几个方面：

（1）完善财务效率和财务公平的概念界定，全面衡量财务效率和财务公平。

（2）从支持和反对企业履行社会责任两个相反方面理论分析企业社会责任对财务效率与财务公平的影响。

（3）实证检验企业社会责任对财务效率和财务公平的动态跨期影响效应。

（4）基于多元治理机制，为促进我国提升财务效率与财务公平的企业社会责任的积极履行提供对策建议。

第四节　国内外研究现状

梳理国内外关于企业社会责任经济后果的研究现状，为企业履行社会责任影响财务效率与财务公平的有效研究提供了理论基础和经验支撑。目前国内外研究企业社会责任经济后果的起点都集中于企业社会责任的概念，终点都集中于企业财务绩效（沈弋和徐光华，2017；李国平和韦晓茜，2014），本书也借鉴这个起始点和归属点展开文献综述，企业社会责任经济后果的研究现状具体分析框架如图1-1所示。

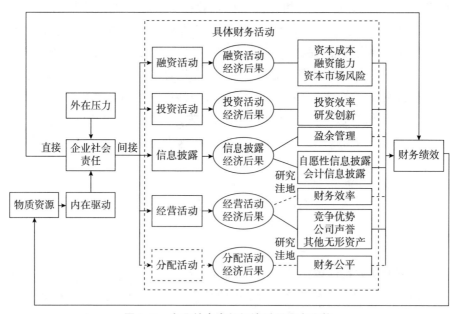

图1-1　企业社会责任经济后果研究现状

一、企业社会责任的概念

Clark（1916）最早提出企业社会责任的思想，接着 Bowen 正式提出"企业社会责任"里程碑式的概念，接着学者们一直在研究，但是对企业社会责任的定义和边界迄今为止没有明确，并且存在很大争议，正如 McWilliams 等（2006）所描述的，企业社会责任在管理学科中是存在分歧和争论最多的。"商人社会责任观"是企业社会责任概念研究的起源，它认为职业经理人应该在原有为股东负责的基础上多承担社会性事务。同时，含有道德因素的企业行为也成为国内外学者研究企业社会责任概念的主要出发点。

1. 企业社会责任的广义概念

企业社会责任的广义概念来源于其外延范围。国外有代表性学者的研究中，Davis（1973）提出了企业社会责任"扩展圈"来定义企业社会责任。Carroll（1979，1991）提出了企业社会责任四层次模型来定义企业社会责任。许多学者后来证实了他们的广义定义。

国内学者的相关研究中，刘俊海（2005）把企业社会责任分为道德上的责任和法律上的责任。曹凤月（2005）认为企业社会责任包括股东及股东以外的利益相关者共六个方面。周祖城（2005）认为，企业社会责任是包含经济、道德和法律三层次的综合责任。深圳证券交易所也是基于广义企业社会责任思想定义其概念的。黎友焕和龚成威（2009）认为，企业社会责任需要结合社会发展，是企业对包括股东在内的各利益相关者所承担的责任。周祖城（2016，2017）针对企业社会责任定义进行了全面的总结，支持广义企业社会责任定义。

显然，企业社会责任的广义定义是一个大范围的概念，这一概念包含了企业对所有利益相关者应该承担的责任，包括经济责任、道德责任和法律责任等。企业不但要履行经济责任，还要履行道德责任和法律责任等，这样才算真正履行了企业社会责任。定义企业社会责任广义概念的学者认为企业利润与社会福利正相关。

2. 企业社会责任的狭义概念

国外学者的相关研究中，Davis（1960）等把企业社会责任定义为在直接经济或法律目标之外的企业社会性问题所承担的责任和义务。狭义定义认为只有这样才能更清晰地表达其实质，但是与企业直接经济责任有冲突。McGuire 首次将企业应该履行的责任分为经济责任、社会责任和法律责任，以便清楚区分经济责任与企业社会责任。Brummer 在 Carroll 研究基础之上，提出了包括四种并列且不同的责任的企业责任概念。

国内学者袁家方是我国较早提出企业社会责任狭义概念的（袁家方，1990）。李占祥（1993）认为企业社会责任是企业对股东以外社会的职责、贡献和义务。卢代富（2002）把企业保持和增加股东以外社会福利的责任和义务定义为企业社会责任的狭义概念。屈晓华（2003）定义企业社会责任为企业对政府、社区、消费者和商业伙伴履行的各种积极义务和责任。

显而易见，狭义企业社会责任的定义是一个局部的概念，仅仅指企业除去股东经济责任以外对社会应该履行的责任，与经济责任等并列且不同，不同的学者认为其包含的内容也不同，但可以肯定的是，经济责任不包含在企业社会责任的狭义概念中。

3. 企业社会责任的衍生概念

对于企业社会责任概念的定义，自 20 世纪 80 年代以后，国内外学者基本上都是在已有概念的基础上进行修正或者补充。由于企业社会责任的概念存在抽象、模糊和不一致性，郑若娟（2006）发现，为了丰富企业社会责任概念研究，学者们在其基本思想的基础上衍生其定义。Preston 和 O'Bannon（1975）衍生得出企业社会响应概念。Frederiek（1994）也认为，企业社会响应是企业社会责任的一种衍生。Sethi（1975）衍生得出企业社会绩效维度，包括社会义务、社会责任和社会回应三个维度。Wood（1991）在 Carroll 的模型基础上，衍生出企业社会责任整合模式，包括社会责任原则和社会响应过程。此外，企业公民、社会责任审计、社会报告披露、社会责任投资等概念也是由企业社会责任概念衍生出来的。这些衍生概念的出现不仅丰富和改进了企业社会责任概念，而且更加明确了企业社会责任的本质。

二、企业社会责任的衡量

1. 企业社会责任衡量方法

企业社会责任的衡量方法主要有三类：声誉指数法、内容分析法和量表调查法。

第一，声誉指数法是第三方机构以企业声誉为基础对企业社会责任评级进行衡量的方法。国外实证研究广泛运用这种方法。CEP 指数、财富声誉评级、KLD 指数都是具有代表性的声誉指数法，分别对企业与各利益相关者关系表现进行评估赋分，再按照相应权数求和并评级。除此之外，CSID 指数（Makni et al.，2009）、Milton Moskowitz 评级（Sturdivant et al.，1977；Cochran & Wood，1984）等也比较有权威性。我国目前比较有权威性的声誉指数法是和讯网企业社会责任评价体系数据库、《南方周末》发布的"中国国有上市企业社会责任榜"的数据库和中国社科院发布的中国企业社会责任发展指数。不同国家环境不同，不同学者理解的企业社会责任也不同，因而相关研究所使用的数据库不同，研究结果就可能存在差异。运用声誉指数法的原因在于其权威性、低成本性、易获得性、持续性等优点，但是声誉指数法也存在主观性（Cochran & Wood，1984）、样本局限性、地域局限性（Turker，2008）、模糊性（Fryxell & Wang，1994；Griffin & Mahon，1997）、可信度问题（Jones，1995）等局限性。

第二，内容分析法是学者依据企业财务报告、环境报告、社会责任报告等自行设计指标，进行企业社会责任指数计量的方法，没有统一的标准体系。早期学者运用内容分析法的思路是，根据企业年报中所需的企业社会责任信息是否披露来打分，最终汇总得到的总分可以衡量企业社会责任。现在学者往往会建立完善的指标体系，通过提取报告中的具体数字使各项得分更细致和准确，然后运用数学、物理、运筹学等求权方法确定权数，进而求出社会责任综合评价指数。Abbott 和 Monsen（1979），Hart 和 Ahuja（1996），温素彬和方苑（2008），张兆国等（2013）等很多研究都是通过这种方法来衡量企业社会责任履行程度的。Wang Bin（2015）基于企业内部财务数据，运用 MFCA 和 LIME 方法及两者的结合构建了计算内外部环境成本的计算模型，也为衡量企业社会责任提供了参考。内容分析法被采用的原因在于，内容分析法的数据源于企业各种报告的客观数据，研究者可以自行设计指标进行计算，不用依靠其他第三方机构，避免了第三方机构的主观性以及样本局限性等缺点，但是也存在数据有偏（Ingram & Frazier，1980；Freedman & Wasley，1990）、报告披露不全面、缺乏持续性、单因素指标度量不全面（Du，2014）等局限性。

第三，量表调查法是学者依据研究需要自行设计企业社会责任指标体系和量表，依靠问卷调查方式获取数据从而得到衡量指数的方法。Aupperle 等（1985）以及 Quazi 和 O'Brien（2000）基于实践认为，量表调查法应用非常广泛，应用方式也较为灵活。量表调查法在企业社会责任难以用准确数据衡量时发挥了重要的作用。研究者可以摆脱数据的限制，考虑所有需要的维度设计量表。但是，量表调查法也有很多问题无法解决：需要权衡量表设计和问卷调查所耗费的巨大成本与信息必要性；问卷调查法主观性比较大。即使是最客观的题项设计和最科学的调研程序，答卷人的主观目的或偏好也很容易影响到调查结果；调查对象认知与企业履行社会责任行为偏差较大。大部分学者把高层管理人员作为调查对象进行量表调查，由于认知与实际的差异，就难以得到企业社会责任的真实信息，研究偏差较大；强迫选择量表误差较大（Turker，2008）。受访者接受调查时可能由于特殊的原因隐藏自己的真实想法，这样得到的测量结果就会误差较大。

2. 文献评价

综上所述，目前的企业社会责任衡量方法主要有以下特点：首先，衡量方法难以统一，概念框架亟待完善。其次，由于学者对企业社会责任的认识不够准确，选择的企业社会责任替代变量就存在过于片面、误差大等不准确性。最后，研究应有所侧重，符合行业特色。上述三种方法各有优缺点和适用环境，由于目前经济环境复杂且多变，衡量企业社会责任时要结合上述三种方法的优点，既要充分考虑方法的普遍性，又要充分考虑方法的准确性，既要充分考虑方法的适用性，又要充分考虑方法的行业特色，综合选择替代变量。

三、企业社会责任与财务绩效的关系研究

企业社会责任与财务绩效关系的研究成果比较丰富，包括企业社会责任影响财务绩效的规范研究、实证研究、路径研究和财务绩效反过来影响企业社会责任的研究。

1. 企业履行社会责任影响财务绩效的规范研究

企业履行社会责任影响财务绩效的规范研究主要是从理论上论述企业履行社会责任应该对财务绩效产生的影响以及理论模型的构建。

第一，相关关系理论研究。早期研究学者认为，企业履行社会责任与财务绩效负相关。Friedman（1970）认为，企业履行社会责任不利于股东最大化财务目标实现，负面影响企业财务绩效产生。Galaskiewicz（1997）指出，企业社会责任行为会被高管过度使用来满足私利，影响企业财务绩效的提升。姜启军（2007）通过理论分析认为，企业履行社会责任在短期内会使利润降低，不利于财务绩效的提高。

随着利益相关者理论迅速发展和相关研究的深入，越来越多的学者研

究得出企业积极履行社会责任能够提高财务绩效的结论。Freeman（1984）提出的利益相关者理论极大地支持了企业社会责任与财务绩效的正相关关系。Jones（1995）、Barnett（2007）提出的"工具性利益相关者理论"通过企业管理利益相关者也证实了两者正相关关系。Surroca 等（2010）运用资源基础理论解释了企业社会责任能够提高企业财务绩效。张彦明等（2012）运用利益相关者理论和社会契约理论，发现企业社会责任与财务绩效能够相互提高。胡静（2015）制定出企业社会责任战略决策管理路径，最终为企业有效承担社会责任、创造价值和协同战略以实现稳定的可持续发展提供指导性理论依据和实践参考。

第二，理论模型的构建。少部分学者通过构建企业履行社会责任影响财务绩效的理论模型研究两者的关系。他们依据经济学与金融学的基本假设构建理论模型，进而推导出两者的关系。具有代表性研究有 Heinkel、Kraus 和 Zechner（2001）的市场分割理论模型，基于供需关系的 Mackey 等（2007）供需模型等，田虹和王汉瑛（2014）基于异质性企业社会责任的三维交互理论模型；田虹和王汉瑛（2016）基于异质性企业社会责任的"前后门机制"理论模型。

2. 企业履行社会责任影响财务绩效的实证研究

企业履行社会责任影响财务绩效的实证研究是近年来的主流研究方法，由于研究方法和研究内容的差异较大，企业社会责任与财务绩效的关系在实证研究中结论差异也较大，有负相关关系、正相关关系、不相关关系、分维度混合相关关系、非线性关系、加入中介变量相关关系、加入调节变量相关关系和元分析结论。

第一，负相关关系。国外学者的相关研究中，Bragdon 和 Marlin（1972）认为，企业履行社会责任会增加企业的成本，减少财务绩效，不利于在激烈的市场上竞争。Folger 和 Nurt（1975）通过实证研究发现，企业社会责任与财务绩效呈显著负相关关系，社会责任履行较好的企业股价反应并不好。Navarro（1988），Brammer 和 Millington（2008）也证明了企业社会责任与财务绩效负相关。

我国也有部分学者通过实证研究证实了企业社会责任负向影响财务绩效。李正（2006）通过研究 2003 年 521 家上市公司的财务数据，发现企业履行社会责任会降低财务绩效。邵君利（2009）通过研究 A 股化学制品上市公司 2002~2004 年财务数据，证实了企业社会责任负向影响财务绩效。姜启军（2007）通过实证研究也证实了两者之间的负相关关系。

第二，正相关关系。随着利益相关者理论的迅速发展和相关研究的深入，越来越多的学者通过实证研究得出企业积极履行社会责任能够提高财务绩效的结论。国外学者的相关研究中，Cochran 和 Wood（1984），Preston 和 O'Bannon（1997）的研究证实企业社会责任与财务绩效的正相关关系。Ruf 等（2001）在研究产品质量、环境保护等企业社会责任履行情况时，发现企业履行社会责任正向显著影响后期的财务绩效。Mcpeak 和 Tooley（2008）的研究结论也间接证实了企业社会责任与财务绩效具有显著的正相关性。还有很多学者的研究证实了这种正相关关系（Fombrun et al.，2000；Hillman & Keim，2007；Freeman et al.，2007，2010）。

在国内的研究中，较多学者研究得出企业社会责任与财务绩效正相关。刘长翠和孔晓婷（2006）研究随机选择的上市公司，发现企业社会责任贡献率与净资产收益率显著正相关。杨熠和沈洪涛（2008）以国内 A 股上市公司 1997~2003 年财务数据为研究对象，控制时间、公司规模、行业等变量后，得出企业社会责任与财务绩效正相关。李双辰、张春旺和李芳（2015）基于利益相关者理论，通过研究我国电力行业 51 家 A 股上市公司 2011~2013 年面板数据发现，电力企业当期财务绩效与社会责任呈显著正相关关系。蔡月祥和杜丽（2016）以我国医药行业上市公司为样本，建立结构方程模型研究相关问题，结果表明经济责任和社会责任的履行都能提高财务绩效，两种影响存在差异。杨皖苏和杨善林（2016）研究发现企业社会责任与财务绩效正相关。傅超和吉利（2017）的研究从侧面反映了公司履行企业社会责任的"声誉保险"作用，从而提高财务绩效。马连福（2003），陈留彬（2007），钟成武（2008），冯文彬（2009），任力和赵洁（2009），乔海曙和谭明（2009），李四海（2009），刘琪（2009），杨晓旭（2010），张彦明等（2012），胡静（2015）也都证实了企业社会责任与财务绩效的正相关关系。

第三，不相关关系。国外学者的相关研究中，Sturdivant 和 Ginter（1977）研究了四个不同行业的数据，发现企业社会责任与财务绩效不相关。Mc Williams 和 Siegel（2001）研究了 1991~1996 年企业数据，采用"KLD"指数替代企业社会责任，用企业价值替代财务绩效，结果表明两者不显著相关。Brammer 和 Millington（2008）选择股票回报率作为财务绩效替代变量，研究发现企业履行社会责任对财务绩效的影响不显著。

Brine、Brown 和 Hacket（2014）选择澳大利亚300ASX指数中的277家企业为研究样本，以资产回报率和销售回报率为财务绩效的替代变量，结果显示企业履行社会责任对财务绩效的影响不显著。

国内的研究中，王建琼和何静谊（2009）选择2005年A股制造业上市公司作为研究样本，以净资产收益率作为财务绩效的替代变量，通过实证研究发现企业社会责任不显著影响财务绩效。李建升和李巍（2010）研究企业社会责任与财务绩效的关系，发现两者不直接相关，但是可以通过需要的条件使企业履行社会责任提高财务绩效。张兰霞（2011）控制所有权性质、行业、地区差异等变量后通过实证研究发现，企业履行社会责任不能影响财务绩效。郭锐等（2006），胡铭（2008），陈守明等（2008），朱凯等（2009）；李新娥和穆红莉（2010），于晓谦和程浩（2010）的研究也证实了企业社会责任与财务绩效不相关。

第四，分维度混合相关关系。国内一些学者按照利益相关者的不同类型把企业社会责任细分为若干维度，然后分维度研究企业履行社会责任对财务绩效的影响。杨自业和尹开国（2009）构建企业总体社会绩效的各个子维度，发现各个子维度社会绩效对财务绩效的影响存在差异。员工维度社会绩效与财务绩效不显著相关；顾客和社区维度社会绩效与财务绩效显著正相关；而环境社会维度社会绩效则与财务绩效显著负相关。龙文滨（2013）认为，企业社会责任与财务绩效显著相关，但是不同维度的社会责任对以会计指标表示的财务绩效的影响大小和方向不同。赵存丽（2013）认为，我国民营企业的利益相关者责任和经济责任与财务绩效显著正相关，但创新责任、环境责任和透明度责任与财务绩效的相关性有差异，国有企业社会责任多数维度与财务绩效负相关。吴方等（2015）以医药行业上市公司为样本，研究发现企业履行社会责任可以正向影响财务绩效，但是不同利益相关者所履行的责任对财务绩效的影响不同。刘雪雁（2016）通过对造纸行业企业的实证研究发现，履行员工社会责任会降低财务绩效，履行股东和顾客社会责任会提高财务绩效，而履行政府和债权人社会责任则与财务绩效不显著相关。徐玉德和谭超（2016）选择我国食品行业2010~2014年上市企业为研究样本，建立结构方程模型分维度研究，发现企业履行各维度社会责任对财务绩效的影响存在差异，履行股东、消费者、政府维度社会责任对财务绩效的影响重要程度占前三名。魏丽玲和陆旸（2016）选择上市公司财务数据，研究分析企业对股东、员工、债权人等主要利益相关者履行社会责任对其财务绩效的影响，发现其基本上都是显著正相关的。朱雅琴和姚海鑫（2010），乐烨华和张其秀（2010），孙清亮和张天楠（2010），陶文杰和金占明（2012）也分维度研究了企业社会责任与财务绩效的关系。

第五，非线性关系。尽管绝大多数企业社会责任与财务绩效关系的相关研究都试图探寻两者的线性关系，但是实际上两者之间可能存在更为复杂的非线性关系，如 U 形关系或倒 U 形关系。Wang、Choi 和 Li（2008）通过研究 817 家美国标准普尔上市公司慈善捐赠与财务绩效的关系发现，企业慈善捐赠与财务绩效在动态环境中显著地呈倒 U 形关系。Bouquetc 和 Deutsch（2008）研究了 800 多家美国上市公司 1991~2003 年的相关数据，对企业社会责任与企业海外市场盈利能力的关系进行了深入探讨，发现企业社会责任活动参与程度与其在海外市场的盈利能力呈 U 形关系。稽国平等（2016）实证研究了 2009~2013 年沪深主板和中小企业板 188 家上市公司，结果表明企业履行社会责任对企业财务绩效的影响呈"U"形。Brammer 和 Millington（2008）发现，企业社会责任与财务绩效之间呈正二次曲线相关，还有的呈负二次曲线相关。

第六，加入中介变量相关关系。伴随企业履行社会责任影响财务绩效研究方法的发展和研究成果的丰富，越来越多的学者开始认识到企业社会责任可能通过一些中介变量影响财务绩效。

国外学者研究发现管理者对企业社会责任的认知（Sharma et al.，2000）、组织内外部资源（Orlitzky et al.，2003）、利益相关者关系（Barnett，2007）、企业与客户的关系（Vlachos et al.，2009）、无形资本（Surroca et al.，2010）、社会合法性（Beddewela & Fairbrass，2016）在企业履行社会责任影响财务绩效过程中充当重要的中介变量。

国内学者也有很多上述类似的发现，重要的中介变量也可能包括媒体关注度、供应链规制压力和企业社会责任异质性。例如，陶文杰和金占明（2012）研究发现，媒体关注度在企业社会责任影响财务绩效过程中起中介作用。黄伟和陈钊（2015）基于全球供应链上企业社会责任规制压力的视角，研究发现外资企业通过供应链上的企业社会责任传导机制提高财务绩效。田虹和王汉瑛（2016）通过理论研究发现，异质性企业社会责任通过协同降低异质性风险从而提高财务绩效，然后通过实证研究发现，商业型企业社会责任以及异质性企业社会责任协同能够通过"前门"机制和

"后门"机制同时影响财务绩效，慈善型企业社会责任只能通过"前门"机制影响财务绩效。

第七，加入调节变量相关关系。国内外学者们开始认识到加入诸多权变因素在研究企业履行社会责任影响财务绩效时越来越重要，如考虑企业自身特点、行业属性、市场环境、政治、社会、文化等调节变量的影响。

首先，一些学者实证研究了企业自身特点的调节作用。实证研究发现，企业能见度如广告强度（Koh，Qian & Wang，2015），企业规模（Cui，Liang & Lu，2013），组织内部资源或能力如行业增长率（Garay & Font，2012）、创新能力（McWilliams & Siegle，2001；Hull & Rothenberg，2010）和企业影响利益相关者的能力（Barnett，2007）、企业社会责任参与战略程度（Tang，Hull & Rothenberg，2012）等自身特点变量显著调节企业社会责任与财务绩效之间的关系。其次，除了企业自身特点，外部情景因素也显著影响企业社会责任与财务绩效的关系。实证研究发现，行业区分度（Hull & Rothenberg，2010）、从风险管理角度出发的行业竞争程度（Koh，Qian & Wang，2015）、从资源依赖理论出发的环境动态性（Wang，Choi & Li，2008）、政治关联（孔龙和李蕊，2015；贺婷，2016；董千里等，2017）等外部情景变量显著调节企业社会责任与财务绩效之间的关系。

此外，盈余管理也可能起到调节作用，由于国外具备比较成熟的资本市场，暂时没有发现企业社会责任影响财务绩效加入盈余管理作为调节变量的研究，只有 Gao 和 Zhang（2015）关于利润平滑、盈余管理与公司估值关系的研究；国内由于公司治理不完善，企业社会责任研究也处于开始发展阶段，只有钟向东和樊行健（2011）加入盈余管理因素后研究企业社会责任对财务绩效的影响，王霞、徐怡和陈露（2014），吉利、何熙琼和毛洪涛（2014）通过社会责任信息披露、盈余管理和财务重述等进行的一些间接的研究，张兆国、靳小翠和李庚秦（2013）通过内容分析法衡量企业社会责任，然后实证研究企业履行社会责任对剔除应计盈余管理后的财务绩效的影响。

第八，企业社会责任与财务绩效关系元分析。为了使企业履行社会责任影响财务绩效的研究结果更全面，国内外少部分学者采用对已有相关文献进行综述的元分析方法。Griffin（1997）通过研究 51 篇发表于 1972 ~ 1997 年的相关文献发现，大部分研究结果支持两者正相关。Margolis、Elfenbein 和 Walsh（2007）通过研究 167 项相关文献得出，企业社会责任与财务绩效显著正相关且两者互相影响。Orlitzky 和 Benjamin（2003）以 18 项研究为样本，研究发现两者之间显著负相关。Van Beurden 和 Gossling（2008）通过研究 1990~2002 年 34 项相关文献发现，两者之间显著负相关。Margolis 和 Walsh（2009）以 109 项研究为样本，发现其中有 54 项研究认为企业社会责任与财务绩效之间显著正相关，认为两者关系不明确的有 20 项，认为两者关系不显著的有 28 项，认为两者显著负相关的有 7 项。Allouche 和 Laroche（2005）以 82 项相关文献为样本，研究发现企业社会责任与财务绩效显著正相关，两者的相关性受其衡量方法的影响较大。Wu（2006）以 121 项研究为样本，得出两者显著正相关，衡量方法对检验结果有较大影响，财务绩效选择会计指标时的相关性比选择市场指标要大。Orlitaky 等（2003）、Margolis 等（2009）、Lu 和 Martin（2016）等研究均显示，企业社会责任与财务绩效显著正相关。Wang 和 Gao（2016）以 2001~2010 年国外主流期刊中 774 篇关于企业社会责任的研究为样本，发现约 20% 的研究中企业社会责任与财务绩效关系的实证检验衡量方法和理论基础都不同。陈宏辉等（2016）通过研究我国 312 篇企业社会责任相关文献发现，企业社会责任与财务绩效的关系研究占多数。

3. 企业履行社会责任影响财务绩效的路径研究

随着研究的深入，学者们试图研究企业履行社会责任具体通过什么途径影响财务绩效，目前学者们研究得出主要路径有以下方面：一是降低资本成本，如 Dhaliwal 等（2011）认为，企业履行社会责任可以帮助其降低资本成本等；二是提高企业在消费者中的认知度和提高消费者对企业的忠诚度，如 Kotler 和 Lee（2005）认为，企业履行社会责任能够提高企业在消费者中的认知度和提高消费者对企业的忠诚度，一些新客户往往比较重视社会责任，这样的新客户就会被吸引；三是竞争战略，如 Porter 和 Kramer（2006，2011）认为，履行企业社会责任能够帮助企业获得竞争优势；四是更容易吸引到优秀雇员，如 Turban 和 Greening（1997）研究得出，优秀的人力资源优势会存在于社会责任履行比较好的企业，而且优秀的雇员会源源不断地进入；五是降低企业风险，如冯丽艳（2017）等研究得出，企业积极履行社会责任能够降低非系统性风险，通过降低企业风险这条路径提高财务绩效。

4. 财务绩效影响企业社会责任的研究

目前企业履行社会责任影响财务绩效的研究成果较丰富，学者们基于不同角度研究影响的过程、结果和路径等，还有一些学者认为两者并不是单向关系，财务绩效反过来也能影响企业社会责任。Ullmann（1985）、Orlitaky 等（2003）研究认为，企业如果拥有良好的财务绩效，就有足够的经济基础和经济能力去履行社会责任，所以财务绩效反过来也能影响企业社会责任。

有些学者认为企业社会责任的动因或者前置因素之一是财务绩效，Waddock 和 Graves（1997）、McGuire 等（1998）、Surroca 等（2010）认为，财务绩效与企业社会责任呈正相关关系的主要理论依据是资源松弛理论。Orlitzky 等（2003）回顾了以往 52 个研究，综合了 33878 个观察值，也发现财务绩效较弱地正向影响企业社会责任。张兆国等（2013）通过研究两者之间交互跨期影响发现，财务绩效正向影响企业社会责任。刘华等（2016）通过准实验研究发现，财务绩效对强制披露企业社会责任与操纵性应计、真实盈余管理关系起调节作用。张原等（2017）研究了我国 2012~2015 年上市医药行业企业社会责任与财务绩效的交互影响，发现财务绩效正向影响企业社会责任。董千里等（2017）研究发现，沪深 A 股上市制造企业当期财务绩效与当期企业社会责任存在显著交互影响。

5. 文献评价

第一，关于企业社会责任与财务绩效的关系没有形成统一的结论。但是整体而言，现有研究倾向于认为两者之间存在显著的正相关性，企业社会责任和财务绩效的衡量方法对两者的相关性影响较大。

第二，企业履行社会责任直接影响财务绩效的研究成果丰富，间接影响的相关研究也已开始。现阶段相关研究已经转变为在企业社会责任与财务绩效之间加入中介变量、调节变量等中间变量研究以及影响路径研究和两者之间的交互影响研究。

第三，企业履行社会责任对具体财务活动的影响日益增多。近年来，企业社会责任与具体财务活动高度融合，企业社会责任思想逐步融入其融资、投资、营运和分配等财务活动中，企业履行社会责任对融资、投资和信息披露等更具体更广泛财务活动的经济影响和社会影响受到了越来越多的关注，企业履行社会责任的影响对象已经由财务绩效整体指标转变为与具体财务活动相关的财务指标，并取得了一些较可靠的研究成果。

根据目前企业社会责任与财务绩效关系的相关研究成果、党的十九大对效率与公平的新定位、财务双重目标协调论，结合目前具体财务活动中企业社会责任经济后果的研究"洼地"，为了解在这种制度环境下企业积极履行社会责任是否能够提高经营活动中的财务效率、实现分配活动中的财务公平，本书把企业履行社会责任的影响对象定位在企业经营活动的财务效率和分配活动的财务公平上，对我国企业履行社会责任是否及怎样影响其财务效率与财务公平进行全面研究，故下文将系统回顾企业履行社会责任影响财务效率与财务公平的相关文献。

四、企业社会责任与财务效率的关系研究

1. 企业履行社会责任影响财务效率研究现状

国内外关于企业履行社会责任影响财务效率的系统研究鲜有发现。目前相关研究主要集中于企业履行社会责任影响油气公司财务效率、煤炭企业财务效率、企业效率、财务能力、经营效率、融资效率、投资效率、资本配置效率的研究。

国外学者的相关研究中，Cao 等（2013）通过研究企业社会责任与融资效率的相关关系发现，企业积极履行社会责任能够显著提高其融资效率，降低相应的经营风险。Benlemlih 和 Bitar（2016）研究了 1998～2012 年 3000 多家美国个体企业社会责任与投资效率的关系，结果表明，企业社会责任的高投入能够提高投资效率，且企业社会责任绩效与投资效率之间同时存在直接联系和间接联系。Samet 和 Jarboui（2017）实证研究了欧洲斯托克 600 指数的 398 家欧洲公司的面板数据，结果表明，企业越好地履行社会责任就会带来越好的社会责任绩效，也就越倾向于更有效地投资，企业社会责任通过帮助公司解决代理问题和信息不对称问题间接地改善企业的投资效率。Bhandari 和 Javakhadze（2017）通过创造性投资框架研究企业社会责任与资本配置效率之间的相关关系，得出了企业社会责任扭曲投资敏感性的结论。Dzhavdatovn 等（2014）运用俄罗斯石油和天然气工业中 10 大公司 2009～2011 年的数据，通过微软 Office Excel 软件对评级机构的基础数据进行了分析，结果表明，企业社会政策会影响俄罗斯油气公司的财务效率。

国内学者的相关研究中，胡宇鹏和胡海波（2017）研究了我国沪深交易所 2008～2014 年上市公司财务数据，实证检验了上市公司的经营效率的提升与企业社会责任报告披露的关系，得出披露企业社会责任报告的上市公司的经营效率明显提高的结论。倪中新等（2014）通过研究企业社会责

任与经营效率的关系发现，企业积极履行社会责任能够提高其经营效率。苏蕊芯、仲伟周和刘尚鑫（2010）以 2008 年深交所上市公司为样本，对企业社会责任与企业效率的相关关系进行分析发现，上市公司履行社会责任与企业效率呈显著正相关。苏冬蔚和贺星星（2011）实证分析了 2009 年度发布社会责任报告的 350 家非金融类上市公司，发现社会责任表现较好的企业具有更高的企业效率。丁一兵和付林（2015）运用 DEA-Tobit 两步法分别实证分析了中美两国大型企业社会责任对企业效率的影响，结果表明，因为美国样本企业利益相关者对企业社会责任履行状况的反应要快于中国，所以美国同期企业社会绩效对企业效率有正面影响，中国则是滞后一期企业社会绩效对当期企业效率有正面影响。王志敏（2013）设计了社会责任输入指标和财务绩效输出指标，利用数据包络分析（DEA）方法，研究发现多数煤炭企业社会责任投资不足导致相对效率较低。颜剩勇（2006），李虹和罗莉华（2009），王昱（2010），李卉雯和姜磊（2015）通过杜邦分析指标或平衡计分卡指标等衡量企业财务能力，研究了企业社会责任与财务能力的关系，最终得出企业积极履行社会责任能够提高其财务能力的结论。

2. 文献评价

第一，财务能力衡量较全面，财务效率衡量方法集中于单一指标。已有文献中从财务分析中盈利能力、偿债能力等几方面衡量财务能力，衡量目标倾向于股东利益；还有少量效率的衡量是运用包络分析法从过程形式研究，也都是主要反映股东利益的指标，指标单一。

第二，研究方法采用静态回归方法，多以本期数据为研究样本。现有的文献中，不管是企业社会责任影响其财务能力，还是企业社会责任影响过程形式经营效率，都是以最小二乘法或包络分析法等方法直接研究其静态影响，研究数据多集中于本期数据。

五、企业社会责任与财务公平的关系研究

1. 企业履行社会责任影响财务公平研究现状

国内外研究财务公平的文献非常少，主要集中在双重财务目标的构建、财务公平与财务效率的协调和劳资公平的研究，国内外相关研究中还没有发现企业履行社会责任对财务公平的影响研究。

干胜道（2015）认为，作为价值创造实体的企业，在要素市场定价不完美的情况下应结合贡献者对价值创造的贡献度对增值额进行公平的财务

分配，其基于劳动、管理、资本三个可观测角度比较研究了中国汽车业上市公司与德国汽车公司增值额分配的财务公平差异。干胜道和刘庆龄（2015）尝试运用实证研究方法，结合企业控制权性质，以深沪 2007～2013 年上市公司经验数据为对象，研究企业在追求效率的同时是否兼顾劳资财务公平，发现国有控股上市公司在追求较好效率的同时更注重劳资财务公平，而民营控股上市公司则遵循效率优先，劳资财务公平缺失。刘晋科、干胜道和杨姗姗（2016）以我国高科技行业上市公司为分析对象，结合瑞典相关公司作为参照对象，运用拉克尔法则，衡量在人力资本密集行业中企业员工所得薪酬的公平性。吴兰和干胜道（2016）以公用事业单位为研究对象，研究我国公用事业上市公司是否做到了公平与效率并重，研究结果不能令人满意。李霞、干胜道和冯林燕（2017）通过调查非营利组织捐赠者，运用结构方程实证研究得出，个人对非营利组织的捐赠意愿受财务结果公平和财务信息公平的直接影响，财务信息公平通过财务程序公平和财务结果公平间接影响捐赠意愿，财务程序公平对捐赠意愿的直接影响不显著，主要是通过财务结果公平间接影响。李霞和干胜道（2017a）构建了包含客观公平和主观公平且能充分考虑多方利益相关者合理需求的财务公平机制。李霞和干胜道（2017b）认为，在非营利组织中应用财务公平理论具有必要性和可行性。李小华和干胜道（2017）运用信息不对称条件下的序列博弈 Stackelberg 均衡模型，研究分析利益相关者财务分配中存在的矛盾冲突及其主要影响因素，继而借鉴和谐管理理论，构建了利益相关者和谐分配模型，并提出政策建议，对企业构建和谐财务关系、提高财务绩效、实现财务公平以及实现企业可持续发展提供理论和实践上的借鉴。

2. 文献评价

第一，研究集中于双重财务目标和财务公平理论模型的构建，基本上都是理论研究。现有文献只是单方面研究财务公平，规范研究集中于双重财务目标和理论模型的研究，即财务效率与财务公平的关系和结合研究。

第二，研究集中于劳资公平的研究。现有的研究大多研究财务公平中的劳资公平，多数是规范研究，极少数的实证研究集中于劳资公平的研究。

第三，现有财务公平相关研究多是宏观研究，缺乏微观研究。目前关于财务公平的研究无论是理论研究，还是对财务公平的量化，基本上是站在宏观角度进行研究，缺乏基于微观角度的企业财务公平的理论研究和实证研究。

六、文献述评

综上，目前与本书研究内容相关的文献主要研究企业社会责任概念和衡量方法，研究企业社会责任与财务绩效的关系，研究社会责任对经营效率、财务能力、筹资效率、投资效率等的影响，研究双重财务目标和财务公平理论模型的构建，研究劳资公平的定义和影响因素，这些研究成果为本书的研究提供了有力的支持。在此基础上，本书进一步总结出国内外关于企业履行社会责任对财务效率与财务公平影响的研究"洼地"，主要在于以下四个方面：

（1）企业社会责任、财务效率和财务公平的概念定义和衡量方法不全面。目前企业社会责任概念定义不一致，对其边界认识模糊，衡量方法没有统一的框架，各有优劣。财务效率的概念和衡量缺乏系统性，比较零散，衡量方法只局限于单一财务指标。财务公平的定义较少，不符合中国特色，缺乏衡量方法且主要是劳资公平计量。

（2）企业履行社会责任对财务效率影响的研究不系统，研究方法单一。会计和财务管理领域的相关研究主要是企业履行社会责任对财务绩效、资本成本、财务风险、盈余管理等方面影响的研究，企业履行社会责任对财务效率影响的研究较少且不完善，研究方法缺乏跨期性和动态性。

（3）企业社会责任与具体财务活动融合缺乏分配活动领域的研究。目前企业社会责任的影响对象已经由财务绩效整体指标转变为与具体财务活动相关的财务指标，企业投资活动、融资活动、信息披露活动和经营活动中存在企业社会责任与企业具体财务活动的融合，但是分配活动领域还未发现。

（4）在微观方面关于财务公平的实证研究匮乏。现有研究主要集中在双重财务目标的构建、财务公平与财务效率的协调和劳资公平的研究，以规范研究和宏观研究为主。没有发现关于企业履行社会责任是否会影响财务公平的微观实证研究，跨期和动态研究两者关系的相关文献更加缺乏。

需要特别说明的是，依照党的十九大报告中对效率与公平的创新性调整，即生产重效率、分配重公平，本书研究的财务效率仅指经营活动领域的财务效率，不包括分配活动领域的分配效率；本书研究的财务公平，仅指分配活动领域的财务公平，不包括经营活动领域的经营公平。

要解决现有文献存在的这些问题，本书从以下三个主要方面去修正：

首先，明确企业的实质和企业社会责任的边界，完善企业社会责任的概念；充分分析现有企业社会责任的衡量方法，对比其优劣，选择准确的衡量方案。

其次，从过程和结果两种形式定义和衡量财务效率，使之系统全面；在选择研究方法时，考虑企业履行社会责任对财务效率的跨期和动态影响。同时，在研究时充分借鉴企业履行社会责任对财务绩效影响的丰富研究成果。

最后，基于微观角度从构成和计量方面扩展财务公平的内容范围，不再仅仅是研究劳资公平；同时细化企业财务公平的具体构成主体，加大财务公平的微观实证研究力度，加入企业社会责任变量，研究企业履行社会责任对财务公平整体和不同情况下的动态跨期影响。

第五节　研究内容和研究方法

一、研究内容

本书研究的主要内容包括以下五个方面，研究思路如图1-2所示。

（1）重新定义企业社会责任、财务效率和财务公平，并系统性地衡量财务效率和财务公平。本书通过深入研究企业社会责任的边界并找到其已有定义分歧的原因，完善企业社会责任概念；根据效率和公平的含义演化推导出财务效率和财务公平的概念。选择润灵环球企业社会责任评级得分和自行设计改进的每股社会贡献值作为企业社会责任的替代变量；用过程（财务资源投入产出比值）和结果（去除"噪声"的社会贡献率）两种形式来衡量财务效率；从劳动、管理、资本三个可观测角度对企业增值额分配时的财务公平进行衡量。

（2）理清目前财务效率与财务公平的关系后，根据理论基础构建企业社会责任优势和企业社会责任劣势两种相反的观点，据此进行企业履行社会责任对财务效率与财务公平影响的理论研究。本书结合研究效率与公平关系的国家政策和财务双重目标协调论，认为企业既要提高财务效率，又要实现财务公平，既要注重经济效益，也要注重社会效益，两者兼顾。然后依托相关理论基础，本书分析了基于利益相关者理论、资源基础理论和合法性理论的企业社会责任优势观点以及基于委托代理理论和"股东至上"理论的企业社会责任劣势观点的动因。在此基础上，理论分析了两种观点下企业履行社会责任对财务效率与财务公平的不同影响，并根据理论分析构建了包括主体检验、稳健性检验和拓展研究的实证研究框架。

（3）结合财务效率过程和结果两种形式，实证研究企业履行社会责任对财务效率的动态跨期影响效应。本书以我国 2009~2015 年沪深两市披露社会责任信息报告的 A 股上市公司为研究样本，通过润灵环球责任评级得分与过程形式财务效率和结果形式财务效率指标，运用 DEA-Tobit 两阶段法和系统 GMM 方法，实证分析了企业履行社会责任对过程形式财务效率和结果形式财务效率的动态跨期影响。此外，本书进一步研究了过程形式财务效率在企业履行社会责任影响真实盈余管理中的中介作用，以期站在真实盈余管理的角度进一步证实企业履行社会责任对过程形式财务效率动态跨期影响的研究价值；然后继续进一步研究不同披露意愿下企业履行社会责任对结果形式财务效率的动态跨期影响。

（4）结合贡献三因素论，从劳动、管理、资本三个可观测角度，实证研究企业履行社会责任对财务公平的动态跨期影响效应。本书以我国 2009~2015 年沪深两市披露社会责任信息报告的 A 股上市公司为研究样本，通过润灵环球责任评级得分与劳资公平、管理公平、资本公平指标，运用系统 GMM 方法，实证分析企业履行社会责任对劳资公平、管理公平和资本公平的动态跨期影响。之后本书拓展研究了企业履行社会责任对细化后的财务公平不同情况下的影响差异。

（5）分别从企业、政府、市场、社会舆论、信息披露和投资者六个层面为促进我国提升财务效率与财务公平的企业社会责任的积极履行提供对策建议。通过上文理论和实证研究发现，企业积极履行社会责任是其提高财务效率、实现财务公平的重要途径，双方相互促进和良性循环的意义重大。因此，本书基于多元治理机制，结合我国现实，从企业、政府、市场、社会舆论、信息披露和投资者六个层面提出对策建议，以促进我国提升财务效率与财务公平的企业社会责任的积极履行。

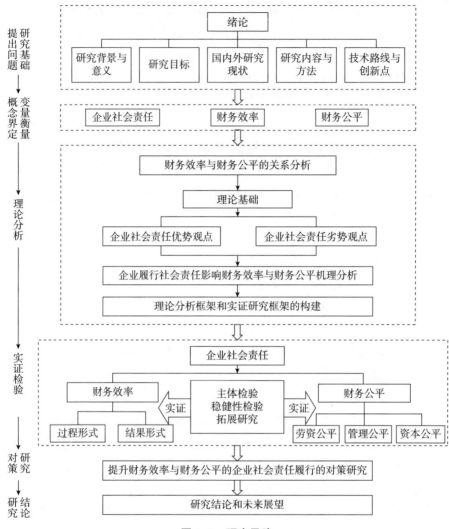

图1-2 研究思路

二、研究方法

（1）规范研究与实证研究相结合。通过梳理与归纳国内外相关研究文献，对企业履行社会责任对财务效率与财务公平的影响效应进行理论分析和实证检验，提出既有科学性又有现实性的概念、内容、模型和联系等。

（2）定性分析与定量研究相结合，突出针对性。企业履行社会责任影响财务效率与财务公平的研究既基于优势观点和劣势观点理论进行定性分析，又通过实际建模以及数据进行定量研究，全书从定性分析到定量研究全面进行。

（3）多学科交叉研究。对企业社会责任、财务效率和财务公平的衡量采用会计学、财务管理学、统计学、运筹学等多学科交叉研究计算；企业履行社会责任对财务效率与财务公平的动态跨期影响采用会计学、财务管理学、统计学、计量经济学等多学科交叉研究，有利于促进多学科的融合与发展。

（4）静态分析与动态研究相结合。突出时空变化分析，既要静态深入剖析企业履行社会责任对财务效率与财务公平的影响，更要从动态跨期影响的角度进行考察，尤其是要从时空变化中寻求其演变轨迹和发展规律。

（5）辩证分析与系统研究相结合。突出关联性分析，坚持从全面的、发展的和普遍联系的观点出发分析问题与解决问题，并运用系统论思想全面探索企业履行社会责任对财务效率与财务公平的影响效应、变化方式、跨期关系等。

（6）统计分析法。运用面板数据和截面数据，运用系统 GMM 回归、Tobit 回归、包络分析法等统计方法统计分析企业履行社会责任对财务效率与财务公平的影响，并综合运用描述统计法、统计检验、图示法、列表法等多种统计分析方法。构建系统动态回归模型、包络分析模型、中介效应模型等，理论研究和实证检验企业履行社会责任对财务效率与财务公平的影响。

第六节 技术路线

本书规范研究与实证研究相结合，首先提出本书的研究背景、意义、目标，国内外研究现状、内容、方法，技术路线和主要创新点；完善企业社会责任概念，并根据效率和公平的含义演化推导出财务效率和财务公平的概念，系统衡量企业社会责任、财务效率和财务公平。其次理清现阶段企业财务效率与财务公平的关系，分别基于企业社会责任优势观点和劣势观点两种相反的观点理论分析企业履行社会责任对财务效率与财务公平的影响，并构建理论和实证研究框架；以理论分析为基础，实证检验企业履行社会责任对财务效率与财务公平的动态跨期影响效应；研究提升财务效率与财务公平的企业社会责任履行的对策。最后总结研究结论，分析研究局限性，展望未来研究。具体步骤如图 1-3 所示。

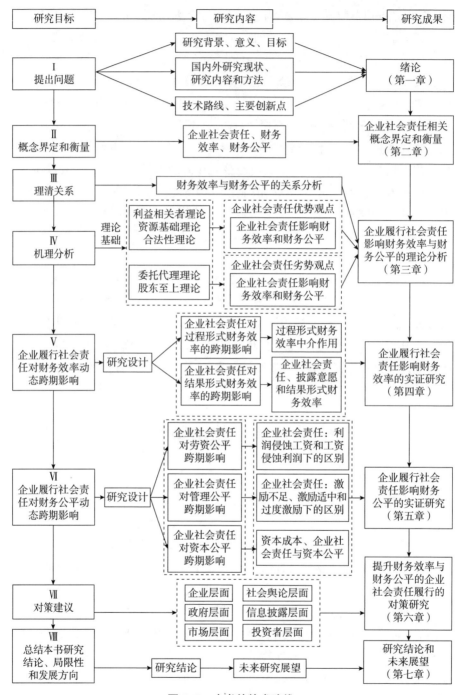

图 1-3　本书的技术路线

第七节 主要创新点

本书的主要创新点在于以下三个方面：

（1）根据效率和公平的含义演化推导出财务效率和财务公平的概念，并系统地衡量财务效率和财务公平。从过程和结果两种形式完善了财务效率的概念，并采用 DEA 模型中基于产出导向的 BCC 模型计算得出的综合效率和考虑了股东、包括高管在内的员工、债权人、政府、社区和环境六方主要利益相关者的实际需求且剔除盈余管理后的社会贡献率对财务效率的两种形式进行系统性的衡量。以利益相关各方"对收益的贡献"为分配依据和"等量贡献获取等量报酬"为分配标准重新定义了财务公平的概念，并以有弹性的分配为依据，基于贡献三因素论，从劳动、管理、资本三个可观测角度对企业增值分配的财务公平进行测度研究。完善了企业社会责任相关概念的理论研究，衡量方法更具有系统性和应用性。

（2）通过研究企业履行社会责任对不同形式财务效率的动态跨期影响效应，证实了企业积极履行社会责任不仅能提高后期过程形式财务效率，而且能提高后期结果形式财务效率。通过润灵环球责任评级得分与过程形式财务效率和结果形式财务效率指标，运用 DEA-Tobit 两阶段法和系统 GMM 方法，实证分析了企业履行社会责任对过程形式财务效率和结果形式财务效率的动态跨期影响。证明了积极履行企业社会责任可以同时增大综合财务效率和剔除"噪声"后的社会贡献率，使利益相关方可以分配的净基础真正增大，支持了企业社会责任理论和利益相关者理论。开拓了企业社会责任经济影响的新的研究领域，从财务效率角度验证了我国推行披露企业社会责任信息制度的有效性，为利益相关者提高企业财务效率提供了新的有效方法。另外，本书通过进一步研究发现，企业过程形式财务效率是滞后两期社会责任影响真实盈余管理的中介变量，以期站在真实盈余管理的角度进一步证实企业履行社会责任对过程形式财务效率动态跨期影响的研究价值；继续研究发现不同披露意愿下企业履行社会责任对结果形式财务效率的动态跨期影响效应不同，更加细化和全面地揭示了企业履行社会责任对结果形式财务效率的影响。

（3）从劳动、管理、资本三个可观测角度，通过研究企业履行社会责任对财务公平的动态跨期影响效应，证实了企业积极履行社会责任能够提高后期财务公平，包括劳资公平、管理公平和资本公平，实现共赢。通过润灵环球责任评级得分与劳资公平、管理公平、资本公平指标，运用系统GMM方法，实证分析了企业履行社会责任对劳资公平、管理公平和资本公平的动态跨期影响。实证检验了企业社会责任意识的增强使企业在财务分配过程中能够充分满足公司员工利益相关方、高管利益相关方和股东利益相关方的需求，从而促进劳资公平、管理公平和资本公平的形成，在努力做大企业价值后均衡分配，使各利益相关方利益达到最优，实现共赢。开拓了企业社会责任社会影响的新的研究领域，从财务公平角度验证了我国推行披露企业社会责任信息制度的有效性，为企业有效实现财务公平提供了参考。实证检验了企业履行社会责任对细化后的财务公平在不同情况下的影响差异，发现只有利润侵蚀工资的企业滞后一期社会责任可以带来劳资公平；只有当企业高管激励不足时，滞后一期企业社会责任履行越好，管理公平状况就越好；在考虑了所有资本成本的影响因素后，滞后两期企业社会责任履行越好，企业资本公平状况依然越好。

第二章
企业社会责任相关概念界定和衡量

明确企业社会责任相关概念界定和衡量是开展企业履行社会责任影响财务效率与财务公平研究的基础。本章在现有研究的基础上完善了企业社会责任的概念，根据效率和公平的含义演化推导出财务效率和财务公平的概念，为之后的研究奠定了理论基础。同时本章有效解决了企业社会责任、财务效率和财务公平的衡量问题，一方面，企业社会责任、财务效率和财务公平的定量化表现被清晰地展示出来；另一方面，这也为本书下一步的实证研究奠定了基础。

第一节　企业社会责任相关概念界定

一、企业社会责任

由国内外相关研究可见，学术界及有关组织对企业社会责任概念提出了许多不同的解释，概括起来主要有以下三种观点：一是认为企业责任就是企业社会责任，等同于企业社会责任的广义概念；二是认为企业责任包括经济责任、法律责任、道德责任和社会责任，企业社会责任只是企业责任的一部分，等同于企业社会责任的狭义概念；三是认为企业责任包括经济责任和社会责任，企业社会责任就是经济责任以外的企业责任，属于前两种观点的一个折中。这三种观点可能都存在需要商榷的地方：第一种观点模糊了企业社会责任的实质，造成概念重复和浪费；第二种观点太过狭隘，混淆概念，导致企业责任构成部分不清晰；第三种观点虽然克服了前两种观点的缺陷，但是与前两种观点存在一个同样的问题，就是没有明确企业社会责任的边界。

从前文的文献综述可以发现，目前企业社会责任这一概念进入我国的时间较短，还没有完全融入具有中国特色社会主义发展初级阶段的实际情况，没有形成一致的概念。企业的社会性质还不够明确，股东权益最大化的财务目标对企业的影响还比较深厚。但是不难看出，随着利益相关者理论的出现和发展，企业社会责任研究具备了强有力的理论武器，受到了我国学者的广泛关注，现阶段大家对企业社会责任概念的界定基本上是依托利益相关者理论开展的。

在明确了以上问题后，本书把企业社会责任定义为：为企业所有利益相关者服务的一套安排合理的规定和制度，企业在价值创造和分配中不但要履行满足股东的经济责任，还要对员工、债权人、政府、社区和环境等其他利益相关者承担必尽或者应尽的义务，包括守信讲德、保护环境等，并对自己的不良行为承担责任。

二、财务效率

效率的基本解释是，某一系统运动演化过程当中投入与产出间的转换比值问题。从经济品稀缺性角度定义，效率是指最有效地使用社会资源以满足人类的需求和愿望。经济效率是指人类的经济活动中经济资源配置上的低成本和高收益。在市场经济中，因为成本和收益都已实现价值化，所以经济效率又可以表示成一个收益价值与成本价值的比值。经济效率要求在技术和稀缺资源已定的条件下，生产出最优质量和最多数量的商品和劳务。那么过程形式的财务效率就是一个财务资源的收益价值与成本价值的比值，在给定有约束性的财务资源的前提下，企业能够获取最多的收益。同时从结果形式的财务效率来研究，传统经济学认为股东拥有企业，企业是股东的，企业经营要奉行"股东至上"的逻辑，这样势必会把员工工资、利息、优先股股息、所得税、对社区捐赠、环境保护费用等全部归入费用或支出，从销售收入中扣除掉，剩余的就是普通股股东所得。现有的损益表典型地表现了"股东至上"、单边治理、独享剩余的财务逻辑。随着利益相关者理论的崛起和发展，社会责任、多边治理、合作共赢、包容性增长等思想越来越得到各方认可。企业所创造的价值绝对不限于普通股股东所得那一块，而是更大的"蛋糕"，那么结果形式的财务效率就应该是这块更大的"蛋糕"。

根据上述研究观点，本书把财务效率定义为，在经营活动中，财务资源投入与产出的比率关系以及由此衍生出的其他关系和企业为主要利益相关者做出的总贡献，从过程来看，财务效率是企业财务资源投入产出的比率，从结果来看，财务效率是企业为其主要利益相关者经营得到的总社会贡献率。

三、财务公平

《康熙字典》和《辞源》对于公平的解释有两个方面：一是表示维护与私利相对应的公众利益；二是不偏袒，不偏不倚。《牛津英语词典》和《美国传统词典》对于公平（fairness）的解释是不偏不倚的正义，公平合理。综合汉语和英语对于公平的概念解释，本书认为公平是指符合社会和公众整体利益，个人及组织之间被平等对待。马克思认为，公平是一种观念化的表现，是一种价值评价形式。社会学认为，公平是社会单位间收入和消费水平等比较接近。生态学认为，代际公平就是最主要的公平。伦理学认为，公平是人们享有的生存和发展的平等。经济学认为，公平是市场活动中的机会平等、配置平等、规则平等、制度平等，它具有客观性、相对性和历史性。

会计学和财务管理学界定的财务公平是从财务分配的角度来研究公平的。什么是财务公平？马克思认为，劳动者为社会付出多少劳动，就能够根据付出劳动的数量从社会净收益中获得相应的收入分配份额。显而易见，马克思主义认为按劳分配就是收入分配中的财务公平。需要注意的是，依据马克思主义的观点，按劳分配并不是指平均分配。经济学研究中，斯密认为劳动是财富之父，土地是财富之母；萨伊认为劳动带来工资，土地带来地租，资本带来利润；凯尔索和阿德勒认为资本工具和劳动工具一样参与剩余价值的分配。上述观点意味着这些生产要素的分配公平就是财务公平。中国学者认为包括劳动在内的各种生产要素创造了企业价值增值，企业价值增值部分应该根据各生产要素的投入数量合理分配，这样的结果就是财务公平，要着重指出的是，各方投入资源的数量或对增值的贡献额就是分配的标准，按这样的标准分配的结果就达到了财务公平，另外，财务公平不是"平均数""大锅饭"。

根据上述研究观点，本书把财务公平定义为，在分配活动中，企业利益相关者为企业有效经营做出了多少贡献，就应该根据贡献度在总增值额作了各项必要扣除后的余额中获得相应的收入分配份额，同时承认由投入贡献的差异引起分配上的差距是公平的。

第二节　企业社会责任相关概念衡量

一、企业社会责任

通过综合分析和权衡目前我国企业社会责任衡量方法，本书选择润灵环球企业社会责任评级得分作为企业社会责任的替代变量进行主体检验，选择改进的每股社会贡献值作为企业社会责任替代变量进行稳健性检验。

（1）润灵环球企业社会责任评级是中国企业社会责任评价的第三方评级机构，具有独立性、公开获得性、专业性和权威性。润灵环球拥有国内首个自主知识产权的企业社会责任报告评价工具，以上市公司对外披露的企业社会责任报告为评价对象，企业社会责任履行和披露情况通过其评级得分间接衡量，从 2008 年起一直连续对外有偿公布。该方法尽可能保留现有方法的优点，而且最大地弥补它们的缺陷，所以润灵环球责任评级已被学者普遍认同并广泛应用于相关研究。

润灵环球责任评级体系不仅借鉴 ISO26000 国际权威社会责任最新标准，而且考虑我国上市公司 22 类行业的差异性，把国际先进方法指标与我国实际情况紧密结合起来。该评级体系设置 4 个零级指标（整体性 M、内容性 C、技术性 T、行业性 I）、15 个一级指标和不含行业性指标的 63 个二级指标。采用结构化专家打分法进行评级打分，100 分为满分，其中 M 值占 30%，C 值占 45%，T 值占 15%，I 值占 10%。特别需要说明的是，综合业与其他制造业评分没有行业性指标 I，那么 C 值占 50%，T 值占 20%。

润灵环球企业社会责任评级得分越大，表明企业社会责任履行得越积极，效果越好。

（2）2008 年上海证券交易所发布了《关于加强上市公司社会责任承担工作的通知》，其中首次提出反映企业履行社会责任程度的指标——每股社会贡献值。其计算公式表示为：

每股社会贡献值＝每股收益＋每股增值额＝（净利润＋所得税费用＋营业税金及附加＋支付给职工以及为职工支付的现金＋本期应付职工薪酬－上

期应付职工薪酬+财务费用+公益捐赠支出-排污费及清理费）/总股数

由于股票股利、配股、增发等因素会导致企业股票数量发生变化，每年年末股票数量可能都不相同，这样在计算每股社会贡献值时不同期间股票数量不同会造成其可比性较差，从而产生误差。为了尽可能减少这种误差，本书用研究期间内（2009～2015年）的年度平均股票数量（2009～2015年各年末总股数之和/7）作为除数，改进原来的每股贡献值，计算公式表示为：

改进的每股社会贡献值=［净利润+（支付的各项税费-收到的税费返还）+支付给职工及为职工支付的现金+财务费用+公益捐赠支出-排污费及清理费］/研究期间内年度平均普通股数量

修正后每股社会贡献值越大，表明企业社会责任履行得越积极，效果越好。

二、盈余管理

财务效率和财务公平的数据都来自财务报表，财务报表反馈的会计信息质量又会影响研究的准确度，会计信息质量受到盈余管理的影响较大，盈余管理可能会影响企业财务效率和财务公平的衡量，对其存在"噪声"干扰。因此，准确衡量财务效率和财务公平就要尽可能去除"噪声"，为了后续计算需要，本章从应计盈余管理和真实盈余管理两方面对盈余管理程度进行测度。

1. 应计盈余管理模型

由于修正的 Jones 模型衡量应计盈余管理程度相对比较准确，目前大多数研究普遍使用修正的 Jones 模型（吴联生和王亚平，2007），本书也选择使用修正后的 Jones 模型来衡量，以下是整个计算过程：

（1）总应计利润 TAC_t。

$$TAC_t = E_t - CFO_t \qquad (2-1)$$

模型（2-1）中，TAC_t 是企业第 t 年的总应计利润，E_t 是企业第 t 年的净利润，CFO_t 是企业第 t 年的经营活动净流量。

（2）非操控性应计利润 $NDTAC_t$。按照模型（2-2）对样本企业进行回归，回归时控制行业和年度，即分行业分年度回归，非操控性应计利润是通过模型（2-2）回归得到的系数代入模型（2-3）中求出来的。

$$\frac{TAC_t}{A_{t-1}} = \alpha_0 \frac{1}{A_{t-1}} + \alpha_1 \frac{\Delta SALES_t - \Delta AR_t}{A_{t-1}} + \alpha_2 \frac{PPE_t}{A_{t-1}} + \varepsilon_t \qquad (2-2)$$

$$\frac{NDTAC_t}{A_{t-1}} = \alpha_0 \frac{1}{A_{t-1}} + \alpha_1 \frac{\Delta SALES_t - \Delta AR_t}{A_{t-1}} + \alpha_2 \frac{PPE_t}{A_{t-1}} \qquad (2-3)$$

模型（2-2）和模型（2-3）中，A_{t-1} 是企业第 t-1 年年末的总资产数额；$\Delta SALES_t$ 是企业第 t 年的主营业务收入增加额；PPE_t 是企业第 t 年年末的固定资产总数额；$NDTAC_t$ 是企业第 t 年的非操控性应计利润总数额；ΔAR_t 是企业第 t 年的应收账款的增加额。

（3）操控性应计利润 AM。

$$AM = \frac{TAC_t}{A_{t-1}} - \frac{NDTAC_t}{A_{t-1}} \qquad (2-4)$$

实际上模型（2-2）计算出的残差就是可操控性项目，以此作为应计利润的异常操控衡量指标。AM 的绝对值越大即表明企业应计盈余管理程度越高，正值越大和负值越小表明企业存在的应计盈余管理行为越高。

2. 真实盈余管理模型

本书衡量企业真实盈余管理程度主要借鉴 Roychowdhury（2006），Cohen 等（2008），Cohen 和 Zarowin（2010），李增福等（2011）的研究方法，从销售操控、生产操控和酌量性费用操控三方面展开，以下是具体计算步骤：

（1）计算各种正常值。正常经营活动现金流的计算是运用模型（2-5）和模型（2-6）做回归，并注意要分行业和分年度：

$$\frac{CFO_t}{A_{t-1}} = \alpha_0 + \alpha_1 \frac{1}{A_{t-1}} + \beta_1 \frac{S_t}{A_{t-1}} + \beta_2 \frac{\Delta S_t}{A_{t-1}} + \varepsilon_t \qquad (2-5)$$

$$\frac{NCFO_t}{A_{t-1}} = \alpha_0 + \alpha_1 \frac{1}{A_{t-1}} + \beta_1 \frac{S_t}{A_{t-1}} + \beta_2 \frac{\Delta S_t}{A_{t-1}} \qquad (2-6)$$

模型（2-5）和模型（2-6）中，CFO_t 是企业第 t 年经营活动现金净流量，$NCFO_t$ 是企业第 t 年正常经营活动现金净流量，A_{t-1} 是企业第 t-1 年年末总资产，S_t 是企业第 t 年的营业收入，ΔS_t 是企业第 t 年的营业收入增加额。

销售产品成本与当年存货变动额之和就是企业产品成本的主要组成部分，根据现有的研究，正常的销售产品成本通过模型（2-7）计算，正常的存货变动额由模型（2-8）计算，根据模型（2-7）和模型（2-8）的回归系数，正常的产品成本由模型（2-9）和模型（2-10）估计：

$$\frac{COGS_t}{A_{t-1}} = \alpha_0 + \alpha_1 \frac{1}{A_{t-1}} + \beta_1 \frac{S_t}{A_{t-1}} + \varepsilon_t \qquad (2-7)$$

$$\frac{\Delta NAV_t}{A_{t-1}} = \alpha_0 + \alpha_1 \frac{1}{A_{t-1}} + \beta_1 \frac{\Delta S_t}{A_{t-1}} + \beta_2 \frac{\Delta S_{t-1}}{A_{t-1}} + \varepsilon_t \qquad (2-8)$$

$$\frac{PROD_t}{A_{t-1}} = \alpha_0 + \alpha_1 \frac{1}{A_{t-1}} + \beta_1 \frac{S_t}{A_{t-1}} + \beta_2 \frac{\Delta S_t}{A_{t-1}} + \beta_3 \frac{\Delta S_{t-1}}{A_{t-1}} + \varepsilon_t \qquad (2-9)$$

$$\frac{NPROD_t}{A_{t-1}} = \alpha_0 + \alpha_1 \frac{1}{A_{t-1}} + \beta_1 \frac{S_t}{A_{t-1}} + \beta_2 \frac{\Delta S_t}{A_{t-1}} + \beta_3 \frac{\Delta S_{t-1}}{A_{t-1}} \qquad (2-10)$$

模型（2-7）至模型（2-10）中，$PROD_t$ 是企业第 t 年的实际生产成本，$NPROD_t$ 是企业第 t 年的正常生产成本，$COGS_t$ 为企业第 t 年的销售产品成本（营业成本），ΔNAV_t 为企业第 t 年的存货变化额。

模型（2-11）表达了企业当期正常可操控性费用与上期销售额的线性关系，根据模型（2-11）的线性回归结果，企业正常的可操控性费用可以运用模型（2-11）和模型（2-12）估计：

$$\frac{DISEXP_t}{A_{t-1}} = \alpha_0 + \alpha_1 \frac{1}{A_{t-1}} + \beta_1 \frac{S_{t-1}}{A_{t-1}} + \varepsilon_t \qquad (2-11)$$

$$\frac{NDISEXP_t}{A_{t-1}} = \alpha_0 + \alpha_1 \frac{1}{A_{t-1}} + \beta_1 \frac{S_{t-1}}{A_{t-1}} \qquad (2-12)$$

其中，$DISEXP_t$ 是企业第 t 年的实际操控性费用，等于营业费用与管理费用之和。$NDISEXP_t$ 是企业第 t 年的正常操控性费用。在国外相关研究中，销售费用、管理费用、研发费用和广告费用是可操控性费用的主要组成部分，而在我国，研发费用和广告费用包含在管理费用和销售费用中，没有在财务报表中单独设置。因此，本书用销售费用与管理费用之和来替代操控性费用。

（2）计算各种异常部分。企业当年各年实际发生值与上述模型估计的正常值之差就是所需的各种异常部分：

$$AB\_CFO = \frac{CFO_t}{A_{t-1}} - \frac{NCFO_t}{A_{t-1}} \qquad (2-13)$$

$$AB\_PROD = \frac{PROD_t}{A_{t-1}} - \frac{NPROD_t}{A_{t-1}} \qquad (2-14)$$

$$AB\_DISEXP = \frac{DISEXP_t}{A_{t-1}} - \frac{NDISEXP_t}{A_{t-1}} \qquad (2-15)$$

实际上，模型（2-5）、模型（2-9）和模型（2-11）计算出的残差就是可操控性项目，以此作为销售操控、生产操控、酌量性费用三个方面的异常操控衡量指标。

（3）综合衡量真实盈余管理程度。在上述步骤计算的基础上，借鉴 Cohen 等（2008）和 Kim 等（2012）的研究方法，本书构造了一个衡量企业真实盈余管理程度的综合指标，具体公式如下：

$$RM = AB\_PROD - AB\_CFO - AB\_DISEXP \qquad (2-16)$$

RM 值越大即表明真实盈余管理程度越高。

三、财务效率

国内外关于财务效率衡量的方法可概括如下：杜邦分析法于 1903 年由杜邦公司提出，以净资产报酬率作为核心评价指标；平衡计分卡、战略核心组织和战略地图由罗伯特·卡普兰和戴维·诺顿发明，同时注重财务指标和非财务指标的综合评价指标；经济增加值于 1991 年由美国思腾思特咨询公司提出，全面考虑影响利润的资本成本；层次分析法由美国运筹学家于 20 世纪 70 年代初提出的定量分析的多准则决策方法；还有主成分分析法、模糊综合评价法等方法。以上这些方法在各自关注的方面存在优势，有效解决了当时面临的问题，但是随着经济和相关理论的发展，这些方法在评价财务效率时存在指标简单、缺乏客观性等缺陷。本书为了解决以上问题，从过程（财务资源投入产出比值）和结果（去除"噪声"的社会贡献率）两种形式综合衡量财务效率。

1. 过程形式财务效率计算步骤

（1）选择数据包络分析模型。指标体系构建和指标权重赋值是评价企业过程形式财务效率的两个核心问题。指标体系构建具有很大的弹性和可获得局限性，指标体系维度创新是该问题研究的突破点。指标权重赋值常见的方法有杜邦分析法、信息熵法、回归分析法、数据包络分析法、平衡计分卡法等。根据本书的设想和分析，1957 年 Farrell 开创性提出的数据包络分析法（DEA）是最合适的方法，能够从投入和产出角度更准确地对过程形式财务效率进行定义和分解。数据包络分析法研究得出的是输入变量与输出变量间的相对效率，综合有效地考虑了多个不同类型变量的影响，在解决多投入—多产出问题上优势明显。数据包络分析法技术的优势体现在：具有非参数估计方法的优势；可以解决多投入—多产出复杂系统问题；不需要处理变量的量纲化问题；以数据计算结果客观分析。这种方法的基本数据包络界面主要有两种，分别是 Charnes（1978）提出的 CCR 模型和 Banker（1984）提出的 BCC 模型。两种模型的计算过程实质上就是线性规划求解过程：

假设 DMU 为 n 个，m 种投入和 s 种产出存在于每个 DMU，第 j 个 DMU 的第 i 种投入量用 x_{ij} 表示，第 j 个 DMU 的第 r 种投入量用 y_{rj} 表示，i=1，2，…，m；j=1，2，…，n；r=1，2，…，s，第 j 个公司的相对效率值用 θ 表示。第 j 个 DMU 的投入向量用 $X_j = (x_{1j}, x_{2j}, \cdots, x_{mj})^T$ 表示，第 j 个 DMU 的产出向量用 $Y_j = (y_{1j}, y_{2j}, \cdots, y_{sj})^T$ 表示，n 个 DMU 的组合权重用 $\lambda_j(j=1, 2, \cdots, n)$ 表示。根据数据包络分析法的主体思想，CCR 模型表示如下：

$$
\begin{cases}
\theta^* = \text{Min}\theta \\
\text{s. t. } \sum_{j=1}^{n} \lambda_j y_{rj} \geqslant y_{r0} \quad (r = 1, 2, \cdots, s) \\
\sum_{j=1}^{n} \lambda_j x_{ij} \leqslant \theta x_{i0} \quad (i = 1, 2, \cdots, m) \\
\lambda_j \geqslant 0 \quad j = 1, 2, \cdots, n
\end{cases}
\tag{2-17}
$$

BCC 模型是在 CCR 模型基础上，仅增加"n 个 DMU 的组合权重的和等于 1"的约束条件，其公式表示如下：

$$
\begin{cases}
\theta^* = \text{Min}\theta \\
\text{s. t. } \sum_{j=1}^{n} \lambda_j y_{rj} \geqslant y_{r0} \quad (r = 1, 2, \cdots, s) \\
\sum_{j=1}^{n} \lambda_j x_{ij} \leqslant \theta x_{i0} \quad (i = 1, 2, \cdots, m) \\
\sum_{j=1}^{n} \lambda_j = 1 \\
\lambda_j \geqslant 0 \quad j = 1, 2, \cdots, n
\end{cases}
\tag{2-18}
$$

模型（2-18）中，n 个 DMU 的组合权重用 $\lambda_j(j=1, 2, \cdots, n)$ 表示，第 j(0) 个 DMU 的投入量用 x_{i0} 表示，第 j(0) 个 DMU 的产出量用 y_{r0} 表示。数据包络分析模型的凸性约束通过 $\sum_{j=1}^{n} \lambda_j = 1$ 表现出来，当满足这一条件

时，数据包络分析模型处于规模报酬可变状态求解效率；不满足这一条件时，数据包络分析模型处于规模报酬不变状态求解效率。

引入松弛变量后，其对偶问题为：

$$
\begin{cases}
\theta^* = \text{Min}\theta \\
\text{s. t. } \sum_{j=1}^{n} \lambda_j y_{rj} - S^+ = y_{r0} \quad (r = 1, 2, \cdots, s) \\
\sum_{j=1}^{n} \lambda_j x_{ij} + S^- = \theta x_{i0} \quad (i = 1, 2, \cdots, m) \\
\lambda_j \geqslant 0 \quad j = 1, 2, \cdots, n \\
S^+ \geqslant 0, \ S^- \geqslant 0
\end{cases}
\quad (2\text{-}19)
$$

$$
\begin{cases}
\theta^* = \text{Min}\theta \\
\text{s. t. } \sum_{j=1}^{n} \lambda_j y_{rj} - S^+ = y_{r0} \quad (r = 1, 2, \cdots, s) \\
\sum_{j=1}^{n} \lambda_j x_{ij} + S^- = \theta x_{i0} \quad (i = 1, 2, \cdots, m) \\
\sum_{j=1}^{n} \lambda_j = 1 \\
\lambda_j \geqslant 0 \quad j = 1, 2, \cdots, n \\
S^+ \geqslant 0, \ S^- \geqslant 0
\end{cases}
\quad (2\text{-}20)
$$

模型（2-19）和模型（2-20）中，虚构 DMU 的投入量用 $\sum_{j=1}^{n} \lambda_j x_{ij}$ 表示，虚构 DMU 的产出量用 $\sum_{j=1}^{n} \lambda_j y_{rj}$ 表示，松弛变量分别用 $S^- = (s_1^-, s_2^-, \cdots, s_m^-)^T$ 和 $S^+ = (s_1^+, s_2^+, \cdots, s_s^+)^T$ 表示，其他变量表示含义同上。由于 $S^{*-} = S^{*+} = 0$ 的判定具有一定的复杂度和难度，我们通常对上述线性规划稍加变换，在 CCR 模型和 BCC 模型中加入非阿基米德无穷小 ε，ε 表示如 10^{-6} 的任意无穷小的正数，通过变换后的模型求解参数 λ^*，S^{*-}，S^{*+}，θ^*。变换后的 CCR 模型和 BCC 模型如下：

$$\begin{cases} \theta^* = \text{Min} \left[\theta - \varepsilon \left(\hat{E}^T S^- + E^T S^+ \right) \right] \\ \text{s. t.} \sum_{j=1}^{n} \lambda_j y_{rj} - S^+ = y_{r0} \quad (r = 1, 2, \cdots, s) \\ \sum_{j=1}^{n} \lambda_j x_{ij} + S^- = \theta x_{i0} \quad (i = 1, 2, \cdots, m) \\ \lambda_j \geq 0 \quad j = 1, 2, \cdots, n \\ S^+ \geq 0, \ S^- \geq 0 \end{cases} \quad (2\text{-}21)$$

$$\begin{cases} \theta^* = \text{Min} \left[\theta - \varepsilon \left(\hat{E}^T S^- + E^T S^+ \right) \right] \\ \text{s. t.} \sum_{j=1}^{n} \lambda_j y_{rj} - S^+ = y_{r0} \quad (r = 1, 2, \cdots, s) \\ \sum_{j=1}^{n} \lambda_j x_{ij} + S^- = \theta x_{i0} \quad (i = 1, 2, \cdots, m) \\ \sum_{j=1}^{n} \lambda_j = 1 \\ \lambda_j \geq 0 \quad j = 1, 2, \cdots, n \\ S^+ \geq 0, \ S^- \geq 0 \end{cases} \quad (2\text{-}22)$$

模型（2-21）和模型（2-22）中，$\hat{E} = \begin{pmatrix} 1 & \cdots & 1 \end{pmatrix}^T_{1 \times m}$ 和 $E = \begin{pmatrix} 1 & \cdots & 1 \end{pmatrix}^T_{1 \times s}$ 表示单位向量，其他变量表示含义同上。

基本 DEA 模型进行效率前沿边界评价有两种导向：一种是投入导向（Input-Orientated），即在保持产出不变的情况下，使投入最小化；另一种是产出导向（Output-Orientated），即在保持投入不变的情况下，使产出最大化。由于本书研究的企业往往对投入的控制远容易于对产出的控制，而且财务效率要考虑纯技术效率和规模效率的综合情况。所以，本书采用 DEA 模型中基于产出导向的 BCC 模型进行过程形式财务效率评价。

（2）选择评价指标和数据来源。计算财务效率时选取的评价指标要能够反映企业财务效率的投入与产出特性。通过总结并借鉴以往学者（Sun & Stuebs, 2013；王菲，2015；刘肖和赵莹，2016；冯海红，2017）的研究方法，并结合对外披露企业社会责任报告的上市公司的特点，本书确定了计算企业财务效率的评价指标体系，如图 2-1 所示。投入指标包括总资产（X1）、总负债（X2）、营业成本（X3）、销售费用（X4）和管理费用

（X5）五个变量；产出指标包括营业收入（Y1）和净利润（Y2）两个变量。计算所需的数据来源于国泰安数据库 2009～2015 年这 7 年的数据。

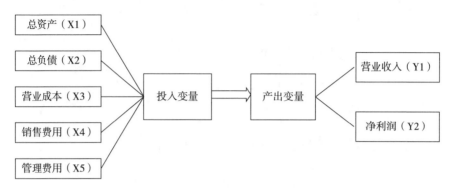

图 2-1　DEA 投入产出指标选取

（3）过程形式财务效率的衡量。采用 DEA 模型中基于产出导向的 BCC 模型，对投入指标和产出指标进行计量，得到综合效率 TE 作为过程形式财务效率的替代变量。TE 值越大说明过程形式财务效率越高。

2. 结果形式财务效率计算步骤

目前相关研究以结果形式衡量财务效率时几乎全部是用财务绩效指标来替代，如净资产负债率、总资产负债率、公司价值等，这些指标主要基于"利润最大化"的财务目标，认为企业经营单纯是为股东利益服务的，而且在绩效评价方面存在指标简单、缺乏客观性以及不全面等缺陷，除此之外，还存在财务效率"噪声"所导致的准确性差等缺陷。因此，本书在进行结果形式财务效率的计量时打破了单纯以财务绩效为标准和以"利润最大化"为财务目标的局限性，以基于利益相关者理论，考虑了股东、包括高管在内的员工、债权人、政府、社区和环境六方主要利益相关者的实际需求，并剔除影响财务效率的主要因素——盈余管理后的社会贡献率 RSCV_AM 和 RSCV_RM 作为结果形式财务效率的替代变量，衡量企业为主要利益相关者创造的价值增值。具体计算方法如下：

$$SCV = P+W+I+(T-t)+D+EC \tag{2-23}$$

$$RSCV = \frac{SCV}{(A_{t-1}+A_t)/2} \tag{2-24}$$

$$RSCV\_AM = RSCV - AM \tag{2-25}$$

$$RSCV\_RM = RSCV - RM \tag{2-26}$$

上述模型中，SCV 表示社会贡献值，RSCV 表示社会贡献率，RSCV_AM 表示去除应计盈余管理的社会贡献率，RSCV_RM 表示去除真实盈余管理的社会贡献率。P 表示普通股股东所得，用利润表中的"净利润"数据表示，W 表示包括高管在内的员工收入所得，用现金流量表中的"支付给职工以及为职工支付的现金"数据表示，I 表示债权人所得，用利润表中的"财务费用"数据表示，（T-t）表示政府所得，其中 T 用现金流量表中的"支付的各项税费"数据表示，t 用现金流量表中的"收到的税费返还"数据表示，D 表示企业对社区或社会其他地方的公益捐赠支出，用资产负债表中营业外支出的明细"对外捐赠"数据表示，EC 表示企业环境保护支出，用资产负债表中管理费用的明细"排污费"和"清理费"数据之和表示。A_{t-1} 表示第 t-1 年年末的总资产，A_t 为第 t 年年末的总资产，（A_{t-1} + A_t）/2 表示年度平均总资产。AM 表示操控性应计利润，RM 表示真实盈余管理程度总体指标，计算方法如前述盈余管理衡量部分。

去除应计盈余管理的社会贡献率 RSCV_AM 和去除真实盈余管理的社会贡献率 RSCV_RM 越大，表明结果形式的财务效率越高。

四、财务公平

目前国内外关于财务公平的衡量的研究较少，比较有代表性的是，美国学者拉克尔在研究了美国 50 年的有关统计资料之后，得出劳资关系中两个极为关键的经济变量是工资总额和增值额，在此基础上提出了"拉克尔法则"，最终发现 0.39395 是拉克尔系数的黄金分割点，拉克尔系数平均值是 0.39395 的企业劳资关系较协调。我国目前的研究判定劳资关系是否和谐主要参考企业的拉克尔系数；中国学者干胜道等研究了上市公司员工收入与资本回报财务公平的测度，主要从劳资公平角度初步对财务公平进行测度；高明华等编制了中国上市公司高管薪酬指数报告，从高管激励角度初步对高管薪酬公平进行测度。企业作为价值创造实体，如果要素市场定价不尽完美，就应该结合贡献者创造价值的贡献度对"蛋糕"进行公平的财务分配。

我国现阶段的收入分配模式是以按劳分配为原则，结合多种分配方式，所有参与创造价值的生产要素参与分配。随着对股东之外的其他生产要素的分配限制逐步放松，包括资本、劳动、管理等共同参与分配的要素不断全面。具体地说，股东投入权益资本获取净利润；债权者投入债权资本获取利息；政府投入政治权力获取税收；员工投入劳动获取劳动报酬。现代企业就是各种契约的组合，企业要想创造价值增值就必须把资本、劳动、管理、技术等各种生产要素紧密结合起来，通过携手合作创造的增值额还要按照公平的方式分配给各生产要素，实现共赢。我国尚处于社会主义初期阶段，经济发展模式还不完善，因此我国目前不具备完全市场化的贷款利率条件，银行贷款利率水平不能完全由银行根据实际情况自主制定，这样贷款利率水平就比较固定，几乎没有弹性；政府税收的税率设置也基本上是固定的，几乎没有弹性；优先股我国暂时没有，即便有弹性也是很小的。这样就只剩下劳动报酬和资本回报两种分配要素具备一定的弹性，可以作为我们的研究对象。由于管理层拥有创新、整合、应用、协调等独特的管理能力，他们付出的劳动不同于普通员工的"简单劳动"，而是"复杂劳动"，具有特殊的研究意义。综上所述，本书认为，按照有弹性分配原则，普通员工、高管和股东组成企业增值额的主要贡献者，劳动、管理和资本分别是他们投入的生产要素；普通劳动者报酬、高管薪酬和股东回报是企业增值额具有分配弹性的三部分。因此，本章基于贡献三因素论，从劳动、管理、资本三个可观测角度对企业增值额分配的财务公平进行测度研究。

1. 劳资公平衡量

本书在拉克尔和干胜道等研究结论的基础上，对模型进行改进优化，分别计算企业增值额、修正的拉克尔系数、去除高管薪酬的修正拉克尔系数，最终得到去除高管薪酬的劳资公平程度和所有员工劳资公平程度。具体计算步骤如下：

$$VA = W + I + (T - t) + P \qquad (2-27)$$

VA 表示增值额；W 表示包括高管在内的员工收入所得，用现金流量表中的"支付给职工以及为职工支付的现金"数据表示；I 表示债权人所得，用利润表中的"财务费用"数据表示；(T-t) 表示政府所得，其中 T 用现金流量表中的"支付的各项税费"数据表示，t 用现金流量表中的"收到的税费返还"数据表示；中国上市公司没有优先股股东，所以本章暂省略优先股股东所得；P 表示普通股股东所得，用利润表中的"净利润"数据表示。当利润表中的"财务费用"为负数时，表示企业发生了债权性的金融投资，已经瓜分了其他企业的利润，产生"外分增值额"。

（1）修正拉克尔系数 R。

$$R = \frac{W}{VA} = \frac{W}{W+I+(T-t)+P} \qquad (2-28)$$

如果 I<0，则让其等于 0；在 P<0 的情况下，可能会出现异常值，尤其是巨亏时会出现极端值。当 R>1 或 R<0 时，结果没有意义，应该删去这种情况。

（2）去除高管薪酬的修正拉克尔系数 MR。

$$MR = \frac{W-EC}{VA} = \frac{W-EC}{W+I+(T-t)+P} \qquad (2-29)$$

EC 表示高管薪酬，其他变量解释与模型（2-27）和模型（2-28）相同。

（3）拉克尔黄金法则：0.39395。

（4）劳资公平程度包括去除高管薪酬的劳资公平程度 MLFC、所有员工劳资公平程度 LFC。LF 表示修正拉克尔系数与拉克尔黄金法则的差距，MLF 表示去除高管薪酬的修正拉克尔系数与拉克尔黄金法则的差距，我们称 MLF 为普通员工劳资公平差值，LF 为所有员工劳资公平差值，LF 和 MLF 也能衡量劳资公平的程度。当 MLF>0 时，我们称作工资侵蚀利润，用 MLF+表示正向普通员工劳资公平差值，表明工资水平偏高，劳动生产率过低；当 MLF<0 时，我们称作利润侵蚀工资，用 MLF-表示负向普通员工劳资公平差值，表明工资水平偏低，影响企业生产效率。

$$LF = R - 0.39395 \qquad (2-30)$$

$$MLF = MR - 0.39395 \qquad (2-31)$$

$$LFC = \frac{|LF|}{0.39395} \times 100\% \qquad (2-32)$$

$$MLFC = \frac{|MLF|}{0.39395} \times 100\% \qquad (2-33)$$

去除高管薪酬的劳资公平程度 MLFC 和所有员工劳资公平程度 LFC 越小，说明劳资公平状况越好。正向普通员工劳资公平差值 MLF+越大，说明劳资公平状况越差；负向普通员工劳资公平差值 MLF-越大，说明劳资公平状况越好。

2. 管理公平衡量

高明华（2011）等编制了高管薪酬指数，该指数越接近 100，高管薪酬激励越适度；高管薪酬指数越高于 100，表示高管薪酬越过度，反之，则越不足。本章以高管薪酬指数为基础，对模型进行改进优化，先计算出高管薪酬指数，然后计算出高管薪酬公平程度并以此对管理公平进行衡量。

高管薪酬指数是以企业经营绩效为基础，比较研究高管薪酬与企业经营绩效之比。也就是说，高管薪酬指数是基于经营绩效的薪酬评价，用高管薪酬与企业营业收入之比对高管薪酬进行标准化处理来计算薪酬指数。计算采用基准法，先确定每个行业的基准公司，接着计算全行业所有企业的基准值，确定标杆值为该基准值，计算各企业前三名高管薪酬平均数与标杆值的比值得出各企业高管薪酬指数，最终比较与公平值 100 的差异。计算步骤和公式如下所示：

（1）在计算高管薪酬指数时，各企业的高管人数可能不相等，这就会导致不客观和不统一的评价结果，可比性较差。所以我们将每年年报披露的高管薪酬从高到低排序，取前三位高管成员作为代表消除差异影响，选中的董事会成员必须是执行董事，不包括独立董事。

$$AF3C = \frac{F3C}{3} \tag{2-34}$$

AF3C 表示薪酬最高前三位高管成员的薪酬平均数，F3C 表示薪酬最高前三位高管成员的薪酬和。

（2）计算 $RC_{i,j}$，即行业 j 样本企业 i 的高管相对薪酬，$AF3C_{i,j}$ 表示该企业薪酬最高前三位高管成员的薪酬平均数，$BI_{i,j}$ 表示该企业的营业收入总额。计算过程中高管薪酬都需要以货币形式存在，包括基本工资、各项奖金、津贴和补贴等，福利和股权激励等需折算成货币形式。

$$RC_{i,j} = \frac{AF3C_{i,j}}{BI_{i,j}} \tag{2-35}$$

（3）行业 j 的基准企业为 $RC_{i,j}$ 处于中位数的企业，行业 j 的基准薪酬就是这个中位数 $RC_{i,j}^{Median}$，用 BC_j 表示。

$$BC_j = RC_{i,j}^{Median} \tag{2-36}$$

（4）以总行业数为除数，以所有行业的 BC_j 加总的和为被除数，两者相除得到所有样本企业高管相对薪酬 Z。其中行业总数用 n 表示。在本书样本企业中，一级行业制造业取二级分类，最终得到 22 个一级行业，总行业数为 46 个，即 n=46。

$$Z = \frac{\sum_{j=1}^{46} BC_j}{n} \tag{2-37}$$

（5）行业 j 中样本企业 i 的高管薪酬指数 $ECI_{i,j}$ 是将 $RC_{i,j}$ 除以 Z，再乘以 100。

$$ECI_{i,j} = \frac{RC_{i,j}}{Z} \times 100 \qquad (2-38)$$

高管薪酬激励越适度的样本企业，$ECI_{i,j}$ 值就越接近 100。将 $ECI_{i,j}$ 值从大到小排序，激励过度的企业位于前 1/4，激励不足的企业位于后 1/4，激励适中的企业位于中间，行业差距对高管薪酬指数的影响通过这样的方式被尽可能地消除了。

（6）取高管薪酬指数与高管薪酬激励最适度值 100 的差值的绝对值，然后转化成百分比，这样就得到高管薪酬公平程度 $ECF_{i,j}$。

$$ECF_{i,j} = \frac{|ECI_{i,j} - 100|}{100} \times 100\% \qquad (2-39)$$

高管薪酬公平程度 $ECF_{i,j}$ 越小，说明管理公平状况越好。

3. 资本公平衡量

利益相关者中的股东为企业生产提供资本生产要素，作为企业的股东在财务增值额分配时应该分配到的就是净利润。按照传统经济学的观点，企业利润最大化就是对股东最好的回报，也就是说，如果其他利益相关者财务公平一定，单独研究资本公平，净利润越大，就表示股东回报越公平。现阶段非经常性损益时有发生，如果存在非经常性损益，那么当年的净利润就会是不正常的、非常规的、有干扰的甚至是虚假的；同样，过度盈余管理在企业里也普遍存在，盈余管理也会严重影响净利润，使净利润存在严重的"噪声"。如果用净利润衡量股东回报公平的话，由于"噪声"的存在，结果可信度值得怀疑（Wang Bin，2017）。

因此，本书选择剔除应计盈余管理后扣除非经常性损益的净利润率和剔除真实盈余管理后扣除非经常性损益的净利润率作为资本公平的替代变量，去除"噪声"后的净利润率能够真实反映资本公平程度。另外，经济增加值率反映去除所有资本成本"噪声"后的净利润率，也能反映资本公平程度。具体计算如下所示：

$$kroa = \frac{MNP}{(A_{t-1} + A_t)/2} \qquad (2-40)$$

$$kroa\_AM = kroa - AM \qquad (2-41)$$

$$kroa\_RM = kroa - RM \qquad (2-42)$$

$$REVA = \frac{EVA}{(A_{t-1}+A_t)/2} \qquad (2-43)$$

上述模型中，MNP 表示扣除非经常性损益的净利润，kroa 表示扣除非经常性损益的净利润率，kroa_AM 表示剔除应计盈余管理后扣除非经常性损益的净利润率，kroa_RM 表示剔除真实盈余管理后扣除非经常性损益的净利润率，EVA 表示经济增加值，REVA 表示经济增加值率。A_{t-1} 表示第 t−1 年年末的总资产，A_t 为第 t 年年末的总资产，$(A_{t-1}+A_t)/2$ 表示年度平均总资产。AM 表示操控性应计利润，RM 表示真实盈余管理程度总体指标，计算方法如前述盈余管理衡量部分。

剔除应计盈余管理后扣除非经常性损益净利润率 kroa_AM 和剔除真实盈余管理后扣除非经常性损益净利润率 kroa_RM 以及经济增加值率 REVA 越大，说明资本公平状况越好。

第三节　本章小结

第一，通过综合分析现有的相关研究成果，本章对企业社会责任、财务效率和财务公平的概念进行重新界定。本章通过深入研究企业社会责任的边界并找到其已有定义产生分歧的原因，完善了企业社会责任概念；根据效率的含义演化推导出财务效率的概念，从过程和结果两种形式完善了财务效率的概念；通过对公平的含义的演化推导，以利益相关各方"对收益的贡献"为分配依据和"等量贡献获取等量报酬"为分配标准重新定义了财务公平的概念。

第二，以相关研究为基础，本章对企业社会责任、财务效率和财务公平进行系统性的衡量。本章选择润灵环球企业社会责任评级得分作为主体检验中企业社会责任的替代变量，并自行设计改进每股社会贡献值的计算模型，以改进的每股社会贡献值作为稳健性检验中企业社会责任的替代变量。财务效率衡量中，本章从过程（财务资源投入产出比值）和结果（去除"噪声"的社会贡献率）两种形式来研究。过程形式财务效率的衡量中，采用 DEA 模型中基于产出导向的 BCC 模型计算得出的综合效率作为过程形式财务效率的替代变量；进行结果形式财务效率的衡量时，打破单纯以财务绩效为标准和以"利润最大化"为财务目标的局限性，以基于利益相关者理论，考虑了股东、包括高管在内的员工、政府、环境、债权人和社区六方主要利益相关者的实际利益，并剔除严重影响财务效率的主要因素——盈余管理后的社会贡献率作为结果形式财务效率的替代变量，来衡量企业为主要利益相关者创造的价值增值。财务公平的衡量中，本章基于贡献三因素论，从劳动、管理、资本三个可观测角度对企业增值额分配时的劳资公平、管理公平和资本公平进行测度研究。劳资公平的衡量中，通过对模型进行改进优化，计算出去除高管薪酬的劳资公平程度和所有员工劳资公平程度作为劳资公平的替代变量。管理公平的衡量以高管薪酬指数为基础，通过对模型进行改进优化，先计算出高管薪酬指数，然后计算出高管薪酬公平程度作为管理公平的替代变量。资本公平的衡量是通过建立模型计算得出剔除应计盈余管理后扣除非经常性损益的净利润率和剔除真实盈余管理后扣除非经常性损益的净利润率并将其作为资本公平的替代变量。本章研究更加具有创新性、系统性、全面性和深入性，细化和拓宽了企业社会责任、财务效率和财务公平的衡量研究。

第三章
企业履行社会责任影响财务效率与财务公平的理论分析

本章在理清财务效率与财务公平关系的基础上，把利益相关者理论、资源基础理论、合法性理论、委托代理理论和"股东至上"理论作为研究的理论基础，并与本书研究问题结合起来形成企业社会责任优势和劣势两种截然相反的观点，之后基于两种观点重点研究企业履行社会责任影响财务效率与财务公平的内在机理。

第一节　财务效率与财务公平的关系分析

效率和公平关系问题是党和国家历来都特别关心的问题，关系国家富强、社会稳定和人民幸福。不同时期，党和国家对效率和公平关系问题有不同的提法：党的十四大提出"兼顾效率与公平"，党的十四届三中全会第一次提出"效率优先，兼顾公平"，党的十五大提出"要坚持效率优先，兼顾公平"，党的十六大提出"初次分配注重效率，再分配注重公平"，党的十六届五中全会提出要"注重社会公平，特别要关注就业机会和分配过程的公平"，党的十六届六中全会提出要"在经济发展的基础上，更加注重社会公平"，党的十七大明确提出"初次分配和再分配都要处理好效率和公平的关系，再分配更加注重公平"，党的十八大进一步强调"初次分配和再分配都要兼顾效率和公平，再分配更加注重公平"，党的十九大报告提出"坚持按劳分配原则，完善按要素分配的体制机制，促进收入分配更合理、更有序"。党的十九大报告对效率和公平作了创新性调整，把效率与公平分开对待，明确生产重效率，分配重公平。借鉴党和国家对效率和公平长时间的探索和创新，引申到微观层面可以得出，企业不仅要在经营活动中把企业财富这个"蛋糕"做大，也要在分配活动中通过合理的收入分配制度把"蛋糕"分好，让所有利益相关者都能够享受企业发展成果，也就是说企业不仅要注重提高财务效率，还要注重实现财务公平。

目前，我国有学者提出财务双重目标协调论，将财务管理目标中的效率问题对应到经营活动中的价值创造，将财务管理目标中的公平问题对应到分配活动中的价值分配（干胜道、邓小军和陈念，2013；干胜道，2013；邓小军、刘娅和干胜道，2015；干胜道和刘庆龄，2015），既在价值创造的财务活动中提高财务效率，实现价值创造最大化目标；又在价值分配的财务关系中凸显财务公平，实现价值初次分配公平化目标。先尽可能大地创造价值，再尽可能公平地进行分配，既要注重经济效益，也要注重社会效益，这与党的十九大关于效率和公平的创新思路不谋而合。

价值创造是"做饼"，可以通过财务效率反映，价值分配是"分饼"，可以通过财务公平反映；没有财务效率，就没有经济效益，财务公平只能是"空中楼阁"；财务公平实现不了，也会降低利益相关者的积极性，恶化利益相关者间的关系，引发诸如罢工、代理矛盾、人才流失、股东撤资等问题，社会效益就会低下，反过来影响财务效率的提高。企业经营活动必须要提高财务效率，要为利益相关者创造价值；分配活动也要妥善处理财务关系，提升财务公平，利益相关者的财务利益诉求要合理解决。企业应该具有双重财务目标，即财务效率最大化和财务公平最大化兼顾。财务效率与财务公平是企业财务的两个方面，也是衡量企业绩效的两个维度，两者有机结合，绝不可只重视一方面而忽视另一方面。

因此，依照党的十九大报告中对效率与公平的创新性调整和相关学者提出的财务双重目标协调论，本书研究的财务效率指，经营活动价值创造领域的财务效率，不包括分配活动中的分配效率；本书研究的财务公平指，分配活动价值分配领域的财务公平，不包括经营活动中的经营公平。财务效率和财务公平分属于经营活动和分配活动，是企业财务的两个方面，也是衡量企业绩效的两个维度，企业既要在经营活动价值创造阶段提高财务效率，又要在分配活动价值分配阶段实现财务公平，既要注重经济效益，也要注重社会效益，两者兼顾，缺一不可。研究企业履行社会责任对财务效率与财务公平的影响有一个先后顺序，即先研究企业履行社会责任对财务效率的影响，再研究企业履行社会责任对财务公平的影响，两方面缺一不可。

第二节　理论基础

一、利益相关者理论

1963 年，斯坦福研究机构提出了利益相关者概念，其内涵包括股东，但不仅限于股东，股东和股东以外如管理者、债权人、员工、政府、环保组织等能影响企业实现经营目标的个人或组织都是利益相关者的范畴（Freeman，1984）。根据产权理论和契约理论，企业实质上是很多契约的集合体，利益相关者与企业存在显性或隐性的合作关系，通过各自的资源对企业进行投资，维持企业的生存，促进企业的发展，股东和其他利益相关者共同拥有企业，并从企业中获取各自的投资回报。所以管理者要充分了解并尽可能满足各利益相关者的实际需要，消除他们之间的利益冲突，综合平衡他们之间的切身利益，实现利益相关者整体利益最大化（Freeman，1984，1991；Clarkson，1995；Donaldson & Preston，1995）。

利益相关者理论认为，企业通过与各利益相关者的显性和隐性契约形成双边互利关系，互惠共赢。形成这种双边互赢的关系有两个好处：一是有效实现包括股东在内的企业各相关者利益最大化的目标，既保障了股东利益，又保障了其他利益相关者的利益（Hillman & Jones，1992；Jones，1995）；二是平衡各利益相关者的需求，协调各利益相关者的关系（Freeman & Evan，1990），提高企业响应内外部利益相关者需求的效率（Orlitzky et al.，2003）。企业与各利益相关者关系的协调和融合则可以通过其积极履行社会责任来实现，这样看来企业社会责任就是一种可以增强利益相关者对企业的信任度和有效改善两者关系的协调机制（Freeman，1984），通过这个机制可以提升企业财务效率与财务公平（Jones，1995）。例如，从企业与员工关系角度看，员工对具有良好公共形象的企业更忠诚和偏好，那么这样的企业就具有明显的人力资源优势，财务效率和财务绩效就会显著高于竞争对手（Aguilera et al.，2007）；从企业与投资者关系角度看，社会敏感度高的投资人往往倾向于投资那些积极履行社会责任的企业，使企业资本资源充足（Goss & Roberts，2011；Cheng et al.，2014）；从企业与顾客关系角度看，社会责任意识强的顾客喜欢购买具有社会责任因素的产品和服务，积极履行社会责任的企业容易形成这种产品差异化的战略优势（Sen & Bhattacharya，2001）。

利益相关者理论与企业社会责任思想有很多共同点，使两者紧密联系在一起并相互发展，研究企业社会责任需要利益相关者理论基础，研究企业社会责任也检验了利益相关者理论（沈艺峰和沈洪涛，2003）。同时，利益相关者理论为实证研究企业社会责任产生的经济影响和社会影响提供了比较清晰的理论分析框架和科学的分析思路。

二、资源基础理论

资源基础理论是由 Pfeffer 和 Salancik（1978）最早系统论述的，主要研究企业与外部环境的交互关系，以及企业如何应对外部环境对企业的约束。资源基础理论阐明了三个核心论点：①由于企业正常运营需要外部环境提供的各种资源，所以企业要受外部环境约束；②动态交互关系存在于企业与外部环境之间，企业在这种情况下要主动应对，从有限的资源中实现最大的利益；③企业应该区分外部环境提供的资源的重要程度，不仅要与重要资源的提供者建立良好关系，还要尽可能兼顾其他资源提供者的利益。

资源基础理论进一步拓展和深化了利益相关者理论，是利益相关者理论的深入和延续。资源基础理论认为，企业的竞争优势来源于具有内部异质性的核心竞争力，而企业社会责任就是具有核心竞争力特征的有形资源和无形资源（Branco & Rodrigues，2006），从而能够提升企业财务效率与财务公平。Russo 和 Fouts（1997），Hillman 和 Keim（2001），Mcwilliams 和 Siegel（2011）的研究都证实了资源基础理论是研究企业社会责任经济影响和社会影响的有效理论基础，有利于企业形成有价值的竞争优势。总之，资源基础理论支持企业积极履行社会责任，这样企业可以与其主要利益相关者形成紧密无间的友好关系，这种关系就是对企业至关重要的无形资源，企业可以依靠这种无形资源获取最有竞争力和最有效的有形资源，形成竞争优势，从而提高企业的财务效率与财务公平。

三、合法性理论

企业价值观与社会价值体系的一致性和企业经营目标与社会期望的一致性是合法性理论重点研究的问题（Lindblom，1994）。合法性理论以社会契约理论为基础，认为企业与社会存在契约关系，社会给予企业经营权，遵守准则的程度和社会边界决定企业生存与否（Brown & Deegan，1998），遵守社会契约，与社会价值体系保持一致，实现社会期望，支持社会发展的企业就是合法的企业，合法的企业就能长期生存下去。但是，如何获取企业与社会各方面的一致性，也就是说企业如何获取社会合法性在合法性理论中并没有具体提及。

学者们经常用合法性理论作为财务会计领域中信息披露动机的研究基础，认为企业准确披露信息是其获取合法性的重要方式，利益相关者通过企业信息披露认识企业合法性的程度（O'Donovan，2002）。企业社会责任信息的披露更能反映企业对股东以外利益相关者期望的满足程度、获取社会合法性的程度以及企业目标与社会整体期望一致性的程度，因此，合法性理论也常被作为企业社会责任信息披露和经济影响与社会影响的理论基础。理论研究中，Khor（2009）理论分析了合法性理论与社会契约条款和社会责任信息披露政策之间的关系，得出社会契约条款和信息披露政策都受合法性理论影响的结论。基于不同角度的合法性压力对企业社会责任信息披露的重要影响也出现在许多实证研究中。Patten（1992）研究得出，处于重污染行业的企业为了获取社会合法性和减少法律诉讼成本，自愿披露环保等社会绩效信息。Brown 和 Deegan（1998）研究得出，在社会发生环境事故时，企业会加大自愿披露社会责任信息的力度，减少公众质疑，保持与利益相关者沟通渠道畅通，防止损害企业合法性形象。Deegan（2002）通过研究 BHP 公司发现企业通过加大披露正面社会责任信息的力度来应对负面新闻报道。Islam 和 Deegan（2010）实证研究了 H&M 和 NIKE 跨国公司信息披露和负面新闻报道的关系，得出两者显著正相关的结论。也就是说，企业通过自愿披露正面社会责任信息来应对外部合法性压力，缓解合法性危机，证明合法性形象，从而提升企业财务效率与财务公平。因此，合法性理论是研究企业社会责任经济影响与社会影响和信息披露动机最有效的理论之一。

四、委托代理理论

委托代理理论是新古典经济学中重要理论之一，Jensen 和 Meckling（1976）基于委托代理理论指出，现代公司中委托人（所有者）与代理人（管理者）之间利益不一致的主要原因是两者间存在着较为严重的委托代理关系。信息不对称的存在，使委托人与代理人之间信息掌握程度差异较大，代理人掌握企业信息较多，而委托人掌握企业信息较少，所以委托人对代理人的监督和控制只能是局部的，这样在委托人与代理人利益发生冲突时，就可能会造成两者长期利益不一致，进而使委托人长期利益受到损害。如果把委托人由股东扩展到利益相关者时，企业管理者就与利益相关者形成一种更广泛的委托代理关系，管理者成为股东、员工、顾客、供应商、政府、环境等全部利益相关者的代理人，所以，管理者与所有利益相关者之间都存在上述代理问题。

由于委托代理关系的存在，学者们研究企业社会责任问题时自然会借助委托代理理论研究管理者的利己机会主义行为：一是管理者履行企业社会责任是为了追求私利，如 Brammer 和 Millington（2008），Barnea 和 Rubin（2010）研究得出，管理者积极履行企业社会责任的目的之一是建立个人声誉或提升其职业生涯和政治前途，但是企业却要承担由此产生的成本支出，管理者满足私利却损害企业财务绩效，进而降低财务效率与财务公平；二是管理者利用企业社会责任的堑壕机制，Hemingway 和 Maclagan（2004）研究得出，管理者在做出不道德行为时，为了掩盖对自己的影响，就可能通过自愿披露社会责任信息的方式积极履行企业社会责任。

五、"股东至上"理论

长期以来"股东至上"理论一直在处理企业各方关系中占主流地位，目前这种理论的影响还是根深蒂固。"股东至上"理论认为，企业的所有者是股东，股东财富最大化就是企业的最终财务目标，一切以股东的利益为重。Berle 在 1932 年提出"股东至上"观点，他认为企业的唯一拥有者是股东，只有股东才能赋予企业经营权力，股东利益是企业需要保障的唯一利益，只有股东允许企业做的行为，管理者才能够行使。基于"股东至上"理论，许多研究都认同为股东创造财富是企业社会责任的首要目标。诺贝尔经济学奖得主 Friedman 明确指出，自由市场经济中最大化地为股东赚钱是企业唯一的社会责任，其他社会问题让政治家们去解决（Friedman，1970）。显而易见，"股东至上"理论主导企业要重视股东的利益，忽视其他利益相关者的利益，而企业履行社会责任就会降低股东利益。

第三节　企业履行社会责任影响财务效率与财务公平机理分析

一、企业社会责任优势和劣势观点成因分析

通过分析前述理论基础可以看出，利益相关者理论、资源基础理论和合法性理论认为企业履行社会责任对企业有正面影响，而委托代理理论和"股东至上"理论则认为企业履行社会责任对企业有负面影响，从而形成企业社会责任优势观点和企业社会责任劣势观点，具体动因如下：

1. 企业社会责任优势观点

利益相关者理论、资源基础理论和合法性理论在企业社会责任和环境会计领域相关研究中占据重要理论地位，立足于不同层面，它们都解释了企业与社会的关系。立足于整个社会层面的合法性理论认为，企业的合法性来源于企业与社会价值体系的一致性，企业合法性地位可以通过履行合法化实践来寻求，但是，获取企业与社会价值体系的一致性或企业获取社会合法性的有效途径并没有具体提及；资源基础理论则关注企业与控制其发展所需重要资源的外部环境的交互关系，即企业如何应对外部环境对企业的约束；利益相关者理论认为，各利益相关者价值评价标准决定了企业的生存和发展，企业的合法性和所需重要资源来源于企业与各利益相关者价值体系一致，因此企业要注重与各利益相关者的沟通及妥协，以获取他们的认可和支持。上述三个理论从不同层面解释了企业更好地生存和发展的方式。基于这三个理论，企业生存和发展的必要因素是财务绩效，但并不仅限于这个因素，企业的社会责任不仅要满足股东的利益需求，尽可能地获取利润，还需要满足其他不同利益相关者的利益需求，从而赢得各利益相关者的合法性认同，从主要利益相关者获取重要资源，实现企业利益相关者价值最大化，这样不仅可以全面提高企业财务效率，而且可以实现增值分配过程中的财务公

平，从而实现良性循环。企业积极履行社会责任不仅有助于满足各利益相关者的需求，还有助于与各利益相关者建立密切良好的关系（Wang et al.，2008），获取诸如财务效率、财务公平、人力资本等核心竞争力，企业可持续发展就依靠这些宝贵的关系资产和核心竞争力，给企业带来经营优势和增值分配优势，形成企业社会责任优势观点（El Ghoul et al.，2011）。

2. 企业社会责任劣势观点

由于现代企业中委托代理关系和"股东至上"观念仍然普遍存在，学者在分析管理者的行为时还是经常采用委托代理理论和"股东至上"理论作为理论基础。企业是否及如何履行社会责任是管理者的决策行为，因此委托代理问题和"股东至上"观念经常影响管理者的行为。在这样的影响下，管理者履行企业社会责任可能是社会责任过度投资行为，这种行为的主要目的是管理者追逐个人私利，结果与企业利益相关者价值最大化相悖，管理者这样的利己机会主义倾向，使其通过履行企业社会责任掩盖他们的利己主义行为，增加的成本会浪费企业资源，降低经营活动中的财务效率，而且投资者对管理者的监督成本会加大，导致企业的代理问题过于严重，从而降低企业增值分配活动中财务公平程度，形成企业社会责任劣势观点（Chang et al.，2014）。

综上所述，企业履行社会责任对财务效率与财务公平的影响在企业社会责任优势观点和劣势观点认识下结果截然不同，下文就很有必要基于这两种观点分别分析企业履行社会责任对财务效率与财务公平的影响。

二、企业履行社会责任影响财务效率机理分析

1. 基于企业社会责任优势观点分析

根据上述理论基础和企业社会责任优势观点动因分析，企业通过积极履行社会责任而形成的宝贵关系资产和稀缺资源等经营优势，能够对企业财务效率产生积极的影响，这有以下两个方面的具体表现：一方面，企业履行社会责任可以带来与利益相关者良好稳定的关系资产和企业必需的核心竞争力，这些重要资源对提高企业自身的过程财务效率和社会贡献能力作用极大。企业积极履行社会责任提高了企业信息的透明度，增加了利益相关者对企业的信任，为企业营造了可持续发展的外部环境，同时也使企业社会责任战略管理思维得以培养，企业发展中的短视行为得以避免，企业的战略管理和风险应对能力得以增强（Porter & Kramer，2006），企业可

以及时有效地掌控企业价值，从而减少各种损害企业价值的行为，全面提升企业的财务效率。另一方面，声誉资本在企业履行社会责任时逐步形成，它不但可以提高企业财务效率，还能减少企业在提高财务效率时产生的社会成本，并且可以降低由于未处理好与利益相关者关系而对企业可持续发展产生的负面影响。企业通过履行社会责任形成"类似保险"的道德和声誉资本，能够保护企业少受意外伤害（Godfrey et al. , 2010），减少不良事件对企业价值的冲击（Karen & Marc，2005），尽可能减少企业提高财务效率所耗费的成本，有效提高企业当前和未来的财务效率。综上所述，企业履行社会责任不仅有利于提高财务效率，而且有利于减少在提升财务效率时企业为当前和未来生存发展付出的社会成本。

2. 基于企业社会责任劣势观点分析

根据上述理论基础和企业社会责任劣势观点动因分析，企业管理者可能是为了个人利益而履行企业社会责任，这样损害了股东财富，属于代理问题（Friedman，1970）。作为企业股东的代理人，管理者与股东存在利益冲突，信息不对称的存在，使管理者为了个人利益而过度履行企业社会责任，从而牺牲股东利益（Barnea & Rubin，2010），管理者在自利性社会责任活动上浪费企业资源（Brammer & Millington，2008），企业社会责任的堑壕作用将会导致企业价值的降低（Surroca et al. , 2010）。企业履行社会责任会损害企业的财务绩效，那么财务绩效的减少会明显降低财务投入产出效率，同时也会减少总社会贡献，从而降低企业财务效率。"股东至上"理论认为，企业的所有者是股东，股东财富最大化就是企业的最终财务目标，一切以股东的利益为重。而企业社会责任行为可能会损害股东利益，从而减少企业财务绩效（Friedman，1970）。该观点基于交替换位假说，认为有限资源会限制企业决策，企业履行社会责任就会耗费本应该用于提高股东经济利益的资源。因此，企业履行社会责任就会导致企业成本增加、利润减少，导致企业履行社会责任反而不利于竞争，降低财务效率。由于大部分企业没有有效管理其社会责任行为，企业原本用于提高企业生产效率或分配给股东的资源，管理者有可能将其拿来履行社会责任，提升其个人声誉和职业生涯，结果降低了企业财务绩效（Galaskiewicz，1997），从而不利于提高企业财务效率。综上所述，管理者可能是基于利己机会主义倾向或股东利润最大化的目的积极履行社会责任，决策行为与企业发展战略无关，从而浪费企业的有限资源，降低财务资源的投入产出比率，减少企业社会贡献率，降低企业财务效率。

因此，以利益相关者理论、资源基础理论和合法性理论为基础，基于企业社会责任优势观点的机理分析表明，企业积极履行社会责任会提高经营活动中的财务效率；而以委托代理理论和"股东至上"理论为基础，基于企业社会责任劣势观点的机理分析表明，企业积极履行社会责任会降低经营活动中的财务效率。

三、企业履行社会责任影响财务公平机理分析

1. 基于企业社会责任优势观点分析

利益相关者理论认为，企业既然是"一组契约"的载体，那么企业与股东、员工、管理者等主要利益相关者之间的契约当然包含在这组契约里，企业的性质就可以解释为"各利益相关者缔结的一组契约"（Jensen & Meckling，1976；Freeman & Even，1990）。每一个参加契约签订的个人或组织都为企业提供了资源，当然企业就应该按照贡献大小满足他们的利益需求，因此为了保障企业利益分配的公平和公正，企业应该平等对待契约各方，确保企业能够公正地"照顾"到他们的利益（Hillman & Jones，1992，等等）。利益相关者理论认为，在分配公平中多元理论发挥着重要的作用。包含自由意志论、功利主义和社会契约论的多元"分配公正"理论就是多元理论。自由意志论与功利主义原则相结合，认为财权所有者可以任意使用其掌握的资源，但又必须抑制自我欲望，兼顾满足其他人的利益需求。社会契约论认为，企业与利益相关者要互相理解，充分沟通利益分配和资源使用方式。企业履行社会责任能够使其利润分配的对象由股东扩展到所有与企业有关联的利益相关者，使分配的内容也从税后利润扩展为综合考虑股东、债权人、员工、政府、环境等的企业增值额，使企业评价分配结果的指标由过度强调股东利益的传统财务指标转化为企业社会责任综合评价指标，有利于企业分配活动中财务公平的实现。综上所述，企业积极履行社会责任，能够满足各利益相关者特别是主要利益相关者的需求，按照多元"分配公正"原则进行增值分配，能够提高企业增值分配的财务公平状况，该分析以贡献三因素论为基础，包括劳资公平、管理公平、资本公平（Wang Bin，2017）等。

2. 基于企业社会责任劣势观点分析

在委托代理理论和"股东至上"观念的影响下，企业管理者具有强烈的机会主义倾向，他们可能会进行大量的利润操纵和信息披露，目的是满

足薪酬契约、融资契约等对他们的要求，管理者也可能只重视股东利益而不管其他利益相关者利益，这些行为使企业分配环节中的财务不公平加剧。企业的声誉资本可以通过其积极履行社会责任形成，因为这种行为能够赢得利益相关者对企业的信任和支持（Branco & Rodrigues，2006），可以向外界传递出企业关注长期发展和照顾到其他相关者利益的利好信息，这样不仅能够增加利益相关者对企业的正面评价（Jennifer et al.，2016），而且可以有效缓冲负面事件对企业价值的恶意冲击（Godfrey et al.，2010）。所以企业可能会自愿积极履行社会责任以掩盖利润操纵等不道德行为，充分利用企业社会责任的堑壕机制形成企业具有良好声誉的假象，从而获取利益相关者对企业关注社会责任的正面评价，减少利益相关者对企业盈余管理等潜在行为的负面评价和监督，尽可能获取利益相关者的理解和支持（Prior et al.，2008；Gargouri et al.，2010）。如果企业存在这样的情况，管理者积极履行社会责任的目的并不是追求高尚的道德和较高的透明度，而是让社会认为企业是诚信和透明的，管理者利用这种声誉保险机制掩盖其财务不公平现象（Hemingway & Maclagan，2004）。"股东至上"观念对管理者的影响在于使其只以股东利益为重，这也会降低财务公平状况。因此，从管理者利己机会主义行为和堑壕机制视角来看，企业把履行社会责任作为掩盖不道德行为的庇护工具，会造成财务不公平现象，该分析以贡献三因素论为基础，包括劳资不公平、管理不公平和资本不公平。

因此，以利益相关者理论、资源基础理论和合法性理论为基础，基于企业社会责任优势观点的机理分析表明，企业积极履行社会责任会提升企业增值分配活动中的财务公平；而以委托代理理论和"股东至上"理论为基础，基于企业社会责任劣势观点的机理分析表明，企业积极履行社会责任会降低企业增值分配活动中的财务公平。

第四节　理论分析框架和实证研究框架的构建

一、理论分析框架

根据上述具有相关理论支撑的企业社会责任优势和劣势机理分析，企业财务效率和财务公平状况受企业履行社会责任的影响较明显，影响效应在不同的理论基础指导下出现了截然相反的结果：利益相关者理论、资源基础理论和合法性理论认为，企业应该以实现企业相关者利益最大化为最终目标，这样形成的企业社会责任优势观点证实了企业积极履行社会责任可以提高其财务效率与财务公平；而委托代理理论和"股东至上"理论认为，管理者的个人利益或股东的利益最重要，企业社会责任可以作为堑壕工具，这样形成的企业社会责任劣势观点则证实了企业积极履行社会责任会降低其财务效率与财务公平。故本书对企业履行社会责任影响财务效率与财务公平这个核心问题的研究就是基于这两种对立的观点展开的。根据上述企业履行社会责任影响财务效率与财务公平的具体理论分析，本章归纳总结出理论分析框架如图 3-1 所示。

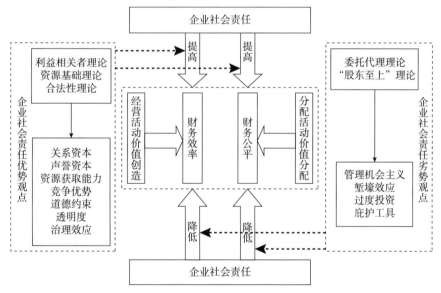

图 3-1 理论分析框架

二、实证研究框架

理论研究需要实证检验才更具有说服力和科学性，根据上述理论分析，本书构建实证研究框架如图 3-2 所示。依据实证研究框架，本书第四、第五章构成了实证研究的具体内容，主要是结合上述理论分析实证检验企业履行社会责任对财务效率与财务公平的影响效应：首先，实证检验企业履行社会责任对财务效率的动态跨期影响效应，具体内容由第四章构成。主要基于我国披露社会责任报告的 A 股上市公司经验数据，探究考虑跨期影响和去除盈余管理"噪声"后，企业积极履行社会责任是否能够增加其过程形式的财务效率和结果形式的财务效率，发挥效率提升作用；并且基于我国的经济环境，拓展考察了企业过程形式财务效率在企业社会责任影响真实盈余管理中的中介作用和不同披露意愿下企业社会责任对结果形式财务效率的动态跨期影响差异。其次，实证检验企业履行社会责任对财务公平的动态跨期影响效应，具体内容由第五章构成。主要基于我国披

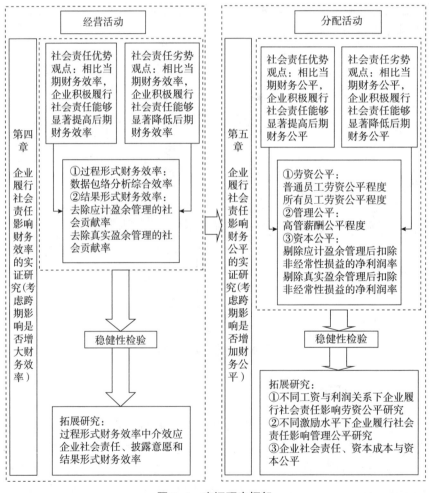

图 3-2　实证研究框架

露社会责任报告的 A 股上市公司经验数据，探究考虑跨期影响和去除盈余管理"噪声"后，企业积极履行社会责任是否能够提升其财务公平，包括劳资公平、管理公平和资本公平，从而降低利益相关者不满意度，发挥财务公平促进效应；并且拓展考察了劳资公平中利润侵蚀工资和工资侵蚀利润两种不同情况下企业履行社会责任对劳资公平的影响差异，管理公平中激励不足、激励适中和过度激励这些不同情况下企业履行社会责任对管理公平的影响差异，企业履行社会责任对去除资本成本后的资本公平的影响效应。

第五节　本章小结

第一，通过将考虑了效率与公平关系的国家政策与财务双重目标协调论相结合，理清财务效率和财务公平的关系。依照党的十九大报告中对效率与公平的创新性调整和相关学者提出的财务双目标协调论，本章认为财务效率和财务公平分属于经营活动和分配活动，企业既要在经营活动价值创造阶段提高财务效率，又要在分配活动价值分配阶段实现财务公平，既要注重经济效益，又要注重社会效益，两者兼顾。研究企业履行社会责任对财务效率与财务公平的影响有一个先后顺序，即先研究企业履行社会责任对财务效率的影响，再研究企业履行社会责任对财务公平的影响；同时，影响的评价结果也存在两个维度，即经济效益和社会效益，两方面缺一不可。

第二，基于归纳总结出的理论基础，本章从截然不同的两种观点出发分析了企业履行社会责任对财务效率与财务公平的影响机理。首先，依托相关理论基础，本章分析了基于利益相关者理论、资源基础理论和合法性理论的企业社会责任优势观点和基于委托代理理论和"股东至上"理论的企业社会责任劣势观点的动因。在此基础上，理论论述了两种观点下企业履行社会责任对经营活动中的财务效率和分配活动中的财务公平的不同影响。其次，根据上述理论分析，本章构建了对企业履行社会责任对财务效率与财务公平动态跨期影响效应进行检验的实证研究框架。实证研究框架包括主体实证检验、稳健性检验和拓展研究三部分内容。

第四章
企业履行社会责任影响财务效率的实证研究

企业社会责任与财务效率的关系是目前社会、企业和投资人重点关注的核心问题，企业履行社会责任对财务效率的影响，直接关系到企业利益相关者的利益。企业社会责任履行效果，从财务效率的过程和结果看会有很大的差别。所以本章以财务效率作为企业履行社会责任的影响对象，依托前文理论研究结果和实证研究框架，实证检验企业履行社会责任对财务效率的真实影响。

第一节　理论分析与研究假设

按照企业社会责任优势观点以及上述理论分析结果，利益相关者理论、资源基础理论和合法性理论为企业积极履行社会责任能够提高财务效率的论断提供了理论依据。企业通过积极履行社会责任能够赢得各利益相关者的合法性认同，从主要利益相关者获取重要资源，实现企业利益相关者价值最大化，这些宝贵的关系资产和核心竞争力，能够给企业带来经营优势。一方面，企业通过积极履行社会责任而形成的宝贵关系资产、稀缺资源、战略管理思想和风险应对能力等经营优势，能够对企业财务效率产生积极影响；另一方面，企业通过积极履行社会责任形成的声誉资本不仅可以提高企业财务效率，还能减小企业提高财务效率时产生的社会成本。

企业与各利益相关者形成的契约已经明确各方权利和责任，企业积极履行社会责任，利益相关者为企业提供优势资源和良好环境并从中获取自己应得的利益，实质上企业与各利益相关者之间就是一种"交易关系"，这种交易的效率和质量能够通过企业积极履行社会责任最大限度地得到提高（Donaldson & Dunfee，1999）。相反，如果企业不履行社会责任，就不能获取良好的关系资产，各利益相关者也不能为企业提供必需的资源和支持，企业可能承担如交易成本加重、声誉资本损失等相应的风险（Kytle & Ruggie，2005）。企业通过履行社会责任满足各利益相关者的利益需求，创造了大量的社会价值，同时也提高了企业的财务效率。大量研究证实，企业积极履行社会责任能够通过提高企业声誉、降低企业经营风险、协调企业与利益相关者关系等，创造更大的商业价值（殷格非等，2008；张兆国等，2013；Wang Bin，2017），进而提高财务效率。积极履行社会责任的企业更有可能采用基于提高效率的工作方法，因为这些公司希望通过提高生产率和提高质量来弥补社会成本。通过社会责任行动来弥补成本的一种方法是通过提高组织绩效的创新工作方法来提高内部财务效率。以往的研究表明，基于提高财务效率的工作实践，如自主团队、质量圈和工作轮换对公司的绩效有积极的贡献。通过履行企业社会责任，提高了员工的士气和满意度，通过参与和更好的沟通，能够高度利用以前未开发的知识和创造力来增加财务效率（Ichniowski et al.，1996；Paul & Siegel，2006；Vitaliano & Stella，2006；Yang ShouLin，2016）。因此，企业积极履行社会责任是"利他又利己"的双赢行为，既能提高企业长期的财务效率，又能实现企业利益相关者价值最大化的财务目标。

不过在现实中，企业履行社会责任对财务效率的积极影响存在一定的滞后性。主要原因是，现实中有许多非理性因素干扰市场正常运转，存在信息传递的时间差，利益相关者不能第一时间全面了解企业履行社会责任的信息。另外，企业通过履行社会责任获取关系资产和核心竞争力，需要经历一个从企业社会责任信息产生、传递、被利益相关者认可到最终转化为财务效率的过程。由于企业履行社会责任影响财务效率存在一定的滞后期，企业履行社会责任在过了滞后期才可能提高财务效率和内部化经营成本；相反，企业履行社会责任的成本在滞后期内可能难以补偿，从而会减少短期利润。由此可见，如果忽视这种滞后性，真实可靠的结论就难以得到。因此，按照企业社会责任优势观点和前文所有分析结果，本书提出如下研究假设。

假设4.1：相比当期财务效率，企业积极履行社会责任会提高后期财务效率。

然而，基于委托代理理论和"股东至上"理论，管理者与各利益相关者在契约的实际执行中存在许多代理问题以及决策时的观念差异，这就可能涉及企业履行社会责任时存在选择问题。首先，企业履行解决社会问题的社会责任可能会增加额外的成本，相应地，资源有限的公司可能会通过损害内部利益相关者的利益来调动资源。显然，企业履行社会责任对财务效率的正面影响忽视了履行社会责任企业的资源有限性，这可能导致结论过于理想主义和不切实际。其次，企业资源配置对各种竞争性需求很重要，在资源不足的情况下，企业社会责任的管理选择可能受到限制。管理层可能会采取增加劳动强度和减少劳动力成本的方法，以调动资源来抵消与企业外部社会责任活动相关的成本，这些活动旨在增强企业的声誉，并确保其社会合法性。目前有研究表明，面对有限的资源和相互竞争的需求，管理层更有可能满足外部社会需求，而不是满足内部利益相关者的就业保障需求。最后，企业可能提出两种不同的企业社会责任。管理层试图通过履行企业社会责任来扮演一个"好邻居"的角色，与此同时，管理层在内部因为破坏了员工的就业保障又扮演一个"坏雇主"的角色。企业参与企业外部社会责任活动和企业内部社会责任活动可能具有替代关系，而非互补关系。这就是在许多情况下雇主对社会问题的承诺不能满足内部利益相关者的利益需求的原因，企业参与企业外部社会责任活动经常与企业内部社会责任不兼容。有研究表明，尽管企业迫于压力对内部利益相关者和整个社会履行社会责任，但有限资源的现实使企业社会责任的平衡难以实现（McAdam & Leonard，2003；Jung & Kim，2016）。因此，如果现实是资源有限，那么企业履行社会责任就难以平衡内外部利益相关者的利益需求，企业就可能扮演一个"坏雇主"的角色，履行社会责任就会减少企业内部财务效率。

同理，企业履行社会责任对企业财务效率的消极影响也存在一定的滞后性。在实证研究企业社会责任对财务效率的影响时，如果不考虑这种滞后性，就难以得到真实可靠的结论。因此，按照企业社会责任劣势观点和前文所有分析结果，本书提出如下竞争性研究假设。

假设 4.2：相比当期财务效率，企业积极履行社会责任会降低后期财务效率。

第二节　研究设计

一、样本选择及数据来源

本章以我国 2009~2015 年沪深两市披露社会责任信息报告的 A 股上市公司为研究样本，按照下列标准进行筛选：①剔除金融、保险类企业；②剔除 ST、*ST 等特别处理的企业；③剔除变量值显著异常的企业；④剔除相关财务数据缺失的企业；⑤剔除年行业企业数不足 10 家的行业。经过筛选最终得到 7 年共 3668 个观测样本。企业社会责任数据来自润灵环球社会责任报告评级体系数据库（RKS）公布的评级得分，其他变量数据来自万得（Wind）金融数据库和国泰安数据库（CSMAR）。为了减少异常值对实证结果的影响，本书对各连续型变量进行了 Winsorize 上下 1% 的缩尾处理。分析工具为 Excel2013 和 Stata14 软件。

2008 年证监会要求相应公司披露企业社会责任报告，润灵环球责任评级机构对 2008 年企业社会责任报告开始评级得分，但是 2008 年披露社会责任报告的企业相对较少，而且评级得分缺失严重，因此本书收集的数据跨度为 2009~2015 年，一共 7 年。

如表 4-1 所示，2009~2015 年披露企业社会责任报告的公司总数为 3668 家，其中 2009 年为 373 家，占比为 10.17%，应规披露为 291 家，自愿披露为 82 家；2010 年为 405 家，占比为 11.04%，应规披露为 308 家，自愿披露为 97 家；2011 年为 486 家，占比为 13.25%，应规披露为 329 家，自愿披露为 157 家；2012 年为 559 家，占比为 15.24%，应规披露为 339 家，自愿披露为 220 家；2013 年为 599 家，占比为 16.33%，应规披露为 355 家，自愿披露为 244 家；2014 年为 614 家，占比为 16.74%，应规披露为 358 家，自愿披露为 256 家；2015 年为 632 家，占比为 17.23%，应规披露为 353 家，自愿披露为 279 家；公司总数、应规披露公司数量和自愿披露公司数量呈逐年递增态势，自愿披露社会责任报告信息的公司数量增速更大。

表4-1 公司数量及披露意愿年度分布　　　　单位：家,%

年份	披露意愿		合计	占比
	应规	自愿		
2009	291	82	373	10.17
2010	308	97	405	11.04
2011	329	157	486	13.25
2012	339	220	559	15.24
2013	355	244	599	16.33
2014	358	256	614	16.74
2015	353	279	632	17.23
合计	2333	1335	3668	100

　　表4-2是样本公司所在省份的年度数量分布，从中可以看到，样本公司来自全国31个省份，每个省份披露企业社会责任报告的公司数量呈逐年递增态势。按照数量由多到少排序，北京市、广东省、上海市、福建省和浙江省披露企业社会责任报告的公司数量占前五位，分别是499家、430家、328家、318家和312家，占公司总数的比重分别达到13.60%、11.72%、8.94%、8.67%和8.51%；青海省、内蒙古自治区、宁夏回族自治区、西藏自治区和甘肃省披露企业社会责任报告的公司数量占后五位，分别是27家、27家、17家、16家和8家，占公司总数的比重分别达到0.74%、0.74%、0.46%、0.44%和0.22%。主要原因在于，东部沿海省份上市公司较多，披露企业社会责任报告的意识和目的较强；西部内陆省份上市公司较少，披露企业社会责任报告的意识和目的相对较弱。

表4-2 公司所在省份年度分布　　　　单位：家,%

省份 \ 年份	2009	2010	2011	2012	2013	2014	2015	合计	占比
甘肃省	0	0	0	1	2	2	3	8	0.22
西藏自治区	0	1	2	4	3	3	3	16	0.44
宁夏回族自治区	2	3	3	2	2	3	2	17	0.46

续表

年份 省份	2009	2010	2011	2012	2013	2014	2015	合计	占比
内蒙古自治区	3	3	3	4	5	4	5	27	0.74
青海省	4	3	4	4	4	4	4	27	0.74
黑龙江省	2	2	3	4	6	6	5	28	0.76
海南省	3	3	4	3	4	5	7	29	0.79
重庆市	3	4	6	4	5	5	5	32	0.87
贵州省	2	5	5	5	6	6	6	35	0.95
广西壮族自治区	6	5	5	5	5	5	5	36	0.98
陕西省	6	6	6	6	6	6	6	42	1.15
江西省	5	8	8	8	7	7	7	50	1.36
湖南省	5	8	7	8	8	8	6	50	1.36
吉林省	6	6	8	8	9	9	9	55	1.50
河北省	7	6	8	10	10	9	9	59	1.61
新疆维吾尔自治区	5	6	10	10	10	10	9	60	1.64
山西省	10	10	10	10	11	12	12	75	2.04
湖北省	10	9	11	12	12	11	12	77	2.10
云南省	8	11	11	12	12	13	14	81	2.21
天津市	13	10	13	13	12	12	15	88	2.40
辽宁省	9	12	13	13	13	13	16	89	2.43
四川省	13	13	15	18	18	18	15	110	3.00
安徽省	13	15	17	22	22	21	20	130	3.54
河南省	7	13	17	29	33	31	31	161	4.39
江苏省	22	18	23	29	35	35	37	199	5.43
山东省	19	19	26	31	34	35	36	200	5.45
浙江省	30	31	40	50	53	54	54	312	8.51
福建省	31	34	44	50	52	55	52	318	8.67
上海市	33	36	40	48	53	56	62	328	8.94

续表

省份＼年份	2009	2010	2011	2012	2013	2014	2015	合计	占比
广东省	44	48	59	64	69	71	75	430	11.72
北京市	52	57	65	72	78	85	90	499	13.60
合计	373	405	486	559	599	614	632	3668	100

表4-3 是样本公司所在行业的年度数量分布，从中可以看出，样本公司来自38 个行业，每个行业披露企业社会责任报告的公司数量呈逐年递增态势。按照公司数量由多到少排序，计算机、通信和其他电子设备制造业，房地产业，交通运输、仓储和邮政业，电力、热力、燃气及水生产和供应业，批发和零售业披露企业社会责任报告的公司数量占前五位，分别是273 家、243 家、237 家、231 家和213 家，占公司总数的比重分别达到了7.44%、6.62%、6.46%、6.30% 和5.81%；化学纤维制造业，文教、工美、体育和娱乐用品制造业，家具制造业，其他制造业，科学研究和技术服务业披露企业社会责任报告的公司数量占后五位，分别是21 家、13 家、7 家、7 家和4 家，占公司总数的比重分别达到了0.57%、0.35%、0.19%、0.19% 和0.11%。差别较大的原因在于，不同行业上市公司数量差别大，不同行业披露企业社会责任报告意识和目的差别也比较大。

表4-3 公司所在行业年度分布 单位：家,%

行业＼年份	2009	2010	2011	2012	2013	2014	2015	合计	占比
科学研究和技术服务业	0	0	0	0	0	0	4	4	0.11
其他制造业	1	1	1	1	1	1	1	7	0.19
家具制造业	1	1	1	1	1	1	1	7	0.19
文教、工美、体育和娱乐用品制造业	0	0	2	2	2	3	4	13	0.35
化学纤维制造业	3	3	3	3	3	3	3	21	0.57
水利、环境和公共设施管理业	1	2	2	5	4	4	4	22	0.60
综合	3	3	3	3	3	3	5	23	0.63
仪器仪表制造业	2	2	2	4	5	5	5	25	0.68

年份 行业	2009	2010	2011	2012	2013	2014	2015	合计	占比
金属制品业	4	4	4	4	5	4	4	29	0.79
租赁和商务服务业	4	3	4	4	5	6	6	32	0.87
石油加工、炼焦和核燃料加工业	3	5	5	5	5	5	5	33	0.90
纺织服装、服饰业	2	2	4	7	7	5	6	33	0.90
食品制造业	2	3	4	6	6	9	7	37	1.01
文化、体育和娱乐业	3	3	3	3	6	8	12	38	1.04
造纸和纸制品业	5	5	5	6	5	6	6	38	1.04
铁路、船舶、航空航天和 其他运输设备制造业	5	6	6	6	7	7	5	42	1.15
橡胶和塑料制品业	3	3	4	8	9	9	8	44	1.20
纺织业	4	5	6	7	8	7	7	44	1.20
农副食品加工业	5	3	5	8	9	10	10	50	1.36
农、林、牧、渔业	3	5	7	9	9	11	10	54	1.47
酒、饮料和精制茶制造业	9	9	11	14	16	15	15	89	2.43
黑色金属冶炼和压延加工业	13	14	13	14	13	12	13	92	2.51
非金属矿物制品业	11	12	14	17	17	16	15	102	2.78
汽车制造业	10	10	14	16	20	20	17	107	2.92
建筑业	9	9	15	16	21	24	27	121	3.30
通用设备制造业	10	12	16	19	19	23	22	121	3.30
专用设备制造业	15	16	20	25	29	26	26	157	4.28
电气机械和器材制造业	16	19	22	25	26	25	25	158	4.31
信息传输、软件和信息技术服务业	14	16	20	24	27	31	36	168	4.58
有色金属冶炼和压延加工业	21	24	24	25	24	25	25	168	4.58
采矿业	19	20	25	29	32	32	33	190	5.18
化学原料和化学制品制造业	19	19	28	29	34	32	34	195	5.32
医药制造业	24	26	29	29	31	34	34	207	5.64
批发和零售业	24	26	30	30	34	33	36	213	5.81
电力、热力、燃气及水生产和供应业	26	29	33	34	38	36	35	231	6.30

行业 \ 年份	2009	2010	2011	2012	2013	2014	2015	合计	占比
交通运输、仓储和邮政业	29	30	36	37	36	34	35	237	6.46
房地产业	28	29	31	37	38	41	39	243	6.62
计算机、通信和其他电子设备制造业	22	26	34	47	44	48	52	273	7.44
合计	373	405	486	559	599	614	632	3668	100

二、变量构建及解释

1. 企业社会责任

润灵环球企业社会责任评级是中国对于企业社会责任评价的第三方评级机构，具有独立性、公开获得性、专业性和权威性。润灵环球拥有国内首个自主知识产权的企业社会责任报告评价工具，以上市公司对外披露的企业社会责任报告为评价对象，企业社会责任履行和披露情况通过其评级得分间接衡量。该方法尽可能保留现有方法的优点，而且最大限度地弥补它们的缺陷，所以润灵环球责任评级已被学者普遍认同并广泛应用于相关研究。本章选择润灵环球责任评级得分作为企业社会责任的替代变量。

2. 财务效率

本书从过程和结果两种形式衡量企业的财务效率，本书选择数据包络分析法计算得到的综合效率作为过程形式财务效率的替代变量，本书选择去除应计盈余管理的社会贡献率和去除真实盈余管理的社会贡献率作为结果形式财务效率的替代变量。具体计算方法参照第二章。

3. 控制变量

根据相关研究文献，本书考虑了公司特征和股权与治理两个层面的控制变量，包括公司规模、净盈利水平、总盈利水平、财务风险、经营风险、成长性、盈亏状况、审计成本、审计意见、未来两年是否有权益融资、控制人类型、独董比例、董事长和总经理是否两职合一、是否设置审计委员会、第一大股东持股比例、前五大股东持股比例之和、机构持股比例、前三名高管薪酬、高管持股比例、财务重述。解释变量、被解释变量和控制变量的具体解释如表4-4所示。

表 4-4 变量解释一览表

变量类型		变量符号	变量名称	计算方法
被解释变量		TE	综合效率	计算方法见本书第二章
		RSCV_AM	去除应计盈余管理的社会贡献率	计算方法见本书第二章
		RSCV_RM	去除真实盈余管理的社会贡献率	计算方法见本书第二章
解释变量		CSR	企业社会责任	润灵环球社会责任报告评分结果
控制变量	公司特征变量	Size	公司规模	总资产的自然对数
		ROE	净盈利水平	净资产收益率
		ROA	总盈利水平	总资产收益率
		Debt	财务风险	资产负债率
		B_risk	经营风险	资产周转率
		Growth	成长性	营业收入的增长率
		earn	盈亏状况	kroa＝扣除非经常性损益后的净利润/平均总资产；kroa<0，取1，否则取0
		big_4	审计成本	哑变量，若为国际四大会计师事务所审计，取1；否则取0
		Rep	审计意见	年度报告被出具标准意见，取1；否则取0
		E_financing	企业在未来两年是否有权益融资（配股/增发）	有，取1；否则取0

续表

变量类型		变量符号	变量名称	计算方法
控制变量	股权与治理变量	controller	控制人类型	上市公司为国有控股，取1；否则，取0
		r_Indepe	独董比例	独立董事人数/董事会总人数
		T_O	两职合一	董事长与总经理由同一人担任时，取1；否则取0
		Aud_c	审计委员会	设立审计委员会，取1；否则取0
		H_1	股权集中度1	第一大股东持股比例
		H_5	股权集中度2	公司前五位大股东持股比例之和
		Ins	机构持股	基金、券商、券商理财产品、QFII、保险公司、社保基金、企业年金、财务公司等各类机构投资者年末持有上市公司股份所占比例
		E_com	高管薪酬	对高管前三名薪酬总额取自然对数
		ESR	高管持股比例	高管持股数除以总股本
		restatement	财务重述	财务重述公司，取1；否则取0

三、实证模型建立

1. 企业履行社会责任影响过程形式财务效率模型建立

对于企业履行社会责任对过程形式财务效率的跨期影响，本章运用 DEA-Tobit 两阶段法研究分析。通过数据包络分析法（DEA）计算得到的综合效率 TE 作为过程形式财务效率的替代变量，由于 TE 是取值范围在 0~1 的截尾数据，如果采用 OLS 模型，参数估计将有偏且不一致，所以，本章采用受限被解释变量模型中的面板 Tobit 模型来研究企业履行社会责任对过程形式财务效率的影响。面板 Tobit 模型构建如下：

$$
\begin{aligned}
TE_{i,t} = {} & \alpha_0 + \alpha_1 CSR_{i,t} + \alpha_2 Size_{i,t} + \alpha_3 ROE_{i,t} + \alpha_4 Debt_{i,t} + \alpha_5 B\_risk_{i,t} + \\
& \alpha_6 Growth_{i,t} + \alpha_7 earn_{i,t} + \alpha_8 big\_4_{i,t} + \alpha_9 Rep_{i,t} + \\
& \alpha_{10} E\_financing_{i,t} + \alpha_{11} controller_{i,t} + \alpha_{12} r\_Indepe_{i,t} + \\
& \alpha_{13} T\_O_{i,t} + \alpha_{14} Aud\_c_{i,t} + \alpha_{15} H\_1_{i,t} + \alpha_{16} H\_5_{i,t} + \\
& \alpha_{17} Ins_{i,t} + \alpha_{18} E\_com_{i,t} + \alpha_{19} ESR_{i,t} + \alpha_{20} \varepsilon_{i,t}
\end{aligned} \quad (4-1)
$$

模型中各变量下标中，i 表示样本股票代码，t 表示样本当期所处年度，其他模型中 i 和 t 的解释与此处解释相同。根据陈强（2014）的非线性面板研究，对于受限被解释变量面板 Tobit 模型，可以使用聚类稳健标准误的混合 Tobit 估计方法和随机效应的面板 Tobit 估计方法。样本公司是否存在个体效应，需要根据 LR 检验结果，才能确定选择哪种估计方法可以得到模型的一致估计量。在本章中我们通过上述方式选择估计方法。

2. 企业履行社会责任影响结果形式财务效率模型建立

为了保证研究模型的高拟合性和研究方法的准确性，本章拟构建动态模型检验企业履行社会责任对结果形式财务效率的跨期影响。张兆国等（2013）、Wintoki 等（2012）、Gschwandtner（2005）、Glen 等（2001）认为，为了满足信息的完整性，动态模型中因变量的滞后项只需要滞后两期。借鉴他们的研究方法，本章构建以下两个模型，并使用 OLS 方法对模型（4-2）和模型（4-3）进行回归，检验以上结论在本书中的可行性，然后再进行企业社会责任对结果形式财务效率的动态跨期回归。

$$RSCV\_AM_{i,\,t} = \beta_0 + \sum_{j=1}^{4} \beta_j RSCV\_AM_{i,\,t-j} + \beta_5 Size_{i,\,t} + \beta_6 ROA_{i,\,t} +$$

$$\beta_7 Debt_{i,\,t} + \beta_8 B\_risk_{i,\,t} + \beta_9 Growth_{i,\,t} + \beta_{10} earn_{i,\,t} +$$

$$\beta_{11} big\_4_{i,\,t} + \beta_{12} Rep_{i,\,t} + \beta_{13} E\_financing_{i,\,t} +$$

$$\beta_{14} controller_{i,\,t} + \beta_{15} r\_Indepe_{i,\,t} + \beta_{16} T\_O_{i,\,t} +$$

$$\beta_{17} Aud\_c_{i,\,t} + \beta_{18} H\_1_{i,\,t} + \beta_{19} H\_5_{i,\,t} +$$

$$\beta_{20} Ins_{i,\,t} + \beta_{21} E\_com_{i,\,t} + \beta_{22} ESR_{i,\,t} +$$

$$\beta_{23} restatement_{i,\,t} + \beta_{24} \varepsilon_{i,\,t}$$

$$(4-2)$$

$$RSCV\_RM_{i,\,t} = \gamma_0 + \sum_{j=1}^{4} \gamma_j RSCV\_RM_{i,\,t-j} + \gamma_5 Size_{i,\,t} + \gamma_6 ROA_{i,\,t} +$$

$$\gamma_7 Debt_{i,\,t} + \gamma_8 B\_risk_{i,\,t} + \gamma_9 Growth_{i,\,t} + \gamma_{10} earn_{i,\,t} +$$

$$\gamma_{11} big\_4_{i,\,t} + \gamma_{12} Rep_{i,\,t} + \gamma_{13} E\_financing_{i,\,t} +$$

$$\gamma_{14} controller_{i,\,t} + \gamma_{15} r\_Indepe_{i,\,t} + \gamma_{16} T\_O_{i,\,t} +$$

$$\gamma_{17} Aud\_c_{i,\,t} + \gamma_{18} H\_1_{i,\,t} + \gamma_{19} H\_5_{i,\,t} +$$

$$\gamma_{20} Ins_{i,\,t} + \gamma_{21} E\_com_{i,\,t} + \gamma_{22} ESR_{i,\,t} +$$

$$\gamma_{23} restatement_{i,\,t} + \gamma_{24} \varepsilon_{i,\,t}$$

$$(4-3)$$

$\sum_{j=1}^{4} \beta_j RSCV\_AM_{i,\,t-j}$、$\sum_{j=1}^{4} \gamma_j RSCV\_RM_{i,\,t-j}$ 这两个变量中"t−1"表示滞后一期,"t−2"表示滞后两期,依此类推,其他模型中t−1、t−2的解释与此处解释相同。回归结果表明,滞后两期以后的财务效率与当期财务效率不显著相关。结果说明模型(4−4)和模型(4−5)中只用滞后两期的因变量滞后项就能反映模型的动态性。具体结果如表4−5所示。

表4−5 结果形式财务效率因变量滞后项滞后期的确定

因变量	模型(4−2)	因变量	模型(4−3)
	RSCV_AM		RSCV_RM
RSCV_AM$_{t-1}$	0.432 *** (11.48)	RSCV_RM$_{t-1}$	0.548 *** (10.55)

续表

因变量	模型（4-2） RSCV_AM	因变量	模型（4-3） RSCV_RM
RSCV_AM$_{t-2}$	0.178 *** （4.41）	RSCV_RM$_{t-2}$	0.169 *** （4.02）
RSCV_AM$_{t-3}$	0.11 （0.64）	RSCV_RM$_{t-3}$	-0.0367 （-0.92）
RSCV_AM$_{t-4}$	-0.0258 （-1.05）	RSCV_RM$_{t-4}$	0.0678 （1.22）
Size	-0.0069 *** （-3.03）	Size	-0.0138 ** （-2.49）
ROA	0.0024 *** （3.77）	ROA	0.0143 *** （5.62）
Debt	0.00002 （0.10）	Debt	0.0007 ** （2.12）
B_risk	0.0299 *** （4.94）	B_risk	0.0296 ** （1.98）
Growth	0.0004 *** （3.79）	Growth	0.0011 *** （3.46）
earn	-0.0029 （-0.47）	earn	0.0172 （1.35）
big_4	0.0084 （1.53）	big_4	0.0189 （1.55）
Rep	0.0117 （0.84）	Rep	0.0515 （1.42）
E_financing	0.0006 （0.11）	E_financing	0.0093 （0.83）
controller	-0.0027 （-0.53）	controller	-0.0038 （-0.36）

因变量	模型（4-2） RSCV_AM	因变量	模型（4-3） RSCV_RM
r_Indepe	0.0003 （0.66）	r_Indepe	0.0003 （0.30）
T_O	0.0102 （1.45）	T_O	0.0224 （1.48）
Aud_c	0.0005 （0.09）	Aud_c	−0.0176 （−1.33）
H_1	−0.0000005 （−0.00）	H_1	−0.0005 （−0.95）
H_5	0.0002 （1.02）	H_5	0.0007 （1.29）
Ins	0.00003 （0.19）	Ins	0.0002 （0.50）
E_com	0.0022 （0.64）	E_com	−0.0111 （−1.28）
ESR	−0.0011** （−2.14）	ESR	0.0006 （0.32）
restatement	−0.0091 （−1.27）	restatement	−0.0083 （−0.50）
常数项	0.0955 （1.64）	常数项	0.327** （2.30）
R^2	0.6634	R^2	0.7802
N	1063	N	1063

注：括号内为 t 统计值；* 表示在 0.1 的水平上显著，** 表示在 0.05 的水平上显著，*** 表示在 0.01 的水平上显著。

　　然后，在确定滞后期的基础上，借鉴 Kim 等（2012）、张兆国等（2013）以及万寿义和刘非非（2014）的研究，为了检验企业履行社会责任对结果形式财务效率的动态跨期影响，本书构建以下两个滞后期均为两期的动态模型：

$$RSCV\_AM_{i,t} = \beta_0 + \beta_1 CSR_{i,t} + \beta_2 RSCV\_AM_{i,t-1} + \beta_3 RSCV\_AM_{i,t-2} +$$
$$\beta_4 Size_{i,t} + \beta_5 ROA_{i,t} + \beta_6 Debt_{i,t} + \beta_7 B\_risk_{i,t} +$$
$$\beta_8 Growth_{i,t} + \beta_9 earn_{i,t} + \beta_{10} big\_4_{i,t} + \beta_{11} Rep_{i,t} +$$
$$\beta_{12} E\_financing_{i,t} + \beta_{13} controller_{i,t} + \beta_{14} r\_Indepe_{i,t} +$$
$$\beta_{15} T\_O_{i,t} + \beta_{16} Aud\_c_{i,t} + \beta_{17} H\_1_{i,t} + \beta_{18} H\_5_{i,t} +$$
$$\beta_{19} Ins_{i,t} + \beta_{20} E\_com_{i,t} + \beta_{21} ESR_{i,t} +$$
$$\beta_{22} restatement_{i,t} + \beta_{23}\varepsilon_{i,t} \tag{4-4}$$

$$RSCV\_RM_{i,t} = \gamma_0 + \gamma_1 CSR_{i,t} + \gamma_2 RSCV\_RM_{i,t-1} + \gamma_3 RSCV\_RM_{i,t-2} +$$
$$\gamma_4 Size_{i,t} + \gamma_5 ROA_{i,t} + \gamma_6 Debt_{i,t} + \gamma_7 B\_risk_{i,t} +$$
$$\gamma_8 Growth_{i,t} + \gamma_9 earn_{i,t} + \gamma_{10} big\_4_{i,t} + \gamma_{11} Rep_{i,t} +$$
$$\gamma_{12} E\_financing_{i,t} + \gamma_{13} controller_{i,t} + \gamma_{14} r\_Indepe_{i,t} +$$
$$\gamma_{15} T\_O_{i,t} + \gamma_{16} Aud\_c_{i,t} + \gamma_{17} H\_1_{i,t} +$$
$$\gamma_{18} H\_5_{i,t} + \gamma_{19} Ins_{i,t} + \gamma_{20} E\_com_{i,t} + \gamma_{21} ESR_{i,t} +$$
$$\gamma_{22} restatement_{i,t} + \gamma_{23}\varepsilon_{i,t} \tag{4-5}$$

Wintoki 等（2012）、Blundell 和 Bond（1998）、Nickell（1981）等认为，使用 OLS 方法和静态固定效应或随机效应回归方法计量分析存在因变量滞后项的动态模型，可能存在不同程度的偏倚和非一致性，而使用系统 GMM 估计方法可以有效解决上述问题，得到模型的一致估计量。在本章中，因为模型（4-4）和模型（4-5）中存在因变量的滞后项，所以我们使用系统 GMM 估计方法进行企业履行社会责任对结果形式财务效率动态跨期影响的回归分析。

第三节 实证检验与结果分析

一、变量描述性统计

首先对本章回归模型中各个变量进行描述性统计，结果如表 4-6 所示。披露企业社会责任报告的样本公司中，企业社会责任的均值为

38.0655（总分100），说明样本公司的社会责任履行状况总体不好，有待进一步加强；最大值为75.45，最小值为18.6481，中位数为35.4577，四分之一位数值为29.9479，四分之三位数值为43.2275，标准差为11.7797，说明样本公司在社会责任意识和行为方面存在较大差距，而且社会责任履行状况普遍较差和对社会责任履行状况的评价普遍较低，这与由均值得出的结论相同。过程形式财务效率的均值为0.6796，说明样本公司过程形式财务效率总体程度一般，还有很多需要改进的地方；过程形式财务效率的最大值为1，最小值为0.3314，中位数为0.6751，四分之一位数值为0.58，四分之三位数值为0.7741，标准差为0.1426，表明各样本公司的过程形式财务效率中等，均值两边各有一半数量公司，虽然最大值与最小值差异较大，但是整体差异较小。结果形式的财务效率中去除应计盈余管理的社会贡献率均值为0.1072，说明样本公司去除应计盈余管理"噪声"后社会贡献较好，最大值为0.4698，最小值为－0.2799，中位数为0.0944，四分之一位数值为0.0338，四分之三位数值为0.1692，标准差为0.1185，表明各样本公司去除应计盈余管理"噪声"后社会贡献存在差别，部分样本公司有"负贡献"现象，但是大多数样本公司社会贡献都比较大，总体差异较小。去除真实盈余管理的社会贡献率均值为0.2084，说明样本公司去除真实盈余管理"噪声"后社会贡献较好，最大值为1.248，最小值为－0.9108，中位数为0.1671，四分之一位数值为0.0151，四分之三位数值为0.3616，标准差为0.3314，表明各样本公司去除真实盈余管理"噪声"后社会贡献存在差别，部分样本公司有"负贡献"现象，但是大多数样本公司社会贡献都比较大，总体差异较小；与去除应计盈余管理的社会贡献率相比效果较好。

公司特征控制变量中，公司规模均值为22.9165，标准差为1.3654，最大值为25.8743，最小值为19.8215，中位数为22.8027，四分之一位数值为21.9117，四分之三位数值为23.8103，说明样本公司规模都较大，规模大小分布均匀，规模差异较小；公司净盈利水平均值为9.3679%，标准差为10.6159，最大值为35.15%，最小值为－40.03%，中位数为9.28%，四分之一位数值为4.035%，四分之三位数值为14.8621%，说明样本公司净资产报酬率普遍比较低，可能是样本公司的管理者照顾到了重要利益相关者的利益，从而使股东报酬相比最佳标准整体降低，最大值与最小值相差较大，净盈利水平整体差异较大；公司总盈利水平均值为4.9146%，标准差为 5.42，最大值为 21.2505%，最小值为 -13.896%，中位数为 4.1361%，四分之一位数值为 1.7216%，四分之三位数值为 7.5433%，说明样本公司总资产报酬率普遍比较低，只有约 3/4 的样本公司能达到标准水平，可能是样本公司的管理者照顾到了重要利益相关者的利益，从而使股东报酬相比最佳标准整体降低，总盈利水平整体差异仍较大；财务风险均值为 49.5441%，标准差为 19.9737，最大值为 87.6405%，最小值为 4.7135%，中位数为 51.0698%，四分之一位数值为 34.8228%，四分之三位数值为 65.056%，说明样本公司资产负债率均值比较合适，大部分样本公司财务风险适中，财务风险差异中等；经营风险均值为 0.7147，标准差为 0.4907，最大值为 2.6915，最小值为 0.0741，中位数为 0.6046，四分之一位数值为 0.3701，四分之三位数值为 0.9087，说明样本公司资产周转率整体较低，经营风险较大，经营风险差异一般；成长性均值为 12.393%，标准差为 27.0937，最大值为 142.008%，最小值为 -51.9261%，中位数为 9.6789%，四分之一位数值为 -3.0616%，四分之三位数值为 23.6741%，说明样本公司营业收入增长率整体较高，具有较好的成长性，但是成长性差异较大，还有约 1/4 的公司营业收入负增长；盈亏状况均值为 0.1401，标准差为 0.3472，最大值为 1，最小值为 0，中位数为 0，四分之一位数值为 0，四分之三位数值为 0，说明披露企业社会责任报告的公司中，86% 的公司扣除非经常性损益后的净利润还是正的，总体盈亏状况较好；审计成本均值为 0.1532，标准差为 0.3602，最大值为 1，最小值为 0，中位数为 0，四分之一位数值为 0，四分之三位数值为 0，说明披露企业社会责任报告的公司中，15.31% 的公司聘请了国际四大会计师事务所审计，审计成本整体较小，对会计师事务所的选择差异较大；审计意见均值为 0.9905，标准差为 0.0972，最大值为 1，最小值为 0，中位数为 1，四分之一位数值为 1，四分之三位数值为 1，说明披露企业社会责任报告的公司中，99.05% 的公司的年度报告都被出具了标准审计意见，整体差异很小；未来两年是否有权益融资变量均值为 0.6753，标准差为 0.4683，最大值为 1，最小值为 0，中位数为 1，四分之一位数值为 0，四分之三位数值为 1，说明披露企业社会责任报告的公司中，67.53% 的公司在未来两年都有权益融资计划，整体差异较小。

股权与治理控制变量中，控制人类型变量均值为 0.6371，标准差为 0.4809，最大值为 1，最小值为 0，中位数为 1，四分之一位数值为 0，四分之三位数值为1，说明披露企业社会责任报告的公司中63.71%为国有控股；独董比例变量均值为37.3118%，标准差为5.602，最大值为57.1429%，最小值为30.7692%，中位数为35.7143%，四分之一位数值为33.3333%，四分之三位数值为40%，说明样本公司独立董事的比例比《关于在上市公司建立独立董事制度的指导意见》规定的要高，独立董事整体设置合理；董事长和总经理是否两职合一变量均值为0.1573，标准差为0.3641，最大值为1，最小值为0，中位数为0，四分之一位数值为0，四分之三位数值为0，说明披露企业社会责任报告的公司中，15.73%的公司董事长和总经理由同一人担任，整体差异较大；是否设置审计委员会变量均值为0.9318，标准差为0.252，最大值为1，最小值为0，中位数为1，四分之一位数值为1，四分之三位数值为1，说明披露企业社会责任报告的公司中，93.18%的公司都设置了审计委员会，内部审计和内部控制机构较健全；第一大股东持股比例变量均值为38.6315%，标准差为16.0916，最大值为75.1%，最小值为8.93%，中位数为38.615%，四分之一位数值为25.11%，四分之三位数值为50.63%，说明披露企业社会责任报告的公司第一大股东持股比例普遍较高，股权比较集中，可能这就是推进履行社会责任和披露社会责任报告的原因之一，但是差异较大；前五大股东持股比例之和变量均值为54.79%，标准差为16.7061，最大值为88.12%，最小值为18.4%，中位数为55.005%，四分之一位数值为43.14%，四分之三位数值为66.44%，再次说明披露企业社会责任报告的公司股权比较集中；机构持股比例变量均值为49.212%，标准差为22.5427，最大值为88.2964%，最小值为0.0985%，中位数为51.5392%，四分之一位数值为32.6612%，四分之三位数值为66.4425%，说明披露企业社会责任报告的公司整体机构持股比例还是较大的；前三名高管薪酬变量均值为14.3818，标准差为0.6827，最大值为15.9542，最小值为12.4111，中位数为14.3781，四分之一位数值为13.9333，四分之三位数值为14.7871，说明披露企业社会责任报告的公司前三名高管薪酬普遍较高，差异很小；高管持股比例变量均值为2.7267%，标准差为8.8898，最大值为60.2094%，最小值为0，中位数为0.0021%，四分之一位数值为0，四分之三位数值为0.1285%，说明披露企业社会责任报告的公司高管持股比例较低，有约一半的公司高管没有持股，差异较大；财务重述变量均值为0.0592，标准差为0.236，最大值为1，最小值为0，中位数为0，四分之一位数值为0，四分之三位数值为 0，说明披露企业社会责任报告的公司中，5.92% 的公司存在财务重述，这一比例较低，可能是企业履行社会责任并披露社会责任报告的原因。

表 4-6　变量的描述统计量

变量	样本数	均值	标准差	最小值	25%位	中位数	75%位	最大值
TE	3420	0.6796	0.1426	0.3314	0.58	0.6751	0.7741	1
RSCV_AM	3668	0.1072	0.1185	-0.2799	0.0338	0.0944	0.1692	0.4698
RSCV_RM	3668	0.2084	0.3314	-0.9108	0.0151	0.1671	0.3616	1.248
CSR	3668	38.0655	11.7797	18.6481	29.9479	35.4577	43.2275	75.45
Size	3668	22.9165	1.3654	19.8215	21.9117	22.8027	23.8103	25.8743
ROE（%）	3668	9.3679	10.6159	-40.03	4.035	9.28	14.8621	35.15
ROA（%）	3668	4.9146	5.42	-13.896	1.7216	4.1361	7.5433	21.2505
Debt（%）	3668	49.5441	19.9737	4.7135	34.8228	51.0698	65.056	87.6405
B_risk	3668	0.7147	0.4907	0.0741	0.3701	0.6046	0.9087	2.6915
Growth（%）	3668	12.393	27.0937	-51.9261	-3.0616	9.6789	23.6741	142.008
earn	3668	0.1401	0.3472	0	0	0	0	1
big_4	3668	0.1532	0.3602	0	0	0	0	1
Rep	3668	0.9905	0.0972	0	1	1	1	1
E_financing	3668	0.6753	0.4683	0	0	1	1	1
controller	3668	0.6371	0.4809	0	0	1	1	1
r_Indepe（%）	3668	37.3118	5.602	30.7692	33.3333	35.7143	40	57.1429
T_O	3668	0.1573	0.3641	0	0	0	0	1
Aud_c	3668	0.9318	0.252	0	1	1	1	1
H_1（%）	3668	38.6315	16.0916	8.93	25.11	38.615	50.63	75.1
H_5（%）	3668	54.79	16.7061	18.4	43.14	55.005	66.44	88.12
Ins（%）	3668	49.212	22.5427	0.0985	32.6612	51.5392	66.4425	88.2964
E_com	3668	14.3818	0.6827	12.4111	13.9333	14.3781	14.7871	15.9542
ESR（%）	3668	2.7267	8.8898	0	0	0.0021	0.1285	60.2094
restatement	3668	0.0592	0.236	0	0	0	0	1

二、单变量相关性检验

表4-7报告了样本公司变量间的 Pearson 相关性检验结果。从表4-7中可以看出，企业社会责任与过程形式财务效率在1%的水平上显著正相关，说明社会责任履行越好的企业，其过程形式财务效率就越高，结论初步支持假设4.1。企业社会责任与结果形式财务效率中去除应计盈余管理的社会贡献率在1%的水平上显著正相关，与结果形式财务效率中去除真实盈余管理的社会贡献率在1%的水平上也显著正相关，企业社会责任与结果形式财务效率两个指标互相验证得到一致结论，表明社会责任履行越好的企业，其结果形式的财务效率就越高，这些结论也初步支持假设4.1。综上所述，不管是从财务效率的过程看还是结果看，企业社会责任都与去除"噪声"的财务效率显著正相关，说明企业履行社会责任越好，其财务效率越高。

控制变量中，公司规模、净盈利能力、经营风险、成长性、审计成本、审计意见、控制人类型、第一大股东持股比例、前五大股东持股比例之和、机构持股比例、前三名高管薪酬与过程形式财务效率在1%的显著性水平上正相关；盈亏状况、未来两年是否有权益融资、董事长和总经理是否两职合一、高管持股比例与过程形式财务效率在1%的显著性水平上负相关；财务风险、独董比例、是否设置审计委员会、财务重述与过程形式财务效率不相关。也就是说，公司规模大的、净资产收益率高的、经营风险小的、成长性好的、聘请"四大"会计师事务所审计的、出具标准意见审计报告的、国有控股的、第一大股东持股比例高的、前五大股东持股比例之和高的、机构持股比例高的、前三名高管薪酬高的样本公司，过程形式财务效率就高；亏损的、未来两年有权益融资的、董事长和总经理两职合一的、高管持股比例高的样本公司，过程形式财务效率就低。

控制变量中，总盈利能力、经营风险、审计成本、审计意见、第一大股东持股比例、前五大股东持股比例之和、机构持股比例、前三名高管薪酬与结果形式财务效率中去除应计盈余管理的社会贡献率在1%的显著性水平上正相关；成长性与去除应计盈余管理的社会贡献率在10%的显著性水平上正相关；财务风险、盈亏状况、未来两年是否有权益融资、高管持股比例与去除应计盈余管理的社会贡献率在1%的显著性水平上负相关；公司规模、控制人类型、独董比例、董事长和总经理是否两职合一、是否设置审计委员会、财务重述与去除应计盈余管理的社会贡献率不相关。也就

表 4-7　变量间的 Pearson 相关性分析

变量	TE	RSCV_AM	RSCV_BM	CSR	Size	ROE	ROA	Debt	B_risk	Growth	earn	big_4	Rep	E_financing	controller	r_Indepe	T_0	Aud_c	H_1	H_5	Ins	E_com	ESR	restatement
TE	1																							
RSCV_AM	0.254***	1																						
RSCV_BM	0.148***	0.782***	1																					
CSR	0.065*	0.108***	0.14***	1																				
Size	0.198***	-0.013	0.052	0.427***	1																			
ROE	0.366***	0.382***	0.476***	0.029*	0.092***	1																		
ROA	0.330***	0.487***	0.611***	-0.000	-0.089***	0.861***	1																	
Debt	0.01	-0.23***	-0.279***	0.099**	0.527***	-0.138***	-0.45***	1																
B_risk	0.552***	0.322***	0.076	0.071	0.036	0.183***	0.156***	0.083***	1															
Growth	0.151***	0.028*	0.084	-0.036	-0.001	0.555***	0.299***	0.023	0.126***	1														
earn	-0.172***	-0.216***	-0.257***	-0.034	-0.033	-0.394***	-0.524***	0.18***	-0.072*	-0.246***	1													
big_4	0.149***	0.127***	0.123***	0.339***	0.45***	0.100***	0.063***	0.114***	0.079***	-0.013	-0.071***	1												
Rep	0.062	0.063***	0.06	0.006	-0.04	0.159***	0.139***	-0.084***	0.055*	0.067*	-0.138***	0.026	1											
E_financing	-0.054*	-0.123***	-0.083***	0.025	0.215***	-0.036	-0.143***	0.265***	-0.022	0.026	0.023	-0.088***	-0.02*	1										
controller	0.099***	-0.011	-0.049	0.126***	0.317***	-0.117***	-0.173***	0.230***	0.03*	-0.077***	0.066*	0.181***	-0.022	0.02	1									
r_Indepe	-0.007	-0.01	0.02	0.042**	0.093***	-0.0005	-0.015	0.042	-0.02	0.018	-0.04	0.081***	-0.035	0.033	-0.01	1								
T_0	-0.065*	0.016	0.074***	-0.05*	-0.135***	0.049***	0.094***	-0.129***	-0.089***	0.051***	-0.013	-0.076***	0.012	0.012	-0.25***	0.1***	1							
Aud_c	0.003	0.017	0.004	-0.034	-0.01	0.045***	0.046	0.002	0.047	0.069***	-0.05	0.013	0.018	-0.003	-0.008	-0.007	-0.026	1						
H_1	0.181***	0.093***	0.064***	0.156***	0.283***	0.028*	0.026	0.055***	0.071**	-0.065***	-0.058***	0.185***	0.026	-0.11***	0.298***	0.071***	-0.114***	-0.015	1					
H_5	0.237***	0.126***	0.115***	0.256***	0.301***	0.091***	0.101***	0.007	0.073***	-0.015	-0.107***	0.308***	0.028*	-0.177***	0.168***	0.063***	-0.06*	-0.008	0.73***	1				
Ins	0.197***	0.205***	0.223***	0.222***	0.348***	0.167***	0.12***	0.165***	0.092***	-0.018	-0.084***	0.215***	0.028*	0.028*	0.275***	-0.003	-0.128***	-0.04	0.429***	0.452***	1			
E_com	0.124***	0.212***	0.269***	0.294***	0.425***	0.348***	0.244***	0.114***	0.131***	0.07*	-0.188***	0.277***	0.066*	0.092***	-0.023	0.052*	0.057*	-0.031*	-0.032*	0.062*	0.201***	1		
ESR	-0.064***	-0.055***	-0.007	-0.056***	-0.265***	0.06*	0.143***	-0.241***	-0.049***	0.14***	-0.056***	-0.111***	0.012	-0.16***	-0.389***	0.045***	0.393***	0.001	-0.104***	0.034*	-0.296***	-0.084***	1	
restatement	-0.028	-0.013	-0.014	-0.085*	-0.04***	-0.033	-0.033	0.009	-0.003	-0.005	-0.056***	-0.06***	-0.059**	0.016	-0.013	-0.019	0.025	0.017	-0.026	-0.031*	-0.027	-0.054***	0.047***	1

注：*表示在 0.1 的水平上显著，**表示在 0.05 的水平上显著，***表示在 0.01 的水平上显著。

是说，总资产收益率高的、经营风险小的、成长性好的、聘请"四大"会计师事务所审计的、出具标准意见审计报告的、第一大股东持股比例高的、前五大股东持股比例之和高的、机构持股比例高的、前三名高管薪酬高的样本公司，去除应计盈余管理的社会贡献率就高；资产负债率高的、亏损的、未来两年有权益融资的、高管持股比例高的样本公司，去除应计盈余管理的社会贡献率就低。

控制变量中，公司规模、总盈利能力、经营风险、审计成本、审计意见、董事长和总经理是否两职合一、成长性、第一大股东持股比例、机构持股比例、前五大股东持股比例之和、前三名高管薪酬与结果形式财务效率中去除真实盈余管理的社会贡献率在1%的显著性水平上正相关；财务风险、盈亏状况、未来两年是否有权益融资、控制人类型与去除真实盈余管理的社会贡献率在1%的显著性水平上负相关；独董比例、是否设置审计委员会、高管持股比例、财务重述与去除真实盈余管理的社会贡献率不相关。也就是说，公司规模大的、总资产收益率高的、经营风险小的、成长性好的、聘请"四大"会计师事务所审计的、董事长和总经理两职合一的、出具标准意见审计报告的、第一大股东持股比例高的、机构持股比例高的、前五大股东持股比例高的、前三名高管薪酬高的样本公司，去除真实盈余管理的社会贡献率就高；资产负债率高的、亏损的、未来两年有权益融资的、国有控股的样本公司，去除真实盈余管理的社会贡献率就低。

三、企业履行社会责任影响过程形式财务效率的回归结果分析

对于企业履行社会责任对过程形式财务效率的跨期影响，本书运用DEA-Tobit两阶段法进行研究分析。选择数据包络分析法（DEA）计算得到的综合效率TE作为过程形式财务效率的替代变量，由于TE是取值范围为0~1的截尾数据，如果采用OLS模型，参数估计将有偏且不一致，所以，本书采用受限被解释变量模型中的面板Tobit模型来研究企业社会责任对过程形式财务效率的影响。

本书首先使用聚类稳健标准误的混合Tobit估计方法和随机效应的面板Tobit估计方法分别进行回归；其次检验样本公司是否存在个体效应，根据LR检验结果，确定选择哪种估计方法可以得到模型的一致估计量，从而排除方法的不合适带来的研究结果的误差，也证实了过程形式财务效率的计量方法不同导致企业社会责任影响过程形式财务效率的研究结果不同的判断。

　　为了检验企业履行社会责任对过程形式财务效率的跨期影响，我们在模型（4-1）中分别以当期企业社会责任 CSR、滞后一期企业社会责任 CSR_{t-1}、滞后两期企业社会责任 CSR_{t-2} 作为自变量，以过程形式财务效率的替代变量——综合效率 TE 作为因变量进行回归分析。

　　如表4-8所示，企业履行社会责任影响过程形式财务效率的回归中，聚类稳健标准误混合 Tobit 模型下当期、滞后一期和滞后两期的企业社会责任估计系数都显著为负。随机效应面板 Tobit 模型下当期、滞后一期和滞后两期的企业社会责任估计系数都显著为正。两种方法回归结果截然不同，通过 LR 检验结果（P 值均为0）强烈拒绝原假设，故认为样本公司存在个体效应，应使用随机效应面板 Tobit 模型回归才能得出无偏一致的估计量。根据随机效应面板 Tobit 模型回归结果，当期、滞后一期和滞后两期企业社会责任与过程形式财务效率显著正相关，研究结果说明，企业社会责任履行越好，当期过程形式财务效率就越高，研究结论支持假设4.1。

表4-8　企业履行社会责任影响过程形式财务效率的回归结果

因变量	(1)	(2)	(3)	因变量	(4)	(5)	(6)
	TE				TE		
模型	聚类稳健标准误混合 Tobit 模型			模型	随机效应的面板 Tobit 模型		
CSR	-0.0008**			CSR	0.0007***		
	(-2.41)				(3.37)		
CSR_{t-1}		-0.0009**		CSR_{t-1}		0.0004*	
		(-2.54)				(1.89)	
CSR_{t-2}			-0.0009**	CSR_{t-2}			0.0004*
			(-2.37)				(1.65)
Size	0.0316***	0.0323***	0.0324***	Size	0.0255***	0.0261***	0.029***
	(7.08)	(6.70)	(6.32)		(8.29)	(7.65)	(7.57)
ROE	0.0041***	0.0042***	0.0044***	ROE	0.0037***	0.0036***	0.0035***
	(8.57)	(8.22)	(7.52)		(16.39)	(14.34)	(11.49)
Debt	-0.0013***	-0.0012***	-0.0012***	Debt	-0.0019***	-0.0017***	-0.0019***
	(-5.31)	(-4.73)	(-4.63)		(-13.31)	(-10.53)	(-10.19)
B_risk	0.151***	0.153***	0.157***	B_risk	0.155***	0.156***	0.158***
	(20.22)	(18.75)	(17.56)		(28.75)	(26.13)	(22.90)

续表

因变量	(1)	(2)	(3)	因变量	(4)	(5)	(6)
	TE				TE		
模型	聚类稳健标准误混合 Tobit 模型			模型	随机效应的面板 Tobit 模型		
Growth	0.0002 **	0.0001	0.00007	Growth	0.0003 ***	0.0002 ***	0.0002 ***
	(2.30)	(0.92)	(0.58)		(5.57)	(4.36)	(2.86)
earn	−0.0203 **	−0.0239 **	−0.0138	earn	0.0023	−0.0038	0.0038
	(−2.08)	(−2.23)	(−1.24)		(0.46)	(−0.69)	(0.6)
big_4	−0.0072	−0.0062	−0.0064	big_4	0.0084	0.002	−0.0015
	(−0.56)	(−0.46)	(−0.46)		(1.01)	(0.22)	(−0.15)
Rep	0.0221	0.0187	−0.0157	Rep	0.014	0.0246	0.0203
	(0.72)	(0.52)	(−0.32)		(0.90)	(1.43)	(0.93)
E_financing	−0.0111	−0.0138 *	−0.0158 *	E_financing	−0.004	−0.00412	−0.0003
	(−1.47)	(−1.68)	(−1.75)		(−0.91)	(−0.81)	(−0.05)
controller	0.0107	0.014	0.012	controller	0.0111	0.0146 *	0.0085
	(1.28)	(1.59)	(1.28)		(1.39)	(1.73)	(0.92)
r_Indepe	−0.0003	−0.0003	−0.0005	r_Indepe	−0.0003	−0.0005	−0.0005
	(−0.52)	(−0.54)	(−0.76)		(−0.78)	(−1.30)	(−1.16)
T_O	−0.0076	−0.0048	−0.0058	T_O	0.0039	0.0079	0.0008
	(−0.92)	(−0.53)	(−0.59)		(0.77)	(1.38)	(0.13)
Aud_c	−0.0196 ***	−0.0162 **	−0.0186 ***	Aud_c	−0.0193 ***	−0.0159 ***	−0.0186 ***
	(−2.83)	(−2.37)	(−2.66)		(−4.30)	(−3.47)	(−3.77)
H_1	−0.0004	−0.0004	−0.0006	H_1	0.0004 *	0.0004	0.0001
	(−1.00)	(−1.05)	(−1.34)		(1.94)	(1.42)	(0.47)
H_5	0.0011 ***	0.0012 ***	0.0013 ***	H_5	0.0002	0.0002	0.0003
	(3.13)	(3.07)	(3.00)		(0.72)	(0.81)	(0.97)
Ins	0.00002	−0.00004	0.00006	Ins	0.00001	−0.00007	0.00005
	(0.14)	(−0.22)	(0.24)		(0.13)	(−0.76)	(0.32)
E_com	−0.022 ***	−0.026 ***	−0.029 ***	E_com	−0.0035	−0.0086 **	−0.0073
	(−3.52)	(−3.79)	(−3.78)		(−0.95)	(−1.97)	(−1.43)
ESR	−0.0004	−0.0007 *	−0.0009 **	ESR	−0.0003	−0.0008 **	−0.0009 **
	(−1.12)	(−1.73)	(−2.09)		(−1.20)	(−2.30)	(−2.19)

续表

因变量	（1）	（2）	（3）	因变量	（4）	（5）	（6）
	TE				TE		
模型	聚类稳健标准误混合 Tobit 模型			模型	随机效应的面板 Tobit 模型		
常数项	0.175* (1.88)	0.221** (2.14)	0.297*** (2.6)	常数项	0.0349 (0.52)	0.0969 (1.24)	0.0341 (0.38)
sigma	0.106*** (34.66)	0.106*** (32.82)	0.106*** (31.17)	sigma_u	0.0905*** (33.69)	0.0906*** (32.27)	0.0923*** (30.14)
N	3420	2748	2137	sigma_e	0.0579*** (72.9)	0.0562*** (64.04)	0.0557*** (54.53)
				LR 检验 （P 值）	0	0	0
				N	3420	2748	2137

注：括号内为 t 统计值；* 表示在 0.1 的水平上显著，** 表示在 0.05 的水平上显著，*** 表示在 0.01 的水平上显著。

　　从控制变量的回归结果可以看出：不管是当期还是滞后一期、滞后两期企业社会责任作为自变量，公司规模、总盈利水平、经营风险、成长性等变量与过程形式财务效率显著正相关；财务风险、是否设置审计委员会等变量与过程形式财务效率显著负相关；盈亏状况、审计成本、审计意见、未来两年是否有权益融资、控制人类型、独董比例、董事长和总经理是否两职合一、前五大股东持股比例之和、机构持股比例等变量与过程形式财务效率不相关。

　　研究结果表明，公司规模大的、总盈利水平高的、经营风险低的、成长性好的样本公司过程形式财务效率就高；资产负债率高的、设置审计委员会的样本公司过程形式财务效率就低。

　　当期企业社会责任作为自变量时，第一大股东持股比例变量与过程形式财务效率显著负相关；滞后一期企业社会责任作为自变量时，前三名高管薪酬变量与过程形式财务效率显著负相关；滞后一期或滞后两期企业社会责任作为自变量时，高管持股比例变量与过程形式财务效率显著负相关。研究结果表明，当期企业社会责任作为自变量时，第一大股东持股比例高的样本公司过程形式财务效率就低；滞后一期企业社会责任作为自变量时，前三名高管薪酬高的样本公司过程形式财务效率就低；滞后一期或滞后两期企业社会责任作为自变量时，高管持股比例高的样本公司过程形式财务效率就低。

四、企业履行社会责任影响结果形式财务效率的回归结果分析

对于企业履行社会责任影响结果形式财务效率的回归，本章分别从企业履行社会责任影响去除应计盈余管理的社会贡献率和去除真实盈余管理的社会贡献率两方面进行研究分析。

1. 企业履行社会责任影响去除应计盈余管理的社会贡献率的回归结果分析

为了检验企业履行社会责任对去除应计盈余管理社会贡献率的跨期影响，我们在模型（4-4）中分别以当期企业社会责任 CSR、滞后一期企业社会责任 CSR_{t-1}、滞后两期企业社会责任 CSR_{t-2} 作为自变量，以去除应计盈余管理的社会贡献率 RSCV_AM 作为因变量进行回归分析。

如表 4-9 所示，企业履行社会责任影响去除应计盈余管理的社会贡献率的回归中，滞后一期和滞后两期的企业社会责任估计系数显著为正，当期企业社会责任的估计系数不显著，说明滞后一期和滞后两期的企业社会责任履行越好，当期去除应计盈余管理的社会贡献率越大，也就是说企业社会责任履行越好，后期的结果形式财务效率就越大。企业履行社会责任对结果形式财务效率起到滞后的促进作用，研究结论支持了假设 4.1。同时研究也说明，企业社会责任意识的增强，使企业经营过程中去除应计盈余管理"噪声"的财务效率显著提高，从而在排除干扰后实实在在地增大了社会贡献率，使真正的"净蛋糕"做大，使主要利益相关者可以分配的净基础增大，而不是单纯地改变"蛋糕"分配游戏规则，支持了企业社会责任理论和利益相关者理论。

表 4-9　企业履行社会责任影响去除应计盈余管理的社会贡献率的回归结果

因变量	RSCV_AM		
	系统 GMM	系统 GMM	系统 GMM
CSR	−0.00016 (−0.21)		
CSR_{t-1}		0.00114 ** (2.20)	

续表

因变量	RSCV_AM		
	系统 GMM	系统 GMM	系统 GMM
CSR_{t-2}			0.00108**
			(2.20)
Size	−0.0354*	−0.0295***	−0.0186
	(−1.95)	(−2.84)	(−1.63)
ROA	0.0005	0.0018	0.0038
	(0.14)	(0.87)	(1.64)
Debt	−0.00007	0.00002	−0.0001
	(−0.14)	(0.04)	(−0.23)
B_risk	0.0415	0.0584***	0.0317
	(1.30)	(3.58)	(1.35)
Growth	0.0003*	0.0004***	0.0004***
	(1.66)	(3.10)	(3.70)
earn	−0.0061	−0.0021	−0.0047
	(−0.39)	(−0.20)	(−0.40)
big_4	0.0322	0.028	0.007
	(0.83)	(1.20)	(0.31)
Rep	−0.0056	−0.0088	−0.0132
	(−0.26)	(−0.47)	(−0.65)
E_financing	0.0189	0.0115	0.0082
	(1.23)	(1.04)	(0.65)
controller	0.113**	0.0305	0.0019
	(2.10)	(1.03)	(0.06)
r_Indepe	0.0007	0.0007	0.0012*
	(0.96)	(1.20)	(1.86)
T_O	0.0097	0.0118	0.0218
	(0.61)	(1.03)	(1.64)
Aud_c	0.0042	0.0021	0.0004
	(0.62)	(0.37)	(0.06)
H_1	−0.00033	−0.00001	−0.00003
	(−0.37)	(−0.02)	(−0.04)

续表

因变量	RSCV_AM		
	系统 GMM	系统 GMM	系统 GMM
H_5	−0.00078	−0.00046	−0.00006
	(−1.00)	(−0.80)	(−0.09)
Ins	0.0005*	0.0005**	0.0003
	(1.79)	(2.08)	(1.16)
E_com	0.0581	0.0338	0.0487*
	(1.32)	(1.29)	(1.88)
ESR	0.0087***	−0.0012	−0.0069
	(3.11)	(−0.55)	(−1.50)
restatement	−0.0425	−0.0419	−0.0742**
	(−0.89)	(−1.58)	(−2.09)
$RSCV\_AM_{t-1}$	0.32***	0.336***	0.331***
	(3.29)	(6.16)	(5.85)
$RSCV\_AM_{t-2}$	0.0885	0.132***	0.158***
	(1.63)	(3.93)	(4.08)
常数项	−0.329	0.0676	0.138
	(−0.85)	(0.27)	(0.53)
AR (1) P 值	0	0	0
AR (2) P 值	0.3144	0.1294	0.1441
sargan P 值	0.3112	0.2086	0.4344
N	1961	1906	1837

注：括号内为 t 统计值；*表示在 0.1 的水平上显著，**表示在 0.05 的水平上显著，***表示在 0.01 的水平上显著。

从控制变量的回归结果可以看出：成长性变量对所有三期的去除应计盈余管理的社会贡献率的影响显著为正，经营风险和机构持股比例变量对滞后一期去除应计盈余管理的社会贡献率的影响显著为正，独董比例和前三名高管薪酬变量对滞后两期去除应计盈余管理的社会贡献率的影响显著为正；公司规模变量对滞后一期去除应计盈余管理的社会贡献率的影响显著为负，财务重述变量对滞后两期去除应计盈余管理的社会贡献率的影响显著为负；总盈利水平、财务风险、盈亏状况、审计成本、审计意见、未来两年是否有权益融资、控制人类型、董事长和总经理是否两职合一、是否设置审计委员会、第一大股东持股比例、前五大股东持股比例之和、高管持股比例等变量对去除应计盈余管理的社会贡献率的影响不显著。也就是说，成长性好的样本公司，所有三期的去除应计盈余管理的社会贡献率就大；滞后一期经营风险小的和机构持股比例大的样本公司，滞后一期去除应计盈余管理的社会贡献率就大；独董比例大的和前三名高管薪酬高的样本公司，滞后两期去除应计盈余管理的社会贡献率就大；公司规模大的样本公司，滞后一期去除应计盈余管理的社会贡献率就小；存在财务重述的样本公司，滞后两期去除应计盈余管理的社会贡献率就小。

2. 企业履行社会责任影响去除真实盈余管理的社会贡献率的回归结果分析

为了检验企业履行社会责任对去除真实盈余管理社会贡献率的跨期影响，我们在模型（4-5）中分别以当期企业社会责任 CSR、滞后一期企业社会责任 CSR_{t-1}、滞后两期企业社会责任 CSR_{t-2} 作为自变量，以去除真实盈余管理的社会贡献率 RSCV_RM 作为因变量进行回归分析。

如表 4-10 所示，企业履行社会责任影响去除真实盈余管理的社会贡献率的回归中，滞后一期的企业社会责任估计系数显著为正，当期和滞后两期的企业社会责任估计系数不显著，说明滞后一期的企业社会责任履行越好，当期去除真实盈余管理的社会贡献率越大，也就是说，滞后一期企业社会责任履行越好，当期的结果形式财务效率就越大。滞后一期的企业社会责任对结果形式财务效率起到促进作用，研究结论支持了假设 4.1。同时研究再次说明，企业社会责任意识的增强，使企业经营过程中去除真实盈余管理"噪声"的财务效率显著提高，同样在排除干扰后实实在在地增大了社会贡献率，使真正的"净蛋糕"做大，使利益相关方可以分配的净基础增大，而不是单纯地改变"蛋糕"分配游戏规则，支持了企业社会责任理论和利益相关者理论。

表 4-10　企业履行社会责任影响去除真实盈余管理的社会贡献率的回归结果

因变量	RSCV_RM		
	系统 GMM	系统 GMM	系统 GMM
CSR	0.00046 （0.31）		

续表

因变量	RSCV_RM		
	系统 GMM	系统 GMM	系统 GMM
CSR_{t-1}		0.00245 ** (2.09)	
CSR_{t-2}			−0.00067 (−0.48)
Size	−0.009 (−0.26)	−0.0322 (−1.11)	−0.0041 (−0.13)
ROA	0.0188 ** (2.46)	0.0188 ** (2.46)	0.0186 ** (2.34)
Debt	0.00009 (0.07)	0.00063 (0.50)	0.00041 (0.30)
B_risk	−0.0801 (−1.32)	0.0008 (0.01)	−0.0024 (−0.04)
Growth	0.0009 ** (2.52)	0.0011 *** (3.19)	0.0014 *** (3.60)
earn	0.014 (0.51)	0.0165 (0.62)	0.0011 (0.04)
big_4	−0.0758 (−1.32)	−0.0722 (−1.26)	−0.0207 (−0.35)
Rep	0.0316 (0.63)	0.0411 (0.76)	0.0633 (0.96)
E_financing	0.0028 (0.1)	0.0096 (0.36)	0.0519 * (1.74)
controller	0.0121 (0.15)	0.029 (0.4)	−0.0197 (−0.24)
r_Indepe	0.001 (0.64)	0.0012 (0.76)	0.0028 * (1.72)
T_O	0.0273 (0.72)	0.0199 (0.61)	0.0339 (0.97)
Aud_c	−0.0116 (−0.90)	−0.0201 (−1.58)	−0.0237 * (−1.71)

因变量	RSCV_RM		
	系统 GMM	系统 GMM	系统 GMM
H_1	0.0026	0.003	0.0019
	(1.51)	(1.55)	(0.93)
H_5	−0.0027	−0.0023	−0.0009
	(−1.54)	(−1.23)	(−0.44)
Ins	0.001*	0.0007	0.0006
	(1.79)	(1.55)	(1.21)
E_com	0.0402*	0.012	0.0169
	(1.70)	(0.51)	(0.67)
ESR	0.0107	0.0063	−0.0107
	(1.3)	(0.94)	(−0.75)
restatement	0.397**	0.491***	0.513***
	(2.25)	(3.05)	(2.89)
RSCV_RM$_{t-1}$	0.308***	0.443***	0.444***
	(3.62)	(4.83)	(4.66)
RSCV_RM$_{t-2}$	0.0963*	0.133***	0.148***
	(1.94)	(2.72)	(2.78)
常数项	−0.395	0.349	−0.344
	(−0.51)	(0.51)	(−0.46)
AR（1）P 值	0.0005	0	0
AR（2）P 值	0.9839	0.7769	0.2892
sargan P 值	0.3112	0.2406	0.4024
N	2545	2456	2352

注：括号内为 t 统计值；* 表示在 0.1 的水平上显著，** 表示在 0.05 的水平上显著，*** 表示在 0.01 的水平上显著。

从控制变量的回归结果可以看出：总盈利水平、成长性、财务重述对去除真实盈余管理的社会贡献率的影响显著为正；公司规模、财务风险、经营风险、盈亏状况、审计成本、审计意见、未来两年是否有权益融资、控制人类型、独董比例、董事长和总经理是否两职合一、是否设置审计委员会、第一大股东持股比例、前五大股东持股比例之和、机构持股比例、前三名高管薪酬、高管持股比例对去除真实盈余管理的社会贡献率的影响不显著。也就是说，滞后一期总资产报酬率高的、滞后一期成长性好的、滞后一期存在财务重述的样本公司，当期去除真实盈余管理的社会贡献率就大。

五、稳健性检验

依照计量经济学所述，内生性问题会影响研究结论的稳健性，它产生的原因主要是变量衡量误差和遗漏重要变量，这会导致模型中的解释变量与随机扰动项相关。上文的研究通过随机效应的面板 Tobit 方法和面板数据系统 GMM 方法已经解决了遗漏重要变量和没有工具变量导致的内生性问题，因此，通过稳健性检验我们主要考察企业社会责任和结果形式财务效率衡量的可靠性。综上所述，本书利用变量替换方法进行稳健性检验，以增加结论的有效性。在稳健性检验中主要在结果形式财务效率变量的取值和企业社会责任的取值等方面作了变换。

1. 企业履行社会责任影响过程形式财务效率稳健性检验

考虑到目前国内没有形成普遍一致的企业社会责任衡量方法，本章通过企业社会责任变量替换进行稳健性检验，减小不同衡量方法的差异对研究结论的影响。2008 年上海证券交易所发布了《关于加强上市公司社会责任承担工作的通知》，其中首次出现了反映企业履行社会责任程度的指标——每股社会贡献值。由于股票股利、配股、增发等因素会导致企业股票数量发生变化，每年末股票数量可能都不相同，这样在计算每股社会贡献值时不同期间股票数量不同会造成其可比性较差，从而产生误差。为了尽可能减少这种误差，本章用研究期间内的年度平均股票数量（2009～2015 年各年末总股数之和/7）作为除数，改进原来的每股贡献值，具体计算方法参见第二章。本章用改进的每股社会贡献值 CSR2 作为企业社会责任的替代变量，其他变量不变，使用相同的方法和模型进行重新回归。研究结果如表 4-11 所示。

表 4-11　改进的每股社会贡献值影响过程形式财务效率的回归结果

因变量	(1)	(2)	(3)	因变量	(4)	(5)	(6)
	TE				TE		
模型	聚类稳健标准误混合 Tobit 模型			模型	随机效应的面板 Tobit 模型		
CSR2	−0.00285			CSR2	0.0101 ***		
	(−1.51)				(9.30)		

续表

因变量	(1)	(2)	(3)	因变量	(4)	(5)	(6)
	TE				TE		
模型	聚类稳健标准误混合 Tobit 模型			模型	随机效应的面板 Tobit 模型		
$CSR2_{t-1}$		−0.00312		$CSR2_{t-1}$		0.0114 ***	
		(−1.53)				(9.81)	
$CSR2_{t-2}$			−0.00356	$CSR2_{t-2}$			0.011 ***
			(−1.55)				(7.97)
Size	0.0307 ***	0.0299 ***	0.0298 ***	Size	0.0189 ***	0.0185 ***	0.0233 ***
	(11.97)	(10.88)	(10.17)		(10.49)	(9.81)	(11.30)
ROE	0.0048 ***	0.005 ***	0.0049 ***	ROE	0.0035 ***	0.0041 ***	0.004 ***
	(15.21)	(15.36)	(13.86)		(25.65)	(28.12)	(23.77)
Debt	−0.001 ***	−0.0009 ***	−0.0008 ***	Debt	−0.0016 ***	−0.0013 ***	−0.0013 ***
	(−8.02)	(−6.16)	(−5.39)		(−21.75)	(−16.15)	(−14.16)
B_risk	0.17 ***	0.17 ***	0.174 ***	B_risk	0.173 ***	0.174 ***	0.178 ***
	(40.08)	(37.86)	(36.11)		(57.27)	(52.90)	(48.78)
Growth	0.00006	−0.00008	−0.00003	Growth	0.0002 ***	0.0002 ***	0.0002 ***
	(1.32)	(−1.52)	(−0.56)		(8.21)	(6.35)	(5.90)
earn	−0.0262 ***	−0.0278 ***	−0.0269 ***	earn	−0.0132 ***	−0.0128 ***	−0.0134 ***
	(−5.68)	(−5.61)	(−5.16)		(−5.11)	(−4.52)	(−4.19)
big_4	−0.0091	−0.0068	−0.0072	big_4	0.006	0.0048	−0.0034
	(−0.92)	(−0.66)	(−0.66)		(0.97)	(0.70)	(−0.45)
Rep	0.0158	0.0151	0.012	Rep	0.00007	−0.00373	−0.00219
	(1.46)	(1.29)	(0.85)		(0.01)	(−0.52)	(−0.26)
E_financing	−0.0111 ***	−0.0121 ***	−0.0147 ***	E_financing	−0.0035 *	−0.0007	−0.0016
	(−3.03)	(−3.07)	(−3.36)		(−1.72)	(−0.30)	(−0.58)
controller	0.0037	0.0055	0.0066	controller	0.0152 ***	0.0136 ***	0.0081 *
	(0.81)	(1.15)	(1.28)		(3.58)	(3.04)	(1.72)
r_Indepe	−0.0002	−0.0003	−0.0003	r_Indepe	−0.0002	−0.0004 *	−0.0004
	(−0.68)	(−0.91)	(−0.81)		(−1.04)	(−1.74)	(−1.58)
T_O	−0.0052	−0.0054	−0.0056	T_O	0.0035	0.0022	−0.0009
	(−1.35)	(−1.29)	(−1.23)		(1.42)	(0.77)	(−0.27)
Aud_c	−0.0091 **	−0.0087 **	−0.0099 **	Aud_c	−0.0124 ***	−0.0139 ***	−0.0168 ***
	(−2.36)	(−2.19)	(−2.38)		(−4.90)	(−5.32)	(−5.87)

续表

因变量	(1)	(2)	(3)	因变量	(4)	(5)	(6)
	TE				TE		
模型	聚类稳健标准误混合 Tobit 模型			模型	随机效应的面板 Tobit 模型		
H_1	0.0002	0.0003	0.0002	H_1	0.0004 ***	0.0006 ***	0.0005 ***
	(1.08)	(1.40)	(1.01)		(3.59)	(4.14)	(3.30)
H_5	0.0006 ***	0.0006 ***	0.0006 ***	H_5	0.0002 *	0.0001	0.0001
	(3.19)	(2.73)	(2.69)		(1.67)	(0.62)	(0.57)
Ins	−0.0001	−0.0002 *	−0.0002	Ins	−0.00003	−0.00008	−0.00006
	(−1.63)	(−1.88)	(−1.27)		(−0.67)	(−1.62)	(−0.85)
E_com	−0.0183 ***	−0.0196 ***	−0.0202 ***	E_com	−0.0054 ***	−0.0082 ***	−0.0044 *
	(−5.75)	(−5.62)	(−5.22)		(−2.79)	(−3.65)	(−1.70)
ESR	−0.0002	−0.0004 **	−0.0005 **	ESR	−0.000009	−0.00023 *	−0.0003 **
	(−1.53)	(−2.48)	(−2.50)		(−0.09)	(−1.92)	(−2.06)
常数项	0.0973 *	0.135 **	0.144 **	常数项	0.198 ***	0.247 ***	0.0929 **
	(1.80)	(2.30)	(2.29)		(4.96)	(5.79)	(1.97)
sigma	0.103 ***	0.103 ***	0.103 ***	sigma_u	0.0857 ***	0.0863 ***	0.0859 ***
	(58.12)	(54.00)	(51.37)		(60.21)	(57.96)	(55.39)
N	11825	9400	7272	sigma_e	0.0603 ***	0.0582 ***	0.0576 ***
					(136.21)	(118.85)	(101.07)
				LR 检验（P 值）	0	0	0
				N	11825	9400	7272

注：括号内为 t 统计值；＊表示在 0.1 的水平上显著，＊＊表示在 0.05 的水平上显著，＊＊＊表示在 0.01 的水平上显著。

需要特别说明的是：只有披露企业社会责任报告的上市公司才有润灵环球责任评级得分，因此研究样本就会受到一定的限制。使用改进的每股社会贡献值作为企业社会责任的替代变量就不存在这样的限制，所以本书扩大样本容量，既包括披露企业社会责任报告的上市公司，也包括未披露的上市公司，以增加本书结论的稳健性。

如表 4-11 所示，改进的每股社会贡献值影响过程形式财务效率的回归中，聚类稳健标准误混合 Tobit 模型下当期、滞后一期和滞后两期企业社会责任的估计系数都不显著。随机效应的面板 Tobit 模型下当期、滞后一期和滞后两期改进的每股社会贡献值的估计系数都显著为正。两种方法回归结果截然不同，通过 LR 检验结果（P 值均为 0）强烈拒绝原假设，故认为样本公司存在个体效应，应使用随机效应的面板 Tobit 模型回归才能得出无偏一致的估计量。因此，各期改进的每股社会贡献值与过程形式财务效率显著正相关，研究结果说明，企业当期、滞后一期和滞后两期社会责任履行越好，当期过程形式财务效率就越高。研究结论与前文完全一致，说明本书结论是稳健的，不受内生性问题和样本容量限制的影响。

2. 企业履行社会责任影响结果形式财务效率稳健性检验

（1）因变量的替换。为了研究的稳健性，本书采用没有去除盈余管理"噪声"的社会贡献率 RSCV 替换上文采用的结果形式财务效率变量，其他变量不变且数据仍使用本书前述数据，使用相同的方法和模型进行重新回归，社会贡献率具体计算方法参见第二章。研究结果如表 4-12 所示。

表 4-12　企业履行社会责任影响社会贡献率的回归结果

因变量	RSCV		
	系统 GMM	系统 GMM	系统 GMM
CSR	-0.00003		
	(-0.15)		
CSR_{t-1}		0.00041^{***}	
		(2.62)	
CSR_{t-2}			-0.00008
			(-0.38)
Size	-0.0098^{**}	-0.0119^{***}	-0.0163^{***}
	(-2.09)	(-2.60)	(-3.12)
ROA	0.0112^{***}	0.0121^{***}	0.014^{***}
	(12.34)	(13.26)	(15.33)
Debt	0.0004^{**}	0.0005^{***}	0.0008^{***}
	(2.57)	(2.89)	(4.24)
B_risk	0.0342^{***}	0.0301^{***}	0.0177^{*}
	(3.39)	(3.03)	(1.92)
Growth	-0.00004	-0.00004	-0.00009^{**}
	(-1.04)	(-1.09)	(-2.00)

续表

因变量	RSCV		
	系统 GMM	系统 GMM	系统 GMM
earn	0.0032	0.0053	0.0132 ***
	(0.8)	(1.36)	(2.74)
big_4	−0.0057	−0.0099	−0.0061
	(−0.66)	(−1.22)	(−0.72)
Rep	0.0034	0.0033	−0.0088
	(0.39)	(0.39)	(−0.83)
E_financing	−0.0068 **	−0.0052 *	−0.0048
	(−2.09)	(−1.71)	(−1.15)
controller	−0.0117	0.0065	−0.0061
	(−0.68)	(0.45)	(−0.42)
r_Indepe	0.0004	0.0004 *	0.0006 **
	(1.63)	(1.86)	(2.37)
T_O	0.0066	0.0074 *	0.0117 **
	(1.44)	(1.84)	(2.43)
Aud_c	−0.002	−0.0014	−0.0011
	(−1.02)	(−0.81)	(−0.50)
H_1	−0.0001	−0.0004	−0.0003
	(−0.45)	(−1.38)	(−0.85)
H_5	0.0005 *	0.0006 **	0.0004
	(1.78)	(2.27)	(1.37)
Ins	−0.00006	−0.00009	−0.00017
	(−0.65)	(−1.05)	(−1.63)
E_com	0.0326 **	0.0236	0.0451 **
	(2.05)	(1.61)	(2.50)
ESR	−0.0014	−0.0007	−0.0019
	(−1.25)	(−0.58)	(−0.78)
restatement	0.0008	−0.0022	−0.0112
	(0.05)	(−0.12)	(−0.50)
$RSCV_{t-1}$	0.62 ***	0.566 ***	0.785 ***
	(5.43)	(5.2)	(6.64)

续表

因变量	RSCV		
	系统 GMM	系统 GMM	系统 GMM
$RSCV_{t-2}$	0.0069	0.0181	-0.0259
	(0.07)	(0.22)	(-0.29)
常数项	0.135	0.235*	0.362***
	(1.02)	(1.91)	(3.13)
AR（1）P 值	0.0046	0.0013	0.0001
AR（2）P 值	0.4842	0.3741	0.6037
sargan P 值	0.5372	0.6626	0.9831
N	2541	2452	2348

注：括号内为 t 统计值；*表示在 0.1 的水平上显著，**表示在 0.05 的水平上显著，***表示在 0.01 的水平上显著。

如表 4-12 所示，企业履行社会责任影响社会贡献率的回归结果中，滞后一期的企业社会责任估计系数显著为正，当期和滞后两期的企业社会责任估计系数不显著，说明滞后一期的企业社会责任履行越好，当期社会贡献率越大。研究结论与前文无实质性差异，说明本书结论是稳健的，不受内生性问题的影响。

（2）自变量的替换。本书仍然使用改进的每股社会贡献值 CSR2 作为企业社会责任的替代变量，并解除限制，扩大样本容量，其他变量不变，使用相同的方法和模型进行重新回归。研究结果如表 4-13、表 4-14 所示。

表 4-13　改进的每股社会贡献值影响去除应计盈余管理的社会贡献率的回归结果

因变量	RSCV_AM		
	系统 GMM	系统 GMM	系统 GMM
CSR2	0.0295***		
	(2.93)		
$CSR2_{t-1}$		0.0223**	
		(2.19)	
$CSR2_{t-2}$			0.0066
			(0.53)

因变量	RSCV_AM		
	系统 GMM	系统 GMM	系统 GMM
Size	−0.063 ***	−0.04 **	−0.0253
	(−3.76)	(−2.26)	(−1.43)
ROA	0.0015	0.001	−0.001
	(0.55)	(0.23)	(−0.21)
Debt	0.0008 *	0.0004	−0.00003
	(1.90)	(0.62)	(−0.04)
B_risk	0.0259	0.066 **	0.0617 *
	(1.20)	(2.20)	(1.95)
Growth	0.00001	0.00011	0.00015
	(0.10)	(0.98)	(1.02)
earn	−0.0003	−0.0075	−0.0129
	(−0.03)	(−0.53)	(−0.83)
big_4	0.0365	0.0281	0.0223
	(1.29)	(1.02)	(0.75)
Rep	0.001	0.0011	0.0046
	(0.05)	(0.07)	(0.25)
E_financing	0.0083	0.0106	0.0132
	(0.90)	(1.17)	(1.29)
controller	0.0362	0.0052	0.0169
	(0.97)	(0.14)	(0.39)
r_Indepe	−0.0007	−0.0008	−0.0009
	(−1.11)	(−1.21)	(−1.20)
T_O	−0.0035	−0.0087	−0.0251
	(−0.15)	(−0.38)	(−0.96)
Aud_c	−0.0025	−0.0028	−0.0034
	(−0.44)	(−0.52)	(−0.57)
H_1	0.0003	0.0001	0.0004
	(0.48)	(0.24)	(0.54)
H_5	−0.0014 **	−0.0011 *	−0.0016 **
	(−2.09)	(−1.65)	(−2.16)

续表

因变量	RSCV_AM		
	系统 GMM	系统 GMM	系统 GMM
Ins	0.0003	0.0003	0.0003
	(1.20)	(1.22)	(1.21)
E_com	0.0175*	0.019*	0.0175*
	(1.76)	(1.88)	(1.68)
ESR	0.0031	0.004	0.0079
	(0.65)	(0.86)	(1.51)
restatement	0.189***	0.166**	0.217***
	(2.64)	(2.25)	(3.07)
$RSCV\_AM_{t-1}$	0.214***	0.229***	0.18***
	(3.83)	(4.01)	(3.89)
$RSCV\_AM_{t-2}$	0.0188	0.0193	-0.0014
	(0.68)	(0.73)	(-0.05)
常数项	1.147***	0.622	0.372
	(3.02)	(1.53)	(0.95)
AR（1）P 值	0	0	0.0001
AR（2）P 值	0.1768	0.3598	0.3627
sargan P 值	0.1572	0.1448	0.2079
N	8031	8031	8031

注：括号内为 t 统计值；* 表示在 0.1 的水平上显著，** 表示在 0.05 的水平上显著，*** 表示在 0.01 的水平上显著。

表 4-14　改进的每股社会贡献值影响去除真实盈余管理的社会贡献率的回归结果

因变量	RSCV_RM		
	系统 GMM	系统 GMM	系统 GMM
CSR2	0.032*		
	(1.90)		
$CSR2_{t-1}$		0.00626	
		(0.37)	
$CSR2_{t-2}$			0.00074
			(0.04)

续表

因变量	RSCV_RM		
	系统 GMM	系统 GMM	系统 GMM
Size	−0.0359	0.0049	0.0316
	(−1.16)	(0.16)	(1.14)
ROA	0.0291***	0.03***	0.022***
	(5.96)	(4.23)	(3.06)
Debt	0.0013*	0.0011	0.0003
	(1.77)	(1.13)	(0.29)
B_risk	−0.0952**	−0.0586	−0.0131
	(−2.36)	(−1.13)	(−0.25)
Growth	0.0004**	0.0004*	0.0005**
	(2.17)	(1.88)	(2.26)
earn	0.0522***	0.0509**	0.0301
	(3.00)	(2.18)	(1.25)
big_4	−0.0144	−0.0237	−0.0118
	(−0.28)	(−0.46)	(−0.22)
Rep	−0.0226	−0.0171	−0.0139
	(−0.86)	(−0.67)	(−0.56)
E_financing	0.016	0.0202	0.0203
	(1.14)	(1.35)	(1.32)
controller	0.0606	0.0236	−0.0354
	(0.89)	(0.32)	(−0.46)
r_Indepe	0.0002	0.0004	0.0004
	(0.18)	(0.42)	(0.34)
T_O	−0.0049	−0.0295	−0.0349
	(−0.14)	(−0.77)	(−0.90)
Aud_c	0.0032	0.0035	0.0047
	(0.38)	(0.39)	(0.51)
H_1	−0.0015	−0.0016	−0.0014
	(−1.26)	(−1.30)	(−1.03)
H_5	−0.0003	−0.0007	−0.0006
	(−0.26)	(−0.64)	(−0.44)

因变量	RSCV_RM		
	系统 GMM	系统 GMM	系统 GMM
Ins	0.0005	0.0007	0.0009 **
	(1.23)	(1.52)	(2.03)
E_com	−0.0051	0.0031	0.0047
	(−0.30)	(0.17)	(0.25)
ESR	0.0046	0.0111	0.0123
	(0.61)	(1.43)	(1.57)
restatement	0.0992	0.0806	0.0274
	(0.89)	(0.71)	(0.25)
RSCV_RM$_{t-1}$	0.292 ***	0.331 ***	0.378 ***
	(4.33)	(4.36)	(6.53)
RSCV_RM$_{t-2}$	0.0975 ***	0.0877 ***	0.0843 ***
	(3.66)	(3.33)	(3.41)
常数项	0.853	−0.144	−0.739
	(1.21)	(−0.21)	(−1.18)
AR（1）P 值	0	0	0
AR（2）P 值	0.6094	0.4492	0.4635
sargan P 值	0.3436	0.2608	0.2776
N	8031	8031	8031

注：括号内为 t 统计值；* 表示在 0.1 的水平上显著，** 表示在 0.05 的水平上显著，*** 表示在 0.01 的水平上显著。

如表 4-13 所示，改进的每股社会贡献值影响去除应计盈余管理的社会贡献率的回归中，当期和滞后一期改进的每股社会贡献值估计系数显著为正，滞后两期改进的每股社会贡献值估计系数不显著，说明当期和滞后一期的企业社会责任履行越好，当期去除应计盈余管理的社会贡献率越大。如表 4-14 所示，改进的每股社会贡献值影响去除真实盈余管理的社会贡献率的回归中，当期的企业社会责任估计系数显著为正，滞后一期和滞后两期的企业社会责任估计系数不显著，说明当期的企业社会责任履行越好，当期去除真实盈余管理的社会贡献率越大。研究结论与前文只是滞后期数稍有不同，其他无实质性差异，说明本书结论是稳健的，不受内生性问题和样本容量限制的影响。

第四节 拓展性研究

一、企业社会责任、过程形式财务效率与真实盈余管理

在研究企业履行社会责任对过程形式财务效率的动态跨期影响后，本书进一步研究企业履行社会责任在提高过程形式财务效率的同时是否能抑制真实盈余管理行为，以期站在真实盈余管理的角度进一步证实企业履行社会责任对过程形式财务效率动态跨期影响的研究价值。

1. 研究假设

本章采用中介效应递归检验方法，结合前文研究结果，对过程形式财务效率的中介效应进行检验，以期以过程形式财务效率作为路径，站在真实盈余管理的角度进一步证实企业履行社会责任对过程形式财务效率动态跨期影响的研究价值。Wang Bin（2017）研究证实我国企业积极履行社会责任可以降低滞后两期的真实盈余管理，同时企业积极履行社会责任可以提高企业的过程形式财务效率，而较高的过程形式财务效率又可以降低投资者对企业真实盈余管理程度的预期，从而有利于企业减少后期的真实盈余管理操控，因此，过程形式财务效率应该是企业履行社会责任影响真实盈余管理的中介变量，在其中发挥中介传导效应。故本书提出假设4.3。

假设4.3：过程形式财务效率在企业社会责任与真实盈余管理的关系中发挥中介效应。

但是现有国内外文献鲜有综合研究企业社会责任、财务效率与真实盈余管理三者之间的关系，更没有研究过程形式财务效率在企业社会责任与真实盈余管理关系中的传导效应。为了证明上述中介效应，本章借鉴温忠麟等（2004）以及Baron和Kenny（1986）开发的中介效应递归检验方法，对过程形式财务效率在企业履行社会责任影响真实盈余管理中的中介效应进行检验，以期站在真实盈余管理的角度进一步证实企业履行社会责任对过程形式财务效率动态跨期影响的研究价值，拓展关于企业履行社会责任影响财务效率的研究成果。

2. 研究方法与模型设定

（1）中介效应检验方法。中介变量是统计学中用来检验中介效应的重要指标。卢谢峰和韩立敏（2007）认为，如果通过某一变量 M 的作用自变量 X 能够影响因变量 Y，则称变量 M 是自变量 X 与因变量 Y 的中介变量，也就是说，中介变量是自变量影响因变量的中介，在自变量与因变量之间发挥中介效应。Baron 和 Kenny（1986）发现，可以采用依次回归的递归方法对变量是否发挥中介效应进行检验。近年来，夏子航等（2016），冯丽艳等（2016），甄红线等（2015），Hasan 等（2018），Yuan 等（2014）等国内外研究在财务会计研究中广泛地应用了该方法，而且越来越多的学者在各自领域使用这种方法检验中介效应。温忠麟等（2004）通过三个步骤总结递归法中判断中介效应的检验方法，具体方法如图 4-1 所示。

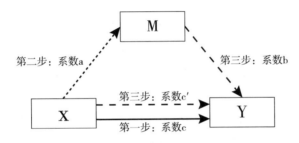

图 4-1 判断中介效应检验方法

第一步，检验自变量 X 与因变量 Y 的关系，检验模型为：

$$Y = cX + \varepsilon \tag{4-6}$$

第二步，检验自变量 X 与中介变量 M 的关系，检验模型为：

$$M = aX + \varepsilon \tag{4-7}$$

第三步，检验自变量 X、中介变量 M 与因变量 Y 的联合关系，检验模型为：

$$Y = c'X + bM + \varepsilon \tag{4-8}$$

模型（4-6）中，c 表示自变量 X 影响因变量 Y 的总效应系数，模型（4-8）中 c′ 表示自变量 X 影响因变量 Y 的直接效应系数，中介变量 M 的中介效应由模型（4-7）中系数 a 和模型（4-8）中系数 b 联合决定。变量 M 是否在自变量 X 影响因变量 Y 中充当中介变量，具体判断流程如图 4-2 所示。

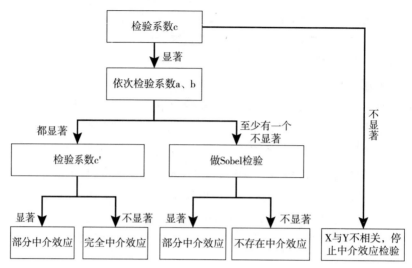

图 4-2　判断中介效应流程

资料来源：温忠麟等（2004）。

从图 4-2 中可以看出：首先，通过第一步检验判断系数 c 是否显著，如果系数 c 不显著，则因变量 Y 与自变量 X 不相关，那么就终止中介效应检验，说明变量 M 不是中介变量，如果系数 c 显著，则分别做第二步和第三步检验。其次，按照第二步和第三步检验结果判断变量 M 是否具有中介效应，具体判断方法为：①如果系数 a、b、c′均显著，则中介变量 M 发挥部分中介效应；②如果系数 a、b 都显著，但是系数 c′不显著，则中介变量 M 发挥完全中介效应；③如果系数 a、b 中有一个不显著，则需要参照 Sobel 检验中的 Z 值来判断变量 M 是否具有中介效应。Z 值计算公式如下：

$$Z = \frac{a \times b}{\sqrt{a^2 \cdot SE_b^2 + b^2 SE_a^2}} \qquad (4-9)$$

模型（4-9）中，SE_a、SE_b 分别表示系数 a、b 的标准误，如果 Z 值显著，则变量 M 具有中介效应，如果 Z 值不显著，则变量 M 不具有中介效应。

（2）设定检验中介效应研究模型。根据假设 4.3，设定企业社会责任 CSR 为自变量，真实盈余管理 RM 为因变量，过程形式财务效率 TE 为中介变量，运用上文分析的递归法中介效应检验步骤，设定本章的中介效应检验步骤（见图 4-3）和检验模型（4-10）、模型（4-11）和模型（4-12）。

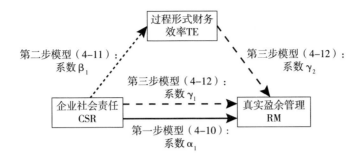

图 4-3 本章的中介效应检验步骤

第一步，检验企业社会责任 $CSR_{i,t}$ 与真实盈余管理 RM 的关系。构建模型（4-10）：

$$RM_{i,t} = \alpha_0 + \alpha_1 CSR_{i,t} + \alpha_2 RM_{i,t-1} + \alpha_3 RM_{i,t-2} + \alpha_4 AM_{i,t} + \alpha_5 Size_{i,t} +$$
$$\alpha_6 TBQ_{i,t} + \alpha_7 Debt_{i,t} + \alpha_8 B\_risk_{i,t} + \alpha_9 Growth_{i,t} + \alpha_{10} earn_{i,t} +$$
$$\alpha_{11} big\_4_{i,t} + \alpha_{12} Rep_{i,t} + \alpha_{13} E\_financing_{i,t} + \alpha_{14} controller_{i,t} +$$
$$\alpha_{15} r\_Indepe_{i,t} + \alpha_{16} T\_O_{i,t} + \alpha_{17} Aud\_c_{i,t} + \alpha_{18} H\_1_{i,t} + \alpha_{19} H\_5_{i,t} +$$
$$\alpha_{20} Ins_{i,t} + \alpha_{21} E\_com_{i,t} + \alpha_{22} ESR_{i,t} + \alpha_{23} restatement_{i,t} + \alpha_{24}\varepsilon_{i,t} \quad (4\text{-}10)$$

第二步，检验企业社会责任 $CSR_{i,t}$ 与过程形式财务效率 TE 的关系。构建模型（4-11）：

$$TE_{i,t} = \beta_0 + \beta_1 CSR_{i,t} + \beta_2 Size_{i,t} + \beta_3 ROE_{i,t} + \beta_4 Debt_{i,t} + \beta_5 B\_risk_{i,t} +$$
$$\beta_6 Growth_{i,t} + \beta_7 earn_{i,t} + \beta_8 big\_4_{i,t} + \beta_9 Rep_{i,t} + \beta_{10} E\_financing_{i,t} +$$
$$\beta_{11} controller_{i,t} + \beta_{12} r\_Indepe_{i,t} + \beta_{13} T\_O_{i,t} + \beta_{14} Aud\_c_{i,t} + \beta_{15} H\_1_{i,t} +$$
$$\beta_{16} H\_5_{i,t} + \beta_{17} Ins_{i,t} + \beta_{18} E\_com_{i,t} + \beta_{19} ESR_{i,t} + \beta_{20}\varepsilon_{i,t} \quad (4\text{-}11)$$

第三步，检验企业社会责任 $CSR_{i,t}$、过程形式财务效率 TE 与真实盈余管理 RM 的联合关系，在模型（4-10）中加入过程形式财务效率变量构建模型（4-12）：

$$RM_{i,t} = \gamma_0 + \gamma_1 CSR_{i,t} + \gamma_2 TE_{i,t} + \gamma_3 RM_{i,t-1} + \gamma_4 RM_{i,t-2} + \gamma_5 AM_{i,t} +$$
$$\gamma_6 Size_{i,t} + \gamma_7 TBQ_{i,t} + \gamma_8 Debt_{i,t} + \gamma_9 B\_risk_{i,t} + \gamma_{10} Growth_{i,t} + \gamma_{11} earn_{i,t} +$$
$$\gamma_{12} big\_4_{i,t} + \gamma_{13} Rep_{i,t} + \gamma_{14} E\_financing_{i,t} + \gamma_{15} controller_{i,t} +$$
$$\gamma_{16} r\_Indepe_{i,t} + \gamma_{17} T\_O_{i,t} + \gamma_{18} Aud\_c_{i,t} + \gamma_{19} H\_1_{i,t} + \gamma_{20} H\_5_{i,t} +$$

$$\gamma_{21}\text{Ins}_{i,t}+\gamma_{22}\text{E\_com}_{i,t}+\gamma_{23}\text{ESR}_{i,t}+\gamma_{24}\text{restatement}_{i,t}+\gamma_{25}\varepsilon_{i,t} \qquad (4-12)$$

模型（4-10）、模型（4-11）和模型（4-12）中各变量的定义如前文所示。

3. 实证结果分析

（1）检验企业社会责任与真实盈余管理的关系。为了检验企业履行社会责任对真实盈余管理的动态跨期影响，我们在模型（4-10）中分别以当期企业社会责任 CSR、滞后一期企业社会责任 CSR_{t-1}、滞后两期企业社会责任 CSR_{t-2} 作为自变量，以真实盈余管理综合指标 RM 作为因变量。由于模型（4-10）中存在因变量的滞后项，使用系统 GMM 估计方法则可以得到模型的一致估计量并避免内生性影响（Nickell，1981；Blundell & Bond，1998；Wintoki et al.，2012），所以本书使用系统 GMM 方法进行回归分析，回归结果如表 4-15 所示。

表 4-15　企业履行社会责任对真实盈余管理的影响结果

因变量	RM		
	系统 GMM	系统 GMM	系统 GMM
CSR	0.0006		
	(0.62)		
CSR_{t-1}		-0.0001	
		(-0.14)	
CSR_{t-2}			-0.0021**
			(-1.97)
AM	1.028***	0.943***	0.931***
	(7.96)	(6.26)	(6.77)
Size	-0.0264	0.0091	0.0142
	(-1.12)	(0.34)	(0.45)
TBQ	-0.0061	-0.0081	0.0031
	(-0.47)	(-0.59)	(0.20)
Debt	-0.0002	-0.000004	-0.0001
	(-0.28)	(-0.00)	(-0.11)
B_risk	-0.0376	-0.0163	0.0150
	(-0.71)	(-0.25)	(0.28)

续表

因变量	RM		
	系统 GMM	系统 GMM	系统 GMM
Growth	−0. 0011 ***	−0. 0013 ***	−0. 0016 ***
	(−5. 06)	(−4. 57)	(−6. 71)
earn	0. 0027	−0. 0006	0. 0087
	(0. 17)	(−0. 03)	(0. 50)
big_4	0. 0177	0. 0111	0. 0274
	(0. 60)	(0. 28)	(0. 95)
Rep	−0. 0261	−0. 0288	−0. 0366
	(−0. 94)	(−0. 80)	(−0. 88)
E_financing	0. 0046	0. 0129	0. 0017
	(0. 27)	(0. 70)	(0. 08)
controller	0. 154 *	0. 0698	0. 0287
	(1. 74)	(0. 66)	(0. 22)
r_Indepe	0. 001	0. 0008	0. 0007
	(1. 03)	(0. 73)	(0. 65)
T_O	−0. 009	−0. 0139	−0. 0213
	(−0. 42)	(−0. 57)	(−0. 91)
Aud_c	−0. 004	0. 0014	0. 0039
	(−0. 41)	(0. 13)	(0. 37)
H_1	−0. 0039 **	−0. 0031 *	−0. 0037 **
	(−2. 33)	(−1. 70)	(−2. 17)
H_5	0. 0006	0. 00004	0. 0002
	(0. 48)	(0. 03)	(0. 14)
Ins	−0. 0004	−0. 0002	−0. 00007
	(−0. 90)	(−0. 54)	(−0. 15)
E_com	−0. 0405	−0. 122	−0. 0662
	(−0. 42)	(−1. 19)	(−0. 62)
ESR	0. 0004	−0. 0014	−0. 0012
	(0. 17)	(−0. 50)	(−0. 32)
restatement	0. 0127	0. 0135	0. 0138
	(0. 91)	(0. 81)	(0. 91)

因变量	RM		
	系统 GMM	系统 GMM	系统 GMM
RM_{t-1}	0.286 ***	0.376 ***	0.377 ***
	(5.85)	(4.72)	(6.08)
RM_{t-2}	0.0551 *	0.0819 **	0.0805 **
	(1.89)	(1.96)	(2.45)
常数项	2.131 ***	1.987 **	2.297 ***
	(2.99)	(2.27)	(2.76)
AR（1）P 值	0	0	0
AR（2）P 值	0.1977	0.2886	0.2229
sargan P 值	0.1314	0.076	0.2304
N	2541	2452	2348

注：括号内为 t 统计值；* 表示在 0.1 的水平上显著，** 表示在 0.05 的水平上显著，*** 表示在 0.01 的水平上显著。

检验企业社会责任与真实盈余管理的关系是中介效应检验的第一步，如表 4-15 所示，企业履行社会责任影响真实盈余管理的回归结果中，滞后两期企业社会责任的估计系数显著为负，当期和滞后一期企业社会责任的估计系数都不显著，说明滞后两期企业社会责任履行越好，当期真实盈余管理程度越小。也就是说，企业积极履行当期社会责任有助于降低其后两期的真实盈余管理操纵。因此，我们就选取滞后两期企业社会责任继续进行研究。

（2）检验滞后两期企业社会责任与过程形式财务效率的关系。检验滞后两期企业社会责任与过程形式财务效率的关系是中介效应检验的第二步，针对模型（4-11）进行随机效应面板 Tobit 回归，根据前文的研究结果，如表 4-16（2）所示。可以看出，滞后两期企业社会责任的系数显著为正，社会责任评级得分越高说明企业社会责任履行越好，因此，滞后两期企业社会责任履行越好的企业当期过程形式财务效率越高，也就是说，企业积极履行当期社会责任有助于提高其后两期的过程形式财务效率。

表 4-16　针对模型（4-10）、模型（4-11）、模型（4-12）的回归结果

因变量	(1) RM	因变量	(2) TE	因变量	(3) RM
模型	系统 GMM	模型	随机效应的 面板 Tobit 模型	模型	系统 GMM
				TE	−0.152* (−1.87)
CSR_{t-2}	−0.00206** (−1.97)	CSR_{t-2}	0.00042* (1.65)	CSR_{t-2}	−0.00101 (−1.03)
AM	0.931*** (6.77)	Size	0.029*** (7.57)	AM	1.048*** (6.06)
Size	0.0142 (0.45)	ROE	0.0035*** (11.49)	Size	−0.0112 (−0.26)
TBQ	0.0031 (0.20)	Debt	−0.0019*** (−10.19)	TBQ	0.0163 (0.88)
Debt	−0.0001 (−0.11)	B_risk	0.158*** (22.90)	Debt	0.0002 (0.17)
B_risk	0.015 (0.28)	Growth	0.0002*** (2.86)	B_risk	0.0646 (0.87)
Growth	−0.0016*** (−6.71)	earn	0.0038 (0.60)	Growth	−0.0014*** (−4.57)
earn	0.0087 (0.50)	big_4	−0.0015 (−0.15)	earn	−0.0019 (−0.11)
big_4	0.0274 (0.95)	Rep	0.0203 (0.93)	big_4	0.0272 (0.58)
Rep	−0.0366 (−0.88)	E_financing	−0.0003 (−0.05)	Rep	−0.0559 (−1.24)
E_financing	0.0017 (0.08)	controller	0.0085 (0.92)	E_financing	−0.006 (−0.30)
controller	0.0287 (0.22)	r_Indepe	−0.0005 (−1.16)	controller	0.205 (1.33)
r_Indepe	0.0007 (0.65)	T_O	0.0008 (0.13)	r_Indepe	−0.0005 (−0.45)

续表

因变量	(1)	因变量	(2)	因变量	(3)
	RM		TE		RM
模型	系统 GMM	模型	随机效应的面板 Tobit 模型	模型	系统 GMM
T_O	-0.0213	Aud_c	-0.0186 ***	T_O	-0.0169
	(-0.91)		(-3.77)		(-0.72)
Aud_c	0.0039	H_1	0.0001	Aud_c	-0.0012
	(0.37)		(0.47)		(-0.11)
H_1	-0.0037 **	H_5	0.0003	H_1	-0.0043 **
	(-2.17)		(0.97)		(-1.99)
H_5	0.0002	Ins	0.00005	H_5	0.0011
	(0.14)		(0.32)		(0.72)
Ins	-0.00007	E_com	-0.0073	Ins	-0.0004
	(-0.15)		(-1.43)		(-0.86)
E_com	-0.0662	ESR	-0.0009 **	E_com	-0.0897
	(-0.62)		(-2.19)		(-0.86)
ESR	-0.0012	常数项	0.0341	ESR	0.0019
	(-0.32)		(0.38)		(0.88)
restatement	0.0138	sigma_u	0.0923 ***	restatement	0.0094
	(0.91)		(30.14)		(0.53)
RM_{t-1}	0.377 ***	sigma_e	0.0557 ***	RM_{t-1}	0.366 ***
	(6.08)		(54.53)		(4.88)
RM_{t-2}	0.0805 **	LR 检验（P 值）	0	RM_{t-2}	0.088 **
	(2.45)				(2.14)
常数项	2.297 ***	N	2137	常数项	1.682 *
	(2.76)				(1.94)
AR (1) P 值	0			AR (1) P 值	0.0001
AR (2) P 值	0.2229			AR (2) P 值	0.7453
sargan P 值	0.2304			sargan P 值	0.4712
N	2348			N	2125

注：括号内为 t 统计值；* 表示在 0.1 的水平上显著，** 表示在 0.05 的水平上显著，*** 表示在 0.01 的水平上显著。

（3）检验滞后两期企业社会责任、过程形式财务效率与真实盈余管理的联合关系。检验滞后两期企业社会责任、过程形式财务效率与真实盈余管理的联合关系是中介效应检验的第三步，针对模型（4-12）进行系统GMM回归，结果如表4-16（3）所示。可以看出，过程形式财务效率的系数显著为负，说明过程形式财务效率与真实盈余管理负相关，即企业过程形式财务效率越高，真实盈余管理程度越低；滞后两期企业社会责任的系数不显著。根据温忠麟等（2004）提出的中介效应递归检验方法，第一步系数 α_1 显著；第二步系数 β_1 显著；第三步 γ_2 显著、γ_1 不显著。通过三个步骤的判断可以得出，当期过程形式财务效率是企业履行滞后两期社会责任影响当期真实盈余管理的中介变量，在滞后两期企业社会责任与当期真实盈余管理的关系中可发挥完全中介效应，假设4.3得到验证。

二、企业社会责任、披露意愿与结果形式财务效率

从2008年开始，上海证券交易所要求在其挂牌交易的上市公司中，公司治理板块上市公司、在境外上市的公司、金融类上市公司强制披露企业社会责任报告，并鼓励其他公司进行自愿披露，且逐步考虑其他对环境影响较大的如煤炭、石化等传统行业上市公司强制披露企业社会责任报告。深圳证券交易所也有类似的披露规定。那么企业履行社会责任在以上两种披露意愿下提高结果形式财务效率的作用一样吗？为了研究这个问题，本书把样本企业分为两部分：一部分是应规披露社会责任报告样本企业，另一部分是自愿披露社会责任报告样本企业，参照前文相关研究设计，模型、变量、方法等都不变，得到以下回归结果。

如表4-17所示，应规披露意愿下，企业履行社会责任影响去除应计盈余管理的社会贡献率的回归结果中，当期、滞后一期和滞后两期企业社会责任的估计系数都不显著，这个结果说明，应规披露意愿下，企业积极履行社会责任并不能提高结果形式财务效率；自愿披露意愿下，企业履行社会责任影响去除应计盈余管理的社会贡献率的回归结果中，滞后两期企业社会责任的估计系数显著为正，当期和滞后一期企业社会责任的估计系数都不显著，说明滞后两期的企业社会责任履行越好，当期去除应计盈余管理的社会贡献率越大，也就是说，自愿披露意愿下，企业履行社会责任对结果形式财务效率起到滞后的促进作用。综上所述，只有自愿披露社会责任报告的企业积极履行社会责任才能对后期结果形式财务效率起到实质性的提高

作用；而在应规披露社会责任报告的企业中，这种影响作用不明显，可能是因为应规披露社会责任报告的企业履行和披露社会责任趋于形式。

表 4-17　不同披露意愿企业履行社会责任影响去除应计
盈余管理的社会贡献率的回归结果

因变量	RSCV_AM					
	应规披露			自愿披露		
模型	系统 GMM			系统 GMM		
CSR	−0.00065			0.00221		
	(−0.93)			(1.35)		
CSR$_{t-1}$		0.00075			0.00187	
		(1.04)			(1.32)	
CSR$_{t-2}$			−0.0001			0.00271*
			(−0.15)			(1.89)
Size	−0.0207	−0.0308*	−0.0246	−0.0761***	−0.0785***	−0.0693***
	(−1.19)	(−1.93)	(−1.46)	(−2.69)	(−3.11)	(−2.65)
ROA	0.0008	0.0012	0.0007	0.0047**	0.0041**	0.0039**
	(0.45)	(0.63)	(0.36)	(2.26)	(1.99)	(2.02)
Debt	−0.0005	−0.0003	−0.0004	0.0003	0.0007	0.0007
	(−0.72)	(−0.42)	(−0.66)	(0.31)	(0.81)	(0.88)
B_risk	0.0203	0.0265	0.0221	0.101*	0.11*	0.0749
	(0.75)	(0.94)	(0.80)	(1.78)	(1.87)	(1.46)
Growth	0.0004**	0.0004**	0.0004**	0.0002	0.0003	0.0004*
	(2.36)	(2.37)	(2.36)	(0.56)	(1.55)	(1.66)
earn	0.0095	0.0098	0.0108	0.0048	0.0026	0.0106
	(0.66)	(0.70)	(0.75)	(0.27)	(0.14)	(0.57)
big_4	0.0137	0.0139	0.0123	0.044	0.0678	0.0731
	(0.41)	(0.42)	(0.37)	(0.76)	(1.48)	(1.30)
Rep	−0.0019	−0.0026	−0.002	−0.0137	−0.0193	−0.0084
	(−0.09)	(−0.12)	(−0.09)	(−0.36)	(−0.54)	(−0.26)
E_financing	0.0043	0.0036	0.0041	0.0266	0.0185	0.0086
	(0.24)	(0.21)	(0.23)	(1.06)	(0.73)	(0.38)
controller	−0.0549	0.0222	−0.0255	0.144*	0.142*	0.0872
	(−0.29)	(0.12)	(−0.14)	(1.74)	(1.87)	(0.98)

因变量	RSCV_AM					
	应规披露			自愿披露		
模型	系统 GMM			系统 GMM		
r_Indepe	−0.000006	0.00004	0.00005	0.0015	0.0012	0.0013
	(−0.01)	(0.05)	(0.05)	(1.11)	(0.91)	(0.95)
T_O	0.009	0.0064	0.0063	0.0346	0.0253	0.0092
	(0.48)	(0.35)	(0.34)	(1.16)	(0.93)	(0.29)
Aud_c	0.0037	0.0042	0.0044	−0.006	0.0017	0.0018
	(0.39)	(0.45)	(0.47)	(−0.36)	(0.11)	(0.13)
H_1	−0.0007	−0.0006	−0.0006	0.0017	0.0016	0.0024
	(−0.62)	(−0.50)	(−0.55)	(1.04)	(1.11)	(1.60)
H_5	−0.0007	−0.0007	−0.0007	−0.0018	−0.0015	−0.0021
	(−0.78)	(−0.78)	(−0.81)	(−1.30)	(−1.00)	(−1.52)
Ins	0.0007 *	0.0007 **	0.0007 **	−0.0005	−0.0008	−0.0004
	(1.81)	(2.00)	(1.97)	(−0.59)	(−0.94)	(−0.54)
E_com	0.1 *	0.0842	0.103 *	0.156 ***	0.126 ***	0.152 ***
	(1.70)	(1.46)	(1.96)	(3.33)	(2.68)	(3.34)
ESR	−0.0164	−0.0133	−0.0151	0.0013	0.0004	0.0021
	(−1.58)	(−1.22)	(−1.46)	(0.29)	(0.09)	(0.55)
restatement	−0.003	−0.0055	−0.004	0.0131	0.0123	0.0079
	(−0.25)	(−0.48)	(−0.33)	(0.80)	(0.79)	(0.47)
$RSCV\_AM_{t-1}$	0.335 **	0.345 **	0.340 **	−0.0813	−0.0222	0.0068
	(2.28)	(2.49)	(2.42)	(−0.62)	(−0.18)	(0.06)
$RSCV\_AM_{t-2}$	0.0791	0.0706	0.0792	−0.0465	−0.0431	−0.0103
	(1.53)	(1.32)	(1.52)	(−0.53)	(−0.58)	(−0.14)
常数项	−0.0697	0.169	0.0225	0.275	0.604	0.449
	(−0.18)	(0.41)	(0.06)	(0.36)	(0.80)	(0.61)
AR（1）P 值	0	0	0	0.0063	0.0043	0.0011
AR（2）P 值	0.929	0.8695	0.9358	0.2149	0.2304	0.2571
sargan P 值	0.493	0.3717	0.424	0.5638	0.4722	0.66
N	1088	1088	1088	502	502	502

　　注：括号内为 t 统计值；＊表示在 0.1 的水平上显著，＊＊表示在 0.05 的水平上显著，＊＊＊表示在 0.01 的水平上显著。

如表4-18所示，应规披露意愿下，企业履行社会责任影响去除真实盈余管理的社会贡献率的回归结果中，当期、滞后一期和滞后两期企业社会责任的估计系数都不显著，这个结果再次说明，应规披露意愿下，企业积极履行社会责任并不能提高结果形式财务效率；自愿披露意愿下，企业履行社会责任影响去除真实盈余管理的社会贡献率的回归中，滞后一期企业社会责任的估计系数显著为正，当期和滞后两期企业社会责任的估计系数都不显著，说明滞后一期的企业社会责任履行越好，当期去除真实盈余管理的社会贡献率越大，也就是说，自愿披露意愿下，企业履行社会责任对结果形式财务效率起到滞后的促进作用。综上所述，这再次证实了，只有自愿披露社会责任报告的企业积极履行社会责任才能对后期结果形式财务效率起到实质性的提高作用；而在应规披露社会责任报告的企业中，这种影响作用不明显，可能是因为应规披露社会责任报告的企业履行和披露社会责任趋于形式。

表4-18　不同披露意愿企业履行社会责任影响去除
真实盈余管理的社会贡献率的回归结果

因变量	RSCV_RM					
	应规披露			自愿披露		
模型	系统 GMM			系统 GMM		
CSR	−0.00039			0.00367		
	(−0.18)			(1.10)		
CSR_{t-1}		0.00228			0.00354 *	
		(1.21)			(1.75)	
CSR_{t-2}			−0.00026			0.00143
			(−0.17)			(0.71)
Size	0.0323	0.0201	0.0367	−0.0121	−0.0181	−0.0105
	(0.53)	(0.35)	(0.63)	(−0.16)	(−0.26)	(−0.15)
ROA	0.0165 ***	0.0173 ***	0.0166 ***	0.0299 ***	0.0312 ***	0.0294 ***
	(3.20)	(3.55)	(3.40)	(5.74)	(6.28)	(5.31)
Debt	−0.0001	0.0001	−0.0001	0.0022	0.0026	0.0021
	(−0.06)	(0.06)	(−0.06)	(1.18)	(1.48)	(1.14)
B_risk	−0.0032	−0.0014	−0.0014	−0.0101	0.0187	0.0025
	(−0.03)	(−0.02)	(−0.02)	(−0.07)	(0.13)	(0.02)

因变量	RSCV_RM					
	应规披露			自愿披露		
模型	系统 GMM			系统 GMM		
Growth	0.001 **	0.001 **	0.001 **	0.0008	0.0007	0.0008
	(2.11)	(2.33)	(2.18)	(1.31)	(1.24)	(1.29)
earn	0.0102	0.0109	0.0121	−0.0001	−0.0071	0.0012
	(0.28)	(0.32)	(0.34)	(−0.00)	(−0.20)	(0.03)
big_4	−0.0216	−0.0155	−0.0212	0.0139	0.0242	0.0388
	(−0.25)	(−0.18)	(−0.26)	(0.24)	(0.41)	(0.66)
Rep	0.0582	0.0596	0.0547	−0.0177	−0.0255	−0.0244
	(0.34)	(0.35)	(0.32)	(−0.31)	(−0.45)	(−0.43)
E_financing	0.0392	0.0333	0.0364	0.0555	0.0586 *	0.0562
	(0.64)	(0.58)	(0.63)	(1.59)	(1.78)	(1.60)
controller	−0.22	−0.195	−0.228	0.188	0.22	0.209
	(−1.32)	(−1.17)	(−1.32)	(1.01)	(1.27)	(1.07)
r_Indepe	0.0014	0.0014	0.0015	0.0034 *	0.0026	0.0031
	(0.52)	(0.53)	(0.58)	(1.73)	(1.32)	(1.48)
T_O	−0.0014	−0.0013	0.0012	0.0613	0.064	0.0567
	(−0.03)	(−0.03)	(0.02)	(1.21)	(1.40)	(1.16)
Aud_c	−0.0162	−0.0154	−0.016	−0.0151	−0.0223	−0.0178
	(−0.73)	(−0.78)	(−0.76)	(−0.59)	(−0.94)	(−0.74)
H_1	0.0048 **	0.0047 **	0.0048 **	−0.0035	−0.0045	−0.0038
	(2.00)	(2.07)	(2.09)	(−0.63)	(−0.86)	(−0.69)
H_5	−0.0033	−0.0032	−0.0033	0.0024	0.0032	0.0019
	(−1.04)	(−1.15)	(−1.18)	(0.60)	(0.82)	(0.45)
Ins	0.0009	0.0009	0.0009	0.0005	0.0005	0.0006
	(1.12)	(1.27)	(1.19)	(0.53)	(0.52)	(0.74)
E_com	0.0028	−0.0062	0.0008	0.082 *	0.0784 *	0.0802 *
	(0.07)	(−0.16)	(0.02)	(1.77)	(1.90)	(1.71)
ESR	0.0199	−0.0021	0.0176	−0.0034	−0.005	−0.0031
	(0.22)	(−0.02)	(0.20)	(−0.23)	(−0.33)	(−0.19)

因变量	RSCV_RM					
	应规披露			自愿披露		
模型	系统 GMM			系统 GMM		
restatement	0.273	0.272	0.288	0.02	0.0235	0.0032
	(0.87)	(0.89)	(0.92)	(0.13)	(0.15)	(0.02)
RSCV_RM$_{t-1}$	0.392***	0.409***	0.384***	0.203	0.173	0.186
	(3.33)	(3.81)	(3.39)	(1.26)	(1.24)	(1.08)
RSCV_RM$_{t-2}$	0.113**	0.118***	0.107*	0.127	0.109	0.12
	(2.00)	(2.89)	(1.95)	(1.28)	(1.15)	(1.22)
常数项	-0.794	-0.526	-0.866	-1.386	-1.215	-1.276
	(-0.60)	(-0.39)	(-0.63)	(-0.92)	(-0.85)	(-0.89)
AR (1) P 值	0.0002	0.0002	0.0002	0.0033	0.0038	0.0049
AR (2) P 值	0.1172	0.1549	0.1187	0.7211	0.7141	0.869
sargan P 值	0.7407	0.7133	0.7401	0.4849	0.6273	0.4144
N	1460	1460	1460	738	738	738

注：括号内为 t 统计值；* 表示在 0.1 的水平上显著，** 表示在 0.05 的水平上显著，*** 表示在 0.01 的水平上显著。

第五节　本章小结

第一，本章选取企业财务效率作为企业履行社会责任的影响对象，结合公司财务效率的形式，以我国沪深两市 2009~2015 年披露企业社会责任报告的 A 股上市公司为研究样本，通过润灵环球责任评级得分与过程形式财务效率和结果形式财务效率指标，运用 DEA-Tobit 两阶段法和系统 GMM 方法，实证分析了企业履行社会责任对过程形式财务效率和结果形式财务效率的动态跨期影响。研究结果表明，企业当期、滞后一期和滞后两期的企业社会责任履行越好，当期过程形式财务效率就越高；滞后一期和滞后两期的企业社会责任履行越好，去除应计盈余管理的社会贡献率就越高；滞后一期的企业社会责任履行越好，当期去除真实盈余管理的社会贡献率越高。研究结果表明，企业社会责任意识的增强使企业在经营活动中当期和后期的过程形式财务效率以及后期的去除盈余管理"噪声"的结果形式财务效率显著提高，从而在排除干扰后实实在在地增大了社会贡献率，使真正的"净蛋糕"做大，使主要利益相关者可以分配的净基础增大，而不是单纯改变"蛋糕"分配游戏规则。本章研究运用我国上市公司数据和科学的实证方法支持了企业社会责任优势观点。

第二，本章拓展企业履行社会责任影响过程形式财务效率的研究结论，采用中介效应检验递归法进一步探究了过程形式财务效率是否在企业履行社会责任影响真实盈余管理中发挥中介效应。拓展研究结果表明，企业过程形式财务效率能够在滞后两期企业社会责任与真实盈余管理的关系中发挥完全中介效应，企业积极履行社会责任可通过提高其后期过程形式财务效率来增大利益相关者的利益预期，从而抑制后期真实盈余管理操控，该结论站在真实盈余管理的角度进一步证实了企业履行社会责任对过程形式财务效率动态跨期影响的研究价值，能够促使企业更加深入和全面地认识履行社会责任影响过程形式财务效率的深层次作用，提高企业自觉履行社会责任的意识。

第三，本章拓展研究不同披露意愿下企业履行社会责任对结果形式财务效率的动态跨期影响。本章进一步把样本公司社会责任报告披露意愿分为应规披露和自愿披露，运用系统 GMM 方法，实证分析了两种披露意愿下企业履行社会责任对结果形式财务效率的动态跨期影响。研究结果显示：应规披露意愿下，当期、滞后一期和滞后两期的企业社会责任对去除应计盈余管理的社会贡献率和去除真实盈余管理的社会贡献率的影响都不显著；自愿披露意愿下，滞后两期的企业社会责任对去除应计盈余管理的社会贡献率的影响显著为正，滞后一期的企业社会责任对去除真实盈余管理的社会贡献率的影响显著为正。综上所述，只有自愿披露社会责任报告的企业积极履行社会责任才能对后期结果形式财务效率起到实质性的提高作用；而在应规披露社会责任报告的企业中，这种影响作用不明显，可能是因为应规披露社会责任报告的企业履行和披露社会责任趋于形式。

第四，与以往研究企业社会责任经济后果选取的研究对象、样本以及研究方法不同，本章创造性地以财务效率作为研究对象，选取披露企业社会责任报告的 A 股上市公司并综合考虑了财务效率的形式，选用 DEA - Tobit 两阶段法和系统 GMM 方法进行研究，使研究更加具有创新性、针对性、全面性和深入性，并且细化和拓宽了企业履行社会责任影响财务效率的研究，有效验证了我国实行企业社会责任披露制度的优势，为企业自觉履行社会责任提供科学的依据，为监管层和社会更好地解决中国上市公司的财务效率问题提供了有益的参考，为其他利益相关者要求行使自己的权利提供了有效的帮助，站在财务效率角度为促进我国提升财务效率与财务公平的企业社会责任的积极履行提供了对策，且为推进我国企业社会责任全面发展提供了客观有力的证据。

第五章
企业履行社会责任影响财务公平的实证研究

作为企业财务活动起点和终点，财务公平是增值分配活动中的重要一环。财务目标需要协调好各利益相关者之间的关系，以保障财务分配活动公平地进行。企业社会责任履行状况不同，增值分配活动中的财务公平就会有很大的差别。所以本章以财务公平作为企业社会责任的影响对象，依托前文理论研究结果和实证研究框架，实证检验企业履行社会责任对财务公平的真实影响。

第一节　理论分析与研究假设

按照企业社会责任优势观点以及上述理论分析结果，利益相关者理论、资源基础理论和合法性理论为企业积极履行社会责任能够提升财务公平的论断提供了理论依据。企业通过积极履行社会责任能够赢得各利益相关者的合法性认同，从主要利益相关者获取重要资源，实现企业利益相关者价值最大化，这些宝贵的关系资产和核心竞争力，能够给企业带来经营优势，不仅可以全面提高企业财务效率，而且可以实现增值分配过程中的财务公平。企业积极履行社会责任，能够满足各利益相关者特别是主要利益相关者的需求，按照多元"分配公正"原则进行增值分配，提高企业增值分配的财务公平状况。

企业社会责任优势观点和企业社会责任思想都认为，只有重视所有利益相关者的利益需求才能实现企业财务公平。企业财务公平是其增值分配时遵循的价值观，构建公平合理的财务目标是实现财务公平的重要条件。利益相关者理论、企业社会责任思想与财务理论相结合形成基于企业社会责任的利益相关者财务论，这种理论实质上是以利益相关者价值最大化为基本目标，在经营活动和分配活动中重视企业社会责任的作用，彼此间进行利益促进与制约的财务运行机制。企业以利益相关者价值最大化作为财务目标具有三点明显优势：①形成共同治理模式，新的财务目标可以使所有利益相关者参与经营和分配，共同治理企业，有利于企业价值增大和分配公平。②企业产权和风险分享，新的财务目标可以使所有利益相关者一起拥有企业，共同承担风险，公平享有价值，有利于企业可持续发展。③经济效益与社会效益和谐统一，现代企业是内外部利益相关者的集合体，经济效益与社会效益的统一就意味着合理地经营和公平地分配。企业社会责任思想与利益相关者理论研究存在天然的联系，都在处理企业与个人或团体之间的关系方面具有独特的优势，两者相通之处的存在有利于两者在相互结合中快速发展。毋庸置疑，企业社会责任思想中包含丰富的利益相关者理论思想。正因为如此，企业社会责任思想和利益相关者理论为处理企业与股东、企业与员工、企业与高管等的关系提供了有力的理论武器，为企业社会责任积极影响财务公平的研究提供了坚实的依据。

2008 年，证监会要求相应公司披露企业社会责任报告，鼓励其他上市公司积极履行社会责任并自愿披露社会责任报告，这是国家提倡企业积极履行社会责任的重要举措。也就是说，基于利益相关者理论、资源基础理论和合法性理论形成的企业社会责任优势观点和上述分析，披露社会责任报告的上市公司会积极履行社会责任，从而提升企业财务公平，包括劳资公平、管理公平和资本公平。

不过在现实中，企业履行社会责任对财务公平的积极影响存在一定的滞后性。主要原因是，现实中有许多非理性因素干扰市场正常运转，存在信息传递的时间差，利益相关者不能第一时间全面了解企业履行社会责任的信息。另外，企业通过履行社会责任获取关系资产和核心竞争力，需要经历一个从企业社会责任信息产生、传递、被利益相关者认可到最终转化为财务公平的过程。由于企业履行社会责任影响财务公平存在一定的滞后性，企业履行社会责任过了滞后期才可能提升财务公平。由此可见，如果忽视这种滞后性，真实可靠的结论就难以得到。因此，按照企业社会责任优势观点和前文所有分析结果，本书提出如下研究假设。

假设 5.1A：相比当期劳资公平，企业积极履行社会责任能提升后期劳资公平。

假设 5.1B：相比当期管理公平，企业积极履行社会责任能提升后期管理公平。

假设 5.1C：相比当期资本公平，企业积极履行社会责任能提升后期资本公平。

然而，基于委托代理理论，由于代理问题的普遍存在，企业管理者在与其他利益相关者发生利益冲突时，就可能产生利己机会主义行为，管理者为了掩盖这种行为不被其他利益相关者发现，会积极履行企业社会责任并对外披露相关信息，这就是企业社会责任的堑壕机制，就会导致包括劳资公平、管理公平和资本公平的企业财务公平状况恶化甚至消失。此外，基于"股东至上"理论，企业履行社会责任短期内造成的结果是额外支出增加，盈余水平降低，股东利益受到损害，从而导致企业社会责任履行越多，资本公平状况越差。由于面对有限的资源和相互竞争的需求，管理层更有可能满足外部社会需求，通过履行企业社会责任来扮演一个"好邻居"的角色，同时在内部因为破坏了员工的就业保障又扮演一个"坏雇主"的角色，破坏了股东的回报，扮演一个"坏管家"的角色，增加了自己利益，扮演一个"好演员"的角色。企业参与外部社会责任活动和企业内部社会责任活动可能具有替代关系，而非互补关系。企业履行社会责任短期内难以平衡利益相关者的利益需求，就会明显降低企业的财务公平。

同理，企业履行社会责任对企业财务公平的消极影响也存在一定的滞后性。在实证研究企业履行社会责任对财务公平的影响时，如果不考虑这种滞后性，就难以得到真实可靠的结论。因此，按照企业社会责任劣势观点和前文所有分析结果，本书提出如下竞争性研究假设。

假设 5.2A：相比当期劳资公平，企业积极履行社会责任会降低后期劳资公平。

假设 5.2B：相比当期管理公平，企业积极履行社会责任会降低后期管理公平。

假设 5.2C：相比当期资本公平，企业积极履行社会责任会降低后期资本公平。

第二节 研究设计

一、样本选择及数据来源

本章以我国 2009~2015 年沪深两市披露社会责任信息报告的 A 股上市公司为研究样本，按照下列标准进行筛选：①剔除金融、保险类企业；②剔除 ST、*ST 等特别处理的企业；③剔除变量值显著异常的企业；④剔除相关财务数据缺失的企业；⑤剔除年行业企业数不足 10 家的行业。经过筛选最终得到 7 年共 3668 个观测样本。企业社会责任数据来自润灵环球社会责任报告评级体系数据库（RKS）公布的评级得分，其他变量数据来自万得（Wind）金融数据库和国泰安数据库（CSMAR）。为了减少异常值对实证结果的影响，本书对各连续型变量进行了 Winsorize 上下 1% 的缩尾处理。分析工具为 Excel2013 和 Stata14 软件。

2008 年，证监会要求相应公司披露企业社会责任报告，润灵环球责任评级机构对 2008 年企业社会责任报告开始评级得分，但是 2008 年披露社会责任报告的企业相对较少，而且评级得分缺失严重，因此本书收集的数据跨度为 2009~2015 年，一共 7 年。

如表 5-1 所示，2009~2015 年披露企业社会责任报告的公司总数为 3668 家，其中 2009 年为 373 家，占比为 10.17%，应规披露为 291 家，自愿披露为 82 家；2010 年为 405 家，占比为 11.04%，应规披露为 308 家，自愿披露为 97 家；2011 年为 486 家，占比为 13.25%，应规披露为 329 家，自愿披露为 157 家；2012 年为 559 家，占比为 15.24%，应规披露为 339 家，自愿披露为 220 家；2013 年为 599 家，占比为 16.33%，应规披露为 355 家，自愿披露为 244 家；2014 年为 614 家，占比为 16.75%，应规披露为 358 家，自愿披露为 256 家；2015 年为 632 家，占比为 17.23%，应规披露为 353 家，自愿披露为 279 家；公司总数、应规披露公司数量和自愿披露公司数量呈逐年递增态势，自愿披露社会责任报告信息的公司数量增速更大。

表 5-1 公司数量及披露意愿年度分布　　　单位：家，%

年份	披露意愿		合计	占比
	应规	自愿		
2009	291	82	373	10.17
2010	308	97	405	11.04
2011	329	157	486	13.25
2012	339	220	559	15.24
2013	355	244	599	16.33
2014	358	256	614	16.74
2015	353	279	632	17.23
合计	2333	1335	3668	100

　　表 5-2 是样本公司所在省份的年度数量分布，从中可以看到，样本公司来自全国 31 个省份，每个省份披露企业社会责任报告的公司数量呈逐年递增态势。按照数量由多到少排序，北京市、广东省、上海市、福建省和浙江省披露企业社会责任报告的公司数量占前五位，分别是 499 家、430家、328 家、318 家和 312 家，占公司总数的比重分别达到 13.60%、11.72%、8.94%、8.67% 和 8.51%；青海省、内蒙古自治区、宁夏回族自治区、西藏自治区和甘肃省披露企业社会责任报告的公司数量占后五位，分别是 27 家、27 家、17 家、16 家和 8 家，占公司总数的比重分别达到 0.74%、0.74%、0.46%、0.44% 和 0.22%。其主要原因在于，东部沿海省份上市公司较多，披露企业社会责任报告的意识和目的较强；西部内陆省份上市公司较少，披露企业社会责任报告的意识和目的相对较弱。

表 5-2 公司所在省份年度分布　　　单位：家，%

省份 年份	2009	2010	2011	2012	2013	2014	2015	合计	占比
甘肃省	0	0	0	1	2	2	3	8	0.22
西藏自治区	0	1	2	4	3	3	3	16	0.44
宁夏回族自治区	2	3	3	2	2	3	2	17	0.46

续表

省份＼年份	2009	2010	2011	2012	2013	2014	2015	合计	占比
内蒙古自治区	3	3	3	4	5	4	5	27	0.74
青海省	4	3	4	4	4	4	4	27	0.74
黑龙江省	2	2	3	4	6	6	5	28	0.76
海南省	3	3	4	3	4	5	7	29	0.79
重庆市	3	4	6	4	5	5	5	32	0.87
贵州省	2	5	5	5	6	6	6	35	0.95
广西壮族自治区	6	5	5	5	5	5	5	36	0.98
陕西省	6	6	6	6	6	6	6	42	1.15
江西省	5	8	8	8	7	7	7	50	1.36
湖南省	5	8	7	8	8	8	6	50	1.36
吉林省	6	6	8	8	9	9	9	55	1.50
河北省	7	6	8	10	10	9	9	59	1.61
新疆维吾尔自治区	5	6	10	10	10	10	9	60	1.64
山西省	10	10	10	10	11	12	12	75	2.04
湖北省	10	9	11	12	12	11	12	77	2.10
云南省	8	11	11	12	12	13	14	81	2.21
天津市	13	10	13	13	12	12	15	88	2.40
辽宁省	9	12	13	13	13	13	16	89	2.43
四川省	13	13	15	18	18	18	15	110	3.00
安徽省	13	15	17	22	22	21	20	130	3.54
河南省	7	13	17	29	33	31	31	161	4.39
江苏省	22	18	23	29	35	35	37	199	5.43
山东省	19	19	26	31	34	35	36	200	5.45
浙江省	30	31	40	50	53	54	54	312	8.51
福建省	31	34	44	50	52	55	52	318	8.67
上海市	33	36	40	48	53	56	62	328	8.94

续表

省份＼年份	2009	2010	2011	2012	2013	2014	2015	合计	占比
广东省	44	48	59	64	69	71	75	430	11.72
北京市	52	57	65	72	78	85	90	499	13.60
合计	373	405	486	559	599	614	632	3668	100

表5-3是样本公司所在行业的年度数量分布，从中可以看到，样本公司来自38个行业，每个行业披露企业社会责任报告的公司数量呈逐年递增态势。按照公司数量由多到少排序，计算机、通信和其他电子设备制造业，房地产业，交通运输、仓储和邮政业，电力、热力、燃气及水生产和供应业，批发和零售业披露企业社会责任报告的公司数量占前五位，分别是273家、243家、237家、231家和213家，占公司总数的比重分别达到7.44%、6.62%、6.46%、6.30%和5.81%；化学纤维制造业，文教、工美、体育和娱乐用品制造业，家具制造业，其他制造业，科学研究和技术服务业披露企业社会责任报告的公司数量占后五位，分别是21家、13家、7家、7家和4家，占公司总数的比重分别达到0.57%、0.35%、0.19%、0.19%和0.11%。差别较大的原因在于，不同行业上市公司数量差别大，不同行业披露企业社会责任报告的意识和目的差别也比较大。

表5-3 公司所在行业年度分布　　　单位：家，%

行业＼年份	2009	2010	2011	2012	2013	2014	2015	合计	占比
科学研究和技术服务业	0	0	0	0	0	0	4	4	0.11
其他制造业	1	1	1	1	1	1	1	7	0.19
家具制造业	1	1	1	1	1	1	1	7	0.19
文教、工美、体育和娱乐用品制造业	0	0	2	2	2	3	4	13	0.35
化学纤维制造业	3	3	3	3	3	3	3	21	0.57
水利、环境和公共设施管理业	1	2	2	5	4	4	4	22	0.60
综合	3	3	3	3	3	3	5	23	0.63
仪器仪表制造业	2	2	2	4	5	5	5	25	0.68

续表

行业 \ 年份	2009	2010	2011	2012	2013	2014	2015	合计	占比
金属制品业	4	4	4	4	5	4	4	29	0.79
租赁和商务服务业	4	3	4	4	5	6	6	32	0.87
石油加工、炼焦和核燃料加工业	3	5	5	5	5	5	5	33	0.90
纺织服装、服饰业	2	2	4	7	7	5	6	33	0.90
食品制造业	2	3	4	6	6	9	7	37	1.01
文化、体育和娱乐业	3	3	3	3	6	8	12	38	1.04
造纸和纸制品业	5	5	5	6	5	6	6	38	1.04
铁路、船舶、航空航天和其他运输设备制造业	5	6	6	6	7	7	5	42	1.15
橡胶和塑料制品业	3	3	4	8	9	9	8	44	1.20
纺织业	4	5	6	7	8	7	7	44	1.20
农副食品加工业	5	3	5	8	9	10	10	50	1.36
农、林、牧、渔业	3	5	7	9	9	11	10	54	1.47
酒、饮料和精制茶制造业	9	9	11	14	16	15	15	89	2.43
黑色金属冶炼和压延加工业	13	14	13	14	13	12	13	92	2.51
非金属矿物制品业	11	12	14	17	17	16	15	102	2.78
汽车制造业	10	10	14	16	20	20	17	107	2.92
建筑业	9	9	15	16	21	24	27	121	3.30
通用设备制造业	10	12	16	19	19	23	22	121	3.30
专用设备制造业	15	16	20	25	29	26	26	157	4.28
电气机械和器材制造业	16	19	22	25	26	25	25	158	4.31
信息传输、软件和信息技术服务业	14	16	20	24	27	31	36	168	4.58
有色金属冶炼和压延加工业	21	24	24	25	24	25	25	168	4.58
采矿业	19	20	25	29	32	32	33	190	5.18
化学原料和化学制品制造业	19	19	28	29	34	32	34	195	5.32
医药制造业	24	26	29	29	31	34	34	207	5.64
批发和零售业	24	26	30	30	34	33	36	213	5.81
电力、热力、燃气及水生产和供应业	26	29	33	34	38	36	35	231	6.30
交通运输、仓储和邮政业	29	30	36	37	36	34	35	237	6.46
房地产业	28	29	31	37	38	41	39	243	6.62

行业 ＼ 年份	2009	2010	2011	2012	2013	2014	2015	合计	占比
计算机、通信和其他电子设备制造业	22	26	34	47	44	48	52	273	7.44
合计	373	405	486	559	599	614	632	3668	100

二、变量构建及解释

1. 企业社会责任

润灵环球企业社会责任评级是中国对于企业社会责任评价的第三方评级机构，具有独立性、公开获得性、专业性和权威性。润灵环球拥有国内首个自主知识产权的企业社会责任报告评价工具，以上市公司对外披露的企业社会责任报告为评价对象，企业社会责任履行和披露情况通过其评级得分间接衡量。该方法尽可能保留现有方法的优点，而且最大限度地弥补它们的缺陷，所以润灵环球责任评级已被学者普遍认同并广泛应用于相关研究。本章选择润灵环球责任评级得分作为企业社会责任的替代变量。

2. 财务公平

基于贡献三因素论，本章从劳动、管理、资本三个可观测角度对我国披露社会责任报告的 A 股上市公司增值额分配的财务公平进行衡量。劳资公平用去除高管薪酬的劳资公平程度 MLFC 和所有员工劳资公平程度 LFC 作为替代变量；管理公平用高管薪酬公平程度 ECF 作为替代变量；资本公平用剔除应计盈余管理后扣除非经常性损益的净利润率 kroa_AM 和剔除真实盈余管理后扣除非经常性损益的净利润率 kroa_RM 作为替代变量。具体计算方法参照第二章。

3. 控制变量

根据相关研究文献，本书考虑了公司特征和股权与治理两个层面的控制变量，包括公司规模、公司价值、净盈利水平、总盈利水平、财务风险、经营风险、财务资源、成长性、扣除非经常性损益后的净利润率、盈亏状况、审计成本、审计意见、控制人类型、是否设置审计委员会、独董比例、董事长和总经理是否两职合一、高管教育水平、第一大股东持股比例、前五大股东持股比例之和、前三名高管薪酬、机构持股比例、高管持股比例、财务重述。解释变量、被解释变量和控制变量的具体解释如表5-4所示。

表 5-4 变量解释一览表

变量类型		变量符号	变量名称	计算方法
被解释变量		MLFC	去除高管薪酬的劳资公平程度	计算方法见本书第二章
		LFC	所有员工劳资公平程度	计算方法见本书第二章
		ECF	高管薪酬公平程度	计算方法见本书第二章
		kroa_AM	剔除应计盈余管理后扣除非经常性损益的净利润率	计算方法见本书第二章
		kroa_RM	剔除真实盈余管理后扣除非经常性损益的净利润率	计算方法见本书第二章
解释变量		CSR	企业社会责任	润灵环球社会责任报告评分结果
控制变量	公司特征变量	Size	公司规模	总资产的自然对数
		TBQ	公司价值	托宾 Q 值
		ROE	净盈利水平	净资产收益率
		ROA	总盈利水平	总资产收益率
		Debt	财务风险	资产负债率
		B_risk	经营风险	资产周转率
		F_resources	财务资源	经营现金流以总资产的比率
		Growth	成长性	营业收入的增长率
		kroa	扣除非经常损益后的净利润率	扣除非经常性损益后净利润/平均总资产
		earn	盈亏状况	kroa<0, 取 1; 否则取 0
		big_4	审计成本	哑变量, 若为国际四大会计师事务所审计, 取 1; 否则取 0

续表

变量类型		变量符号	变量名称	计算方法
控制变量	公司特征变量	Rep	审计意见	年度报告被出具标准意见，取1；否则，取0
		E_financing	企业在未来两年是否有权益融资（配股/增发）	有，取1；否则取0
		Edu	高管教育水平	将高管学历水平划分为中专及中专以下、大专、本科、硕士、博士和博士以上学历，分别赋值为1~6，并计算均值作为高管教育水平变量
		controller	控制人类型	上市公司为国有控股，取1；否则取0
	股权与治理变量	r_Indepe	独董比例	独立董事人数/董事会总人数
		T_O	两职合一	董事长与总经理由同一人担任时，取1；否则取0
		Aud_c	审计委员会	设立审计委员会，取1；否则取0
		H_1	股权集中度1	第一大股东持股比例
		H_5	股权集中度2	公司前五位大股东持股比例之和
		Ins	机构持股	基金、券商、券商理财产品、QFII、保险公司、社保基金、企业年金、财务公司等各类机构投资者年末所持上市公司股份所占比例
		E_com	高管薪酬	对高管前三名薪酬总额取自然对数
		ESR	高管持股比例	高管持股数除以总股本
		restatement	财务重述	财务重述公司，取1；否则取0

三、实证模型建立

为了保证研究模型的高拟合度和研究方法的准确性，本章拟构建动态模型检验企业履行社会责任对财务公平的跨期影响。在使用动态模型之前，必须先分别确定动态模型（5-6）~模型（5-10）中因变量的滞后项应该是滞后几期。张兆国等（2013）、Wintoki 等（2012）、Gschwandtner（2005）、Glen 等（2001）认为，为了满足信息的完整性，动态模型中因变量的滞后项只需要滞后两期。借鉴他们的研究方法，本章构建如下五个模型，并使用 OLS 方法对模型（5-1）~模型（5-5）进行回归，检验以上结论在本章研究中的可行性，然后再进行企业履行社会责任对财务公平的动态跨期回归。

$$
\begin{aligned}
\mathrm{MLFC}_{i,\,t} = {}& \alpha_0 + \sum_{j=1}^{4} \alpha_j \mathrm{MLFC}_{i,\,t-j} + \alpha_5 \mathrm{Size}_{i,\,t} + \alpha_6 \mathrm{TBQ}_{i,\,t} + \alpha_7 \mathrm{ROA}_{i,\,t} + \\
& \alpha_8 \mathrm{kroa}_{i,\,t} + \alpha_9 \mathrm{Debt}_{i,\,t} + \alpha_{10} \mathrm{B\_risk}_{i,\,t} + \alpha_{11} \mathrm{Growth}_{i,\,t} + \\
& \alpha_{12} \mathrm{earn}_{i,\,t} + \alpha_{13} \mathrm{big\_4}_{i,\,t} + \alpha_{14} \mathrm{Rep}_{i,\,t} + \alpha_{15} \mathrm{F\_resources}_{i,\,t} + \\
& \alpha_{16} \mathrm{controller}_{i,\,t} + \alpha_{17} \mathrm{r\_Indepe}_{i,\,t} + \alpha_{18} \mathrm{T\_O}_{i,\,t} + \alpha_{19} \mathrm{Aud\_c}_{i,\,t} + \\
& \alpha_{20} \mathrm{H\_1}_{i,\,t} + \alpha_{21} \mathrm{H\_5}_{i,\,t} + \alpha_{22} \mathrm{Ins}_{i,\,t} + \alpha_{23} \mathrm{E\_com}_{i,\,t} + \\
& \alpha_{24} \mathrm{ESR}_{i,\,t} + \alpha_{25} \mathrm{restatement}_{i,\,t} + \alpha_{26} \varepsilon_{i,\,t} \quad\quad (5\text{-}1)
\end{aligned}
$$

$$
\begin{aligned}
\mathrm{LFC}_{i,\,t} = {}& \beta_0 + \sum_{j=1}^{4} \beta_j \mathrm{LFC}_{i,\,t-j} + \beta_5 \mathrm{Size}_{i,\,t} + \beta_6 \mathrm{TBQ}_{i,\,t} + \beta_7 \mathrm{ROA}_{i,\,t} + \\
& \beta_8 \mathrm{kroa}_{i,\,t} + \beta_9 \mathrm{Debt}_{i,\,t} + \beta_{10} \mathrm{B\_risk}_{i,\,t} + \beta_{11} \mathrm{Growth}_{i,\,t} + \beta_{12} \mathrm{earn}_{i,\,t} + \\
& \beta_{13} \mathrm{big\_4}_{i,\,t} + \beta_{14} \mathrm{Rep}_{i,\,t} + \beta_{15} \mathrm{F\_resources}_{i,\,t} + \beta_{16} \mathrm{controller}_{i,\,t} + \\
& \beta_{17} \mathrm{r\_Indepe}_{i,\,t} + \beta_{18} \mathrm{T\_O}_{i,\,t} + \beta_{19} \mathrm{Aud\_c}_{i,\,t} + \beta_{20} \mathrm{H\_1}_{i,\,t} + \\
& \beta_{21} \mathrm{H\_5}_{i,\,t} + \beta_{22} \mathrm{Ins}_{i,\,t} + \beta_{23} \mathrm{E\_com}_{i,\,t} + \beta_{24} \mathrm{ESR}_{i,\,t} + \\
& \beta_{25} \mathrm{restatement}_{i,\,t} + \beta_{26} \varepsilon_{i,\,t} \quad\quad (5\text{-}2)
\end{aligned}
$$

$$
\begin{aligned}
\mathrm{ECF}_{i,\,t} = {}& \gamma_0 + \sum_{j=1}^{4} \gamma_j \mathrm{ECF}_{i,\,t-j} + \gamma_5 \mathrm{Size}_{i,\,t} + \gamma_6 \mathrm{TBQ}_{i,\,t} + \gamma_7 \mathrm{ROE}_{i,\,t} + \\
& \gamma_8 \mathrm{Debt}_{i,\,t} + \gamma_9 \mathrm{B\_risk}_{i,\,t} + \gamma_{10} \mathrm{Growth}_{i,\,t} + \gamma_{11} \mathrm{earn}_{i,\,t} + \\
& \gamma_{12} \mathrm{big\_4}_{i,\,t} + \gamma_{13} \mathrm{Rep}_{i,\,t} + \gamma_{14} \mathrm{controller}_{i,\,t} + \gamma_{15} \mathrm{r\_Indepe}_{i,\,t} + \\
& \gamma_{16} \mathrm{T\_O}_{i,\,t} + \gamma_{17} \mathrm{Aud\_c}_{i,\,t} + \gamma_{18} \mathrm{H\_1}_{i,\,t} + \gamma_{19} \mathrm{H\_5}_{i,\,t} + \\
& \gamma_{20} \mathrm{Ins}_{i,\,t} + \gamma_{21} \mathrm{E\_com}_{i,\,t} + \gamma_{22} \mathrm{ESR}_{i,\,t} + \gamma_{23} \mathrm{restatement}_{i,\,t} + \\
& \gamma_{24} \mathrm{Edu}_{i,\,t} + \gamma_{25} \varepsilon_{i,\,t} \quad\quad (5\text{-}3)
\end{aligned}
$$

$$
\mathrm{kroa\_AM}_{i,\,t} = \eta_0 + \sum_{j=1}^{4} \eta_j \mathrm{kroa\_AM}_{i,\,t-j} + \eta_5 \mathrm{Size}_{i,\,t} + \eta_6 \mathrm{TBQ}_{i,\,t} +
$$

$$\eta_7 ROE_{i,t} + \eta_8 Debt_{i,t} + \eta_9 B\_risk_{i,t} + \eta_{10} Growth_{i,t} +$$
$$\eta_{11} earn_{i,t} + \eta_{12} big\_4_{i,t} + \eta_{13} Rep_{i,t} + \eta_{14} r\_Indepe_{i,t} +$$
$$\eta_{15} T\_O_{i,t} + \eta_{16} Aud\_c_{i,t} + \eta_{17} H\_1_{i,t} + \eta_{18} Ins_{i,t} +$$
$$\eta_{19} E\_com_{i,t} + \eta_{20} ESR_{i,t} + \eta_{21} restatement_{i,t} + \eta_{22} \varepsilon_{i,t}$$

$$(5-4)$$

$$kroa\_RM_{i,t} = \lambda_0 + \sum_{j=1}^{4} \lambda_j kroa\_RM_{i,t-j} + \lambda_5 Size_{i,t} + \lambda_6 TBQ_{i,t} +$$
$$\lambda_7 ROE_{i,t} + \lambda_8 Debt_{i,t} + \lambda_9 B\_risk_{i,t} + \lambda_{10} Growth_{i,t} +$$
$$\lambda_{11} earn_{i,t} + \lambda_{12} big\_4_{i,t} + \lambda_{13} Rep_{i,t} + \lambda_{14} r\_Indepe_{i,t} +$$
$$\lambda_{15} T\_O_{i,t} + \lambda_{16} Aud\_c_{i,t} + \lambda_{17} H\_1_{i,t} + \lambda_{18} Ins_{i,t} +$$
$$\lambda_{19} E\_com_{i,t} + \lambda_{20} ESR_{i,t} + \lambda_{21} restatement_{i,t} + \lambda_{22} \varepsilon_{i,t}$$

$$(5-5)$$

模型各变量下标中，i 表示样本股票代码，t 表示样本当期所处年度，其他模型中 i 和 t 的解释与此处解释相同。$\sum_{j=1}^{4} \alpha_j MLFC_{i,t-j}$、$\sum_{j=1}^{4} \beta_j LFC_{i,t-j}$、$\sum_{j=1}^{4} \gamma_j ECF_{i,t-j}$、$\sum_{j=1}^{4} \eta_j kroa\_AM_{i,t-j}$ 和 $\sum_{j=1}^{4} \lambda_j kroa\_RM_{i,t-j}$ 这五个变量中"t-1"表示滞后一期，"t-2"表示滞后两期，依此类推，其他模型中 t-1、t-2 的解释与此处解释相同。回归结果表明，滞后两期以后的财务公平与当期财务公平不显著相关。这说明模型（5-6）~模型（5-10）中只用滞后两期的因变量滞后项就能反映模型的动态性。具体结果如表 5-5 所示。

然后，在确定滞后期的基础上，借鉴 Kim 等（2012）、张兆国等（2013）以及万寿义和刘非非（2014）的研究，为了检验企业履行社会责任对财务效率的动态跨期影响，本书构建以下五个滞后期均为两期的动态模型：

$$MLFC_{i,t} = \alpha_0 + \alpha_1 CSR_{i,t} + \alpha_2 MLFC_{i,t-1} + \alpha_3 MLFC_{i,t-2} + \alpha_4 Size_{i,t} +$$
$$\alpha_5 TBQ_{i,t} + \alpha_6 ROA_{i,t} + \alpha_7 kroa_{i,t} + \alpha_8 Debt_{i,t} + \alpha_9 B\_risk_{i,t} +$$
$$\alpha_{10} Growth_{i,t} + \alpha_{11} earn_{i,t} + \alpha_{12} big\_4_{i,t} + \alpha_{13} Rep_{i,t} +$$
$$\alpha_{14} F\_resources_{i,t} + \alpha_{15} controller_{i,t} + \alpha_{16} r\_Indepe_{i,t} +$$
$$\alpha_{17} T\_O_{i,t} + \alpha_{18} Aud\_c_{i,t} + \alpha_{19} H\_1_{i,t} + \alpha_{20} H\_5_{i,t} +$$
$$\alpha_{21} Ins_{i,t} + \alpha_{22} E\_com_{i,t} + \alpha_{23} ESR_{i,t} +$$
$$\alpha_{24} restatement_{i,t} + \alpha_{25} \varepsilon_{i,t}$$

$$(5-6)$$

表5-5 财务公平因变量滞后项滞后期的确定

因变量	(1) MLFC	因变量	(2) LFC	因变量	(3) ECF	因变量	(4) kroa_AM	因变量	(5) kroa_RM
$MLFC_{t-1}$	0.631*** (10.48)	LFC_{t-1}	0.631*** (10.45)	ECF_{t-1}	0.661*** (6.49)	$kroa\_AM_{t-1}$	0.279*** (7.65)	$kroa\_RM_{t-1}$	0.556*** (11.57)
$MLFC_{t-2}$	0.0742 (1.35)	LFC_{t-2}	0.0788 (1.44)	ECF_{t-2}	−0.0594 (−0.85)	$kroa\_AM_{t-2}$	0.164*** (3.83)	$kroa\_RM_{t-2}$	0.187*** (4.41)
$MLFC_{t-3}$	0.0633 (1.39)	LFC_{t-3}	0.0532 (1.15)	ECF_{t-3}	0.109 (1.34)	$kroa\_AM_{t-3}$	0.0831 (1.57)	$kroa\_RM_{t-3}$	−0.0361 (−1.01)
$MLFC_{t-4}$	0.0371 (0.87)	LFC_{t-4}	0.0469 (1.11)	ECF_{t-4}	0.0527 (1.17)	$kroa\_AM_{t-4}$	−0.0341 (−1.32)	$kroa\_RM_{t-4}$	0.0547 (1.58)
Size	0.0042 (0.59)	Size	0.0042 (0.58)	Size	0.0605*** (3.65)	Size	0.0025 (1.10)	Size	−0.0001 (−0.02)
TBQ	0.0024 (0.30)	TBQ	0.0038 (0.49)	TBQ	0.0596*** (2.60)	TBQ	0.0067*** (2.86)	TBQ	0.014* (1.94)
ROA	−0.0129** (−2.45)	ROA	−0.0141*** (−2.71)	ROE	−0.0007 (−0.60)	ROE	−0.0002 (−0.74)	ROE	0.0033*** (4.16)
kroa	0.873 (1.58)	kroa	0.939* (1.72)	Debt	0.0007 (0.75)	Debt	−0.0002 (−1.58)	Debt	−0.0003 (−1.01)
Debt	−0.0005 (−0.97)	Debt	−0.0006 (−1.08)	B_risk	0.0224 (1.24)	B_risk	0.0161*** (3.69)	B_risk	0.0208 (1.58)

续表

因变量	(1) MLFC	因变量	(2) LFC	因变量	(3) ECF	因变量	(4) kroa_AM	因变量	(5) kroa_RM
B_risk	-0.0195 (-1.37)	B_risk	-0.0176 (-1.25)	Growth	0.0002 (0.30)	Growth	0.0004*** (3.59)	Growth	0.0011*** (4.06)
Growth	-0.0002 (-0.59)	Growth	-0.0002 (-0.66)	earn	-0.0485* (-1.71)	earn	-0.023*** (-3.68)	earn	-0.0042 (-0.34)
earn	0.0765** (2.44)	earn	0.0758** (2.41)	big_4	-0.0339 (-1.54)	big_4	0.0046 (1.01)	big_4	0.0116 (1.14)
big_4	0.0253 (1.63)	big_4	0.0251 (1.62)	Rep	-0.0246 (-0.34)	Rep	-0.0072 (-0.52)	Rep	0.043 (1.30)
Rep	-0.0727 (-0.78)	Rep	-0.07 (-0.75)	controller	0.0758** (1.97)	r_Indepe	0.0003 (0.75)	r_Indepe	0.0003 (0.31)
F_resources	-0.0628 (-0.60)	F_resources	-0.0528 (-0.51)	r_Indepe	-0.0012 (-0.75)	T_O	0.0083 (1.38)	T_O	0.0181 (1.35)
controller	-0.0002 (-0.01)	controller	0.0008 (0.05)	T_O	0.0081 (0.20)	Aud_c	0.0018 (0.32)	Aud_c	-0.0194 (-1.51)
r_Indepe	-0.0029*** (-3.28)	r_Indepe	-0.0029*** (-3.24)	Aud_c	0.0462 (1.38)	H_1	0.00008 (0.53)	H_1	-0.0002 (-0.40)
T_O	-0.0065 (-0.34)	T_O	-0.0064 (-0.33)	H_1	0.0003 (0.38)	Ins	0.0002 (1.14)	Ins	0.0005 (1.36)

续表

因变量	(1) MLFC	因变量	(2) LFC	因变量	(3) ECF	因变量	(4) kroa_AM	因变量	(5) kroa_RM
Aud_c	0.0263* (1.73)	Aud_c	0.0259* (1.71)	H_5	0.000005 (0.00)	E_com	0.0023 (0.67)	E_com	−0.0112 (−1.27)
H_1	0.0007 (1.23)	H_1	0.0006 (1.20)	Ins	−0.0009 (−1.14)	ESR	−0.0006 (−1.45)	ESR	0.0014 (0.75)
H_5	−0.0004 (−0.70)	H_5	−0.0004 (−0.72)	E_com	−0.029 (−1.44)	restatement	−0.0021 (−0.32)	restatement	−0.0019 (−0.12)
Ins	0.00002 (0.05)	Ins	0.00003 (0.06)	ESR	−0.0049** (−2.23)	常数项	−0.123** (−2.15)	常数项	0.0724 (0.54)
E_com	0.0025 (0.24)	E_com	0.0029 (0.27)	restatement	0.0146 (0.47)	R^2	0.3369	R^2	0.7342
ESR	0.0004 (0.36)	ESR	0.0005 (0.40)	Edu	−0.0518* (−1.74)	N	1063	N	1063
restatement	−0.0091 (−0.34)	restatement	−0.0109 (−0.41)	常数项	−0.763** (−2.14)				
常数项	0.164 (0.83)	常数项	0.158 (0.80)	R^2	0.7837				
R^2	0.586	R^2	0.5871	N	535				
N	952	N	952						

注：括号内为 t 统计值；* 表示在 0.1 的水平上显著，** 表示在 0.05 的水平上显著，*** 表示在 0.01 的水平上显著。

$$
\begin{aligned}
LFC_{i,t} = &\ \beta_0 + \beta_1 CSR_{i,t} + \beta_2 LFC_{i,t-1} + \beta_3 LFC_{i,t-2} + \beta_4 Size_{i,t} + \\
& \beta_5 TBQ_{i,t} + \beta_6 ROA_{i,t} + \beta_7 kroa_{i,t} + \beta_8 Debt_{i,t} + \beta_9 B\_risk_{i,t} + \\
& \beta_{10} Growth_{i,t} + \beta_{11} earn_{i,t} + \beta_{12} big\_4_{i,t} + \beta_{13} Rep_{i,t} + \\
& \beta_{14} F\_resources_{i,t} + \beta_{15} controller_{i,t} + \beta_{16} r\_Indepe_{i,t} + \\
& \beta_{17} T\_O_{i,t} + \beta_{18} Aud\_c_{i,t} + \beta_{19} H\_1_{i,t} + \beta_{20} H\_5_{i,t} + \\
& \beta_{21} Ins_{i,t} + \beta_{22} E\_com_{i,t} + \beta_{23} ESR_{i,t} + \\
& \beta_{24} restatement_{i,t} + \beta_{25} \varepsilon_{i,t}
\end{aligned}
\tag{5-7}
$$

$$
\begin{aligned}
ECF_{i,t} = &\ \gamma_0 + \gamma_1 CSR_{i,t} + \gamma_2 ECF_{i,t-1} + \gamma_3 ECF_{i,t-2} + \gamma_4 Size_{i,t} + \\
& \gamma_5 TBQ_{i,t} + \gamma_6 ROE_{i,t} + \gamma_7 Debt_{i,t} + \gamma_8 B\_risk_{i,t} + \gamma_9 Growth_{i,t} + \\
& \gamma_{10} earn_{i,t} + \gamma_{11} big\_4_{i,t} + \gamma_{12} Rep_{i,t} + \gamma_{13} controller_{i,t} + \\
& \gamma_{14} r\_Indepe_{i,t} + \gamma_{15} T\_O_{i,t} + \gamma_{16} Aud\_c_{i,t} + \\
& \gamma_{17} H\_1_{i,t} + \gamma_{18} H\_5_{i,t} + \gamma_{19} Ins_{i,t} + \gamma_{20} E\_com_{i,t} + \\
& \gamma_{21} ESR_{i,t} + \gamma_{22} restatement_{i,t} + \gamma_{23} Edu_{i,t} + \gamma_{24} \varepsilon_{i,t}
\end{aligned}
\tag{5-8}
$$

$$
\begin{aligned}
kroa\_AM_{i,t} = &\ \eta_0 + \eta_1 CSR_{i,t} + \eta_2 kroa\_AM_{i,t-1} + \eta_3 kroa\_AM_{i,t-2} + \\
& \eta_4 Size_{i,t} + \eta_5 TBQ_{i,t} + \eta_6 ROE_{i,t} + \eta_7 Debt_{i,t} + \\
& \eta_8 B\_risk_{i,t} + \eta_9 Growth_{i,t} + \eta_{10} earn_{i,t} + \eta_{11} big\_4_{i,t} + \\
& \eta_{12} Rep_{i,t} + \eta_{13} r\_Indepe_{i,t} + \eta_{14} T\_O_{i,t} + \eta_{15} Aud\_c_{i,t} + \\
& \eta_{16} H\_1_{i,t} + \eta_{17} Ins_{i,t} + \eta_{18} E\_com_{i,t} + \eta_{19} ESR_{i,t} + \\
& \eta_{20} restatement_{i,t} + \eta_{21} \varepsilon_{i,t}
\end{aligned}
\tag{5-9}
$$

$$
\begin{aligned}
kroa\_RM_{i,t} = &\ \lambda_0 + \lambda_1 CSR_{i,t} + \lambda_2 kroa\_RM_{i,t-1} + \lambda_3 kroa\_RM_{i,t-2} + \\
& \lambda_4 Size_{i,t} + \lambda_5 TBQ_{i,t} + \lambda_6 ROE_{i,t} + \lambda_7 Debt_{i,t} + \\
& \lambda_8 B\_risk_{i,t} + \lambda_9 Growth_{i,t} + \lambda_{10} earn_{i,t} + \lambda_{11} big\_4_{i,t} + \\
& \lambda_{12} Rep_{i,t} + \lambda_{13} r\_Indepe_{i,t} + \lambda_{14} T\_O_{i,t} + \lambda_{15} Aud\_c_{i,t} + \\
& \lambda_{16} H\_1_{i,t} + \lambda_{17} Ins_{i,t} + \lambda_{18} E\_com_{i,t} + \lambda_{19} ESR_{i,t} + \\
& \lambda_{20} restatement_{i,t} + \lambda_{21} \varepsilon_{i,t}
\end{aligned}
\tag{5-10}
$$

Wintoki 等（2012）、Blundell 和 Bond（1998）、Nickell（1981）等认为，使用 OLS 方法和静态固定效应或随机效应回归方法计量分析存在因变量滞后项的动态模型，可能存在不同程度的偏倚和非一致性，而使用系统 GMM 估计方法可以有效解决上述问题，得到模型的一致估计量。在本章中，因为模型（5-6）~模型（5-10）中存在因变量的滞后项，所以我们使用系统 GMM 估计方法进行企业履行社会责任对财务公平动态跨期影响的回归分析。

第三节　实证检验与结果分析

一、变量描述性统计

首先对本章回归模型中各个变量进行描述性统计，结果如表 5-6 所示。披露企业社会责任报告的样本公司中，企业社会责任的均值为 38.0655（总分 100），说明样本公司的社会责任履行状况总体不好，有待进一步加强；最大值为 75.45，最小值为 18.6481，中位数为 35.4577，四分之一位数值为 29.9479，四分之三位数值为 43.2275，标准差为 11.7797，说明样本公司在社会责任意识和行为方面存在较大差距，而且社会责任履行状况普遍较差和对社会责任履行状况的评价普遍较低，这与由均值得出的结论相同。去除高管薪酬的劳资公平程度的均值为 0.391，说明样本公司普通员工劳资公平较好，与拉克尔系数黄金法则差距较小，最大值为 1.28，最小值为 0.0056，中位数为 0.337，四分之一位数值为 0.162，四分之三位数值为 0.589，标准差为 0.28，表明各样本公司的普通员工劳资公平程度较小，大部分样本公司劳资公平较好，虽然最大值与最小值差异较大，但是整体差异较小。所有员工劳资公平程度的均值为 0.389，说明样本公司所有员工劳资公平较好，与拉克尔系数黄金法则差距较小，最大值为 1.287，最小值为 0.0065，中位数为 0.333，四分之一位数值为 0.161，四分之三位数值为 0.588，标准差为 0.28，表明各样本公司的所有员工劳资公平程度较小，大部分样本公司劳资公平较好，虽然最大值与最小值差异较大，但是整体差异较小。高管薪酬公平程度的均值为 0.772，说明样本公司高管激励整体适中，高管薪酬公平程度较小，最大值为 10.43，最小值为 0.0148，中位数为 0.74，四分之一位数值为 0.459，四分之三位数值为 0.917，标准差为 0.764，说明约一半样本公司高管激励适中，另一半高管激励存在过度或不足，最大值与最小值差异较大，说明高管激励差异较大，也就是说管理公平整体状况较好，同时也存在较大差异。资本公平中剔除应计盈余管理后扣除非经常性损益的净利润率的均值为 -0.018，股东回报在剔除应计盈余管理和非经常性损益后为负，说明去除应计盈余管理等"噪声"后资本回报整体不理想，这种情况下资本公平状况不好，最大值为 0.208，最小值为-0.366，中位数为-0.0183，四分之一位数值为-0.0628，四分之三位数值为 0.0275，标准差为 0.0829，说明大部分样本公司去除应计盈余管理等"噪声"后资本回报为负，资本公平不佳，差异较大。资本公平中剔除真实盈余管理后扣除非经常性损益的净利润率的均值为 0.0838，股东回报在剔除应计盈余管理和非经常性损益后为正，说明去除真实盈余管理等"噪声"后资本回报整体较好，这种情况下资本公平状况较好，最大值为 0.998，最小值为-1.018，中位数为 0.063，四分之一位数值为-0.0814，四分之三位数值为 0.227，标准差为 0.293，说明大部分样本公司去除真实盈余管理等"噪声"后资本公平较好，但是差异较大。整体来看，财务公平基本状况较好。

公司特征控制变量中，公司规模均值为 22.9165，标准差为 1.3654，最大值为 25.8743，最小值为 19.8215，中位数为 22.8027，四分之一位数值为 21.9117，四分之三位数值为 23.8103，说明样本公司规模都较大，规模大小分布均匀，规模差异较小；公司价值均值为 1.932，标准差为 1.184，最大值为 8.467，最小值为 0.915，中位数为 1.540，四分之一位数值为 1.187，四分之三位数值为 2.213，说明样本公司价值比较集中，公司价值差异较小；公司净盈利水平均值为 9.3679%，标准差为 10.6159，最大值为 35.15%，最小值为-40.03%，中位数为 9.28%，四分之一位数值为 4.035%，四分之三位数值为 14.8621%，说明样本公司净资产报酬率普遍比较低，可能是样本公司的管理者照顾到了重要利益相关者的利益，从而使股东报酬相比最佳标准整体降低，最大值与最小值相差较大，净盈利水平整体差异较大；公司总盈利水平均值为 4.9146%，标准差为 5.42，最大值为 21.2505%，最小值为-13.896%，中位数为 4.1361%，四分之一位数值为 1.7216%，四分之三位数值为 7.5433%，说明样本公司总资产报酬率普遍比较低，只有约四分之三的样本公司能达到标准水平，可能是样本公司的管理者照顾到了重要利益相关者的利益，从而使股东报酬相比最佳标准整体降低，总盈利水平整体差异仍较大；扣除非经常性损益后的净利润率均值为 0.0377，标准差为 0.0514，最大值为 0.192，最小值为-0.137，中位数为 0.0308，四分之一位数值为 0.00933，四分之三位数值为 0.0631，说明样本公司扣除非经常性损益后的净利润率普遍比较低，但与总盈利水平对比说明样本公司非经常性损益较低，这可能是由企业履行社会责任并考虑利益相关者利益带来的，总体差异较大；财务风险均值为49.5441%，标准差为19.9737，最大值为87.6405%，最小值为4.7135%，中位数为51.0698%，四分之一位数值为34.8228%，四分之三位数值为65.056%，说明样本公司资产负债率均值比较合适，大部分样本公司财务风险适中，财务风险差异中等；经营风险均值为0.7147，标准差为0.4907，最大值为2.6915，最小值为0.0741，中位数为0.6046，四分之一位数值为0.3701，四分之三位数值为0.9087，说明样本公司资产周转率整体较低，经营风险较大，经营风险差异一般；成长性均值为12.393%，标准差为27.0937，最大值为142.008%，最小值为-51.9261%，中位数为9.6789%，四分之一位数值为-3.0616%，四分之三位数值为23.6741%，说明样本公司营业收入增长率整体较高，具有较好的成长性，但是成长性差异较大，还有约四分之一的公司营业收入负增长；盈亏状况均值为0.1401，标准差为0.3472，最大值为1，最小值为0，中位数为0，四分之一位数值为0，四分之三位数值为0，说明披露企业社会责任报告的公司中，86%的公司扣除非经常性损益后的净利润还是正的，总体盈亏状况较好；审计成本均值为0.1532，标准差为0.3602，最大值为1，最小值为0，中位数为0，四分之一位数值为0，四分之三位数值为0，说明披露企业社会责任报告的公司中，15.31%的公司聘请了国际四大会计师事务所审计，审计成本整体较小，对会计师事务所的选择差异较大；审计意见均值为0.9905，标准差为0.0972，最大值为1，最小值为0，中位数为1，四分之一位数值为1，四分之三位数值为1，说明披露企业社会责任报告的公司中，99.05%的公司的年度报告都被出具了标准审计意见，整体差异很小；财务资源变量均值为0.0516，标准差为0.0698，最大值为0.242，最小值为-0.173，中位数为0.0502，四分之一位数值为0.0112，四分之三位数值为0.0920，说明披露企业社会责任报告的公司中，经营性现金流量在总资产中所占的比重还是比较大的，大部分样本公司都有正现金流，整体差异较小。

股权与治理控制变量中，控制人类型变量均值为0.6371，标准差为0.4809，最大值为1，最小值为0，中位数为1，四分之一位数值为0，四分之三位数值为1，说明披露企业社会责任报告的公司中63.71%为国有控股；独董比例变量均值为37.3118%，标准差为5.602，最大值为57.1429%，最小值为30.7692%，中位数为35.7143%，四分之一位数值为33.3333%，四分之三位数值为40%，说明样本公司独立董事的比例比

《关于在上市公司建立独立董事制度的指导意见》规定的要高，独立董事整体设置合理；董事长和总经理是否两职合一变量均值为 0.1573，标准差为 0.3641，最大值为 1，最小值为 0，中位数为 0，四分之一位数值为 0，四分之三位数值为 0，说明披露企业社会责任报告的公司中，15.73%的公司董事长和总经理由同一人担任，整体差异较大；是否设置审计委员会变量均值为 0.9318，标准差为 0.252，最大值为 1，最小值为 0，中位数为 1，四分之一位数值为 1，四分之三位数值为 1，说明披露企业社会责任报告的公司中，93.18%的公司都设置了审计委员会，内部审计和内部控制机构较健全；第一大股东持股比例变量均值为 38.6315%，标准差为 16.0916，最大值为 75.1%，最小值为 8.93%，中位数为 38.615%，四分之一位数值为 25.11%，四分之三位数值为 50.63%，说明披露企业社会责任报告的公司第一大股东持股比例普遍较高，股权比较集中，可能这就是推进履行社会责任和披露社会责任报告的原因之一，但是差异较大；前五大股东持股比例之和变量均值为 54.79%，标准差为 16.7061，最大值为 88.12%，最小值为 18.4%，中位数为 55.005%，四分之一位数值为 43.14%，四分之三位数值为 66.44%，再次说明披露企业社会责任报告的公司股权比较集中；机构持股比例变量均值为 49.212%，标准差为 22.5427，最大值为 88.2964%，最小值为 0.0985%，中位数为 51.5392%，四分之一位数值为 32.6612%，四分之三位数值为 66.4425%，说明披露企业社会责任报告的公司整体机构持股比例还是较大的；前三名高管薪酬变量均值为 14.3818，标准差为 0.6827，最大值为 15.9542，最小值为 12.4111，中位数为 14.3781，四分之一位数值为 13.9333，四分之三位数值为 14.7871，说明披露企业社会责任报告的公司前三名高管薪酬普遍较高，差异很小；高管持股比例变量均值为 2.7267%，标准差为 8.8898，最大值为 60.2094%，最小值为 0，中位数为 0.0021%，四分之一位数值为 0，四分之三位数值为 0.1285%，说明披露企业社会责任报告的公司高管持股比例较低，有约一半的公司高管没有持股，差异较大；财务重述变量均值为 0.0592，标准差为 0.236，最大值为 1，最小值为 0，中位数为 0，四分之一位数值为 0，四分之三位数值为 0，说明披露企业社会责任报告的公司中，5.92%的公司存在财务重述，这一比例较低，可能是企业履行社会责任并披露社会责任报告的原因；高管教育水平变量均值为 3.521，标准差为 0.469，最大值为 4.4，最小值为 2，中位数为 3.556，四分之一位数值为 3.25，四分之三位数值为 3.857，说明披露企业社会责任报告的公司中，高管都受过高等教育，整体学历水平略高于本科毕业，博士高管很少，整体差异不大。

表 5-6　变量的描述统计量

变量	样本数	均值	标准差	最小值	25%位	中位数	75%位	最大值
MLFC	3508	0.391	0.28	0.0056	0.162	0.337	0.589	1.28
LFC	3508	0.389	0.28	0.0065	0.161	0.333	0.588	1.287
ECF	3668	0.772	0.764	0.0148	0.459	0.74	0.917	10.43
kroa_AM	3668	−0.018	0.0829	−0.366	−0.0628	−0.0183	0.0275	0.208
kroa_RM	3668	0.0838	0.293	−1.018	−0.0814	0.063	0.227	0.998
CSR	3668	38.0655	11.7797	18.6481	29.9479	35.4577	43.2275	75.45
Size	3668	22.9165	1.3654	19.8215	21.9117	22.8027	23.8103	25.8743
TBQ	3668	1.932	1.184	0.915	1.187	1.540	2.213	8.467
ROE（%）	3668	9.3679	10.6159	−40.03	4.035	9.28	14.8621	35.15
ROA（%）	3668	4.9146	5.42	−13.896	1.7216	4.1361	7.5433	21.2505
kroa	3668	0.0377	0.0514	−0.137	0.00933	0.0308	0.0631	0.192
Debt（%）	3668	49.5441	19.9737	4.7135	34.8228	51.0698	65.056	87.6405
B_risk	3668	0.7147	0.4907	0.0741	0.3701	0.6046	0.9087	2.6915
Growth（%）	3668	12.393	27.0937	−51.9261	−3.0616	9.6789	23.6741	142.008
earn	3668	0.1401	0.3472	0	0	0	0	1
big_4	3668	0.1532	0.3602	0	0	0	0	1
Rep	3668	0.9905	0.0972	0	1	1	1	1
F_resources	3668	0.0516	0.0698	−0.173	0.0112	0.0502	0.0920	0.242
controller	3668	0.6371	0.4809	0	0	1	1	1
r_Indepe（%）	3668	37.3118	5.602	30.7692	33.3333	35.7143	40	57.1429
T_O	3668	0.1573	0.3641	0	0	0	0	1
Aud_c	3668	0.9318	0.252	0	1	1	1	1
H_1（%）	3668	38.6315	16.0916	8.93	25.11	38.615	50.63	75.1
H_5（%）	3668	54.79	16.7061	18.4	43.14	55.005	66.44	88.12
Ins（%）	3668	49.212	22.5427	0.0985	32.6612	51.5392	66.4425	88.2964

变量	样本数	均值	标准差	最小值	25%位	中位数	75%位	最大值
E_com	3668	14.3818	0.6827	12.4111	13.9333	14.3781	14.7871	15.9542
ESR（%）	3668	2.7267	8.8898	0	0	0.0021	0.1285	60.2094
restatement	3668	0.0592	0.236	0	0	0	0	1
Edu	1934	3.521	0.469	2	3.25	3.556	3.857	4.4

二、单变量相关性检验

表 5-7 报告了样本公司变量间的 Pearson 相关性检验结果。从表 5-7 中可以看出，当期企业社会责任与去除高管薪酬的劳资公平程度相关性不显著，与所有员工劳资公平程度相关性也不显著，说明当期企业社会责任对劳资公平程度的影响不显著或是相关性较弱，但可能存在滞后性，后文多变量回归继续研究滞后性。控制变量中，公司规模、盈亏状况、审计成本、机构持股比例与去除高管薪酬的劳资公平程度和所有员工劳资公平程度在 1% 的显著性水平上正相关，财务风险与所有员工劳资公平程度在 5% 的显著性水平上正相关；总盈利水平、扣除非经常性损益后的净利润率、经营风险、财务资源、高管持股比例与去除高管薪酬的劳资公平程度和所有员工劳资公平程度在 1% 的显著性水平上负相关，董事长和总经理是否两职合一变量与所有员工劳资公平程度在 5% 的显著性水平上负相关，财务重述与所有员工劳资公平程度在 10% 的显著性水平上负相关；公司价值、成长性、独董比例、控制人类型、是否设置审计委员会、审计意见、第一大股东持股比例、前三名高管薪酬、前五大股东持股比例之和与去除高管薪酬的劳资公平程度和所有员工劳资公平程度不相关。也就是说，公司规模大的、亏损的、聘请"四大"会计师事务所审计的、机构持股比例高的、资产负债率高的样本公司劳资公平状况较差；总盈利水平高的、扣除非经常性损益后的净利润率高的、经营风险小的、财务资源充足的、高管持股比例高的、董事长和总经理两职合一的、存在财务重述的样本公司劳资公平状况较好。

表 5-7　变量间的 Pearson 相关性分析

变量	MLFC	LFC	ECF	krou_AM	krou_RM	CSR	Size	TBQ	ROE	ROA	krou	Debt	B_risk	Growth	earn	big_4	Rep	F_resources	controller	r_Indepe	T_O	Aud_c	H_1	H_5	Ins	E_com	ESR	restatement	Edu
MLFC																													
LFC	0.999***	1																											
ECF	0.01	-0.0003	1																										
krou_AM	-0.03*	-0.032*	-0.046***	1																									
krou_RM	-0.06***	-0.062***	-0.11***	0.62***	1																								
CSR	0.009	0.013	-0.018	0.096***	0.141***	1																							
Size	0.103***	0.105***	-0.027	0.083***	0.087***	0.427***	1																						
TBQ	-0.009	-0.011	0.088***	0.146***	0.23***	-0.12***	-0.441***	1																					
ROE	-0.055***	-0.068***	-0.027	0.296***	0.47***	0.029*	0.092***	0.184***	1																				
ROA	-0.063***	-0.075***	0.003	0.355***	0.596***	-0.0005	-0.089***	0.341***	0.861***	1																			
krou	-0.064***	-0.076***	-0.013	0.418***	0.6***	0.006	-0.076***	0.321***	0.818***	0.947***	1																		
Debt	0.035**	0.037**	-0.111***	-0.141***	-0.262***	0.099***	0.527***	-0.408***	0.138***	-0.45***	-0.443***	1																	
B_risk	-0.218***	-0.214***	-0.039**	0.147***	-0.003	0.071***	0.036**	0.018	0.183***	0.156***	0.157***	0.083***	1																
Growth	0.012	0.008	-0.077***	0.04**	0.095***	-0.036**	-0.001	0.085***	0.355***	0.299***	0.311***	0.18***	0.126***	1															
earn	0.153***	0.162***	0.043**	-0.215***	-0.265***	-0.034**	-0.033**	-0.059***	-0.584***	-0.524***	-0.579***	-0.072***	-0.072***	-0.246***	1														
big_4	0.048***	0.048***	0.015	0.138***	0.128***	0.329***	0.45***	-0.153***	0.1***	0.053***	0.055***	0.114***	0.079***	-0.013	-0.071***	1													
Rep	-0.001	-0.001	-0.009	0.031*	0.051***	0.006	-0.004	0.008	0.159***	0.139***	0.131***	-0.084***	0.055***	0.067***	-0.138***	0.026	1												
F_resources	0.01	0.013	-0.011	0.849***	0.646***	0.071***	-0.007	0.182***	0.319***	0.431***	0.434***	-0.234***	0.126***	0.049***	-0.192***	0.118***	0.056***	1											
controller	-0.058***	-0.058***	-0.058***	-0.005	-0.054***	0.126***	0.317***	-0.167***	-0.117***	-0.173***	-0.172***	0.230***	0.03*	-0.077***	0.066***	0.081***	-0.022	0.002	1										
r_Indepe	0.01	0.013	0.013	-0.002	0.007	0.042**	0.093***	0.027	-0.0004	-0.015	-0.009	0.042**	-0.02	0.018	-0.04	0.181***	-0.035*	-0.039**	-0.01	1									
T_O	-0.013	-0.036*	0.006	0.004	0.079***	-0.05***	-0.135***	0.118***	0.049***	0.094***	0.093***	-0.129***	-0.039**	0.051***	-0.014	-0.013	0.012	-0.009	-0.250***	0.1***	1								
Aud_c	-0.012	-0.012	-0.028*	0.027	0.004	-0.034*	-0.01	0.013	0.045**	0.046**	0.047***	0.002	0.047**	0.069***	-0.050***	0.013	0.018	0.031*	-0.008	-0.007	-0.026	1							
H_1	0.023	0.026	-0.033*	0.076***	0.056***	0.156***	0.283***	-0.125***	0.028*	0.026	0.054***	0.055***	0.071***	-0.063***	-0.058***	0.185***	0.026	0.076***	0.298***	0.071***	-0.114***	-0.015	1						
H_5	0.028	0.027	0.005	0.103***	0.108***	0.256***	0.301***	-0.126***	0.091***	0.101***	0.14***	0.007	0.073***	-0.015	-0.107***	0.308***	0.028*	0.118***	0.168***	0.063***	-0.06***	-0.008	0.73***	1					
Ins	0.044***	0.044***	0.044**	0.174***	0.22***	0.222***	0.348***	0.044***	0.167***	0.12***	0.137***	0.165***	0.092***	-0.018	-0.084***	0.215***	0.028*	0.153***	0.275***	0.045**	-0.128***	-0.024	0.429***	0.452***	1				
E_com	0.02	0.016	-0.007	0.177***	0.271***	0.294***	0.425***	-0.048***	0.348***	0.244***	0.227***	0.114***	0.131***	0.07***	-0.188***	0.277***	0.066***	0.153***	-0.023	0.052*	0.057*	-0.031*	-0.032*	0.062***	0.201***	1			
ESR	-0.056***	-0.058***	-0.016	-0.041**	-0.014	-0.035*	-0.265***	0.124***	0.06***	0.143***	0.154***	-0.241***	-0.049***	0.14***	-0.056***	-0.111***	0.012	0.066***	-0.389***	0.045**	0.393***	0.001	-0.104***	0.034**	-0.296***	-0.084***	1		
restatement	-0.029*	-0.028*	0.043**	-0.01	-0.014	-0.035*	-0.04**	-0.027*	-0.039**	-0.033**	-0.027	0.019	-0.005	-0.003	0.065***	-0.036**	-0.059***	-0.015	-0.013	-0.019	0.025	0.017	-0.026	-0.031*	-0.027	-0.034*	0.047**	1	
Edu	0.063***	0.062***	0.059***	0.063***	0.092***	0.278***	0.419***	-0.079***	0.044**	-0.032**	-0.034**	0.208***	0.053***	-0.02	-0.003	0.252***	-0.007	-0.004	0.286***	0.035	-0.044**	0.001	0.106***	0.075***	0.197***	0.361***	-0.177***	-0.073***	1

注：*表示在 0.1 的水平上显著，**表示在 0.05 的水平上显著，***表示在 0.01 的水平上显著。

从表5-7中可以看出，当期企业社会责任与高管薪酬公平程度相关性不显著，说明当期企业社会责任对管理公平程度的影响不显著或相关性较弱，但可能存在滞后性，后文多变量回归继续研究滞后性。控制变量中，公司价值、盈亏状况、高管持股比例、高管教育水平与高管薪酬公平程度在1%的显著性水平上正相关；财务风险、经营风险、成长性、控制人类型、机构持股比例与高管薪酬公平程度在1%的显著性水平上负相关，第一大股东持股比例与高管薪酬公平程度在5%的显著性水平上负相关，是否设置审计委员会与高管薪酬公平程度在10%的显著性水平上负相关；公司规模、净盈利水平、审计成本、审计意见、董事长和总经理是否两职合一、独董比例、第一大股东持股比例、前三名高管薪酬、前五大股东持股比例之和、财务重述与高管薪酬公平程度不相关。也就是说，公司价值大的、亏损的、高管持股比例高的、高管教育水平高的样本公司，管理公平状况较差，符合前文描述性统计结果，存在高管激励过度现象；资产负债率高的、经营风险小的、成长性高的、国有控股的、机构持股比例高的、第一大股东持股比例高的、设置审计委员会的样本公司，管理公平状况较好。

从表5-7中可以看出，当期企业社会责任与剔除应计盈余管理后扣除非经常性损益的净利润率在1%的显著性水平上正相关，与剔除真实盈余管理后扣除非经常性损益的净利润率在1%的显著性水平上正相关，说明样本公司履行企业社会责任越好，资本公平状况越好，初步支持假设5.1C。控制变量中，公司规模、公司价值、净盈利水平、经营风险、成长性、审计成本、审计意见、董事长和总经理是否两职合一、第一大股东持股比例、机构持股比例、前三名高管薪酬与剔除应计盈余管理后扣除非经常性损益的净利润率在1%的显著性水平上正相关，成长性与剔除应计盈余管理后扣除非经常性损益的净利润率在5%的显著性水平上正相关，审计意见与剔除应计盈余管理后扣除非经常性损益的净利润率在10%的显著性水平上正相关；财务风险、盈亏状况与剔除应计盈余管理后扣除非经常性损益的净利润率在1%的显著性水平上负相关，高管持股比例与剔除应计盈余管理后扣除非经常性损益的净利润率在5%的显著性水平上负相关；独董比例、是否设置审计委员会、董事长和总经理是否两职合一、财务重述与剔除应计盈余管理后扣除非经常性损益的净利润率不相关。公司规模、公司价值、净盈利水平、成长性、审计成本、审计意见、董事长和总经理是否两职合一、第一大股东持股比例、机构持股比例、前三名高管薪酬与剔除真实盈余管理后扣除非经常性损益的净利润率在1%的显著性水平上正相关，财务风险、盈亏状况与剔除真实盈余管理后扣除非经常性损益的净利润率在1%的显著性水平上负相关，经营风险、独董比例、是否设置审计委员会、高管持股比例、财务重述与剔除真实盈余管理后扣除非经常性损益的净利润率不相关。综上所述，企业社会责任都与剔除"噪声"的资本公平显著正相关，说明企业履行社会责任越好，其资本公平水平越高，各控制变量对资本公平的影响符合实际。

三、企业履行社会责任对劳资公平回归结果分析

我们在模型（5-6）和模型（5-7）中分别以当期企业社会责任 CSR、滞后一期企业社会责任 CSR_{t-1}、滞后两期企业社会责任 CSR_{t-2} 作为自变量，以去除高管薪酬的劳资公平程度 MLFC 和所有员工劳资公平程度 LFC 作为因变量进行回归分析，检验企业履行社会责任对劳资公平的动态跨期影响。

如表5-8所示，企业履行社会责任影响去除高管薪酬的劳资公平程度的回归中，滞后一期企业社会责任的估计系数在10%的水平上显著为负，当期和滞后两期企业社会责任的估计系数不显著，说明滞后一期的企业社会责任履行越好，当期去除高管薪酬的劳资公平程度越小，也就是说企业社会责任履行越好，后期的普通员工劳资公平状况就越好。滞后一期企业社会责任对当期普通员工劳资公平起到促进作用，研究结论支持了假设5.1A。同时研究也说明，企业社会责任意识的增强使企业在财务分配过程中充分考虑了普通员工的劳资公平，从而尽可能排除利润侵蚀普通员工工资或普通员工工资侵蚀利润的情况，满足公司普通员工利益相关方的基本利益，而不是改变"蛋糕"分配游戏规则，支持了企业社会责任理论和利益相关者理论。从控制变量的回归结果可以看出：只有财务重述与去除高管薪酬的劳资公平程度在5%的显著性水平上负相关，其他控制变量均不显著，说明存在财务重述的样本公司普通员工劳资公平状况较好。

表 5-8 企业履行社会责任影响去除高管薪酬的劳资公平程度的回归结果

因变量	MLFC		
	系统 GMM	系统 GMM	系统 GMM
CSR	0.00242		
	(0.98)		
CSR_{t-1}		−0.00321*	
		(−1.65)	
CSR_{t-2}			−0.00025
			(−0.13)
Size	−0.0325	−0.0128	−0.0508
	(−0.73)	(−0.28)	(−0.95)
TBQ	−0.0157	0.0045	−0.0013
	(−0.47)	(0.13)	(−0.05)
ROA	0.0067	0.0182	0.0064
	(0.37)	(0.94)	(0.32)
kroa	−1.622	−3.593	−2.744
	(−0.60)	(−1.23)	(−0.92)
Debt	−0.0003	−0.0012	−0.0007
	(−0.17)	(−0.72)	(−0.43)
B_risk	−0.0591	−0.0525	−0.112
	(−0.74)	(−0.66)	(−1.62)
Growth	0.0003	0.0005	0.0009*
	(0.48)	(0.83)	(1.69)
earn	0.0741	0.0546	0.0627
	(1.24)	(0.87)	(1.00)
big_4	−0.034	0.0161	−0.0888
	(−0.42)	(0.18)	(−1.17)
Rep	−0.178	−0.204	−0.2
	(−1.48)	(−1.61)	(−1.35)
F_resources	−0.181	−0.271	−0.0154
	(−0.88)	(−1.22)	(−0.08)
controller	−0.113	−0.114	0.0602
	(−0.76)	(−0.72)	(0.45)

续表

因变量	MLFC		
	系统 GMM	系统 GMM	系统 GMM
r_Indepe	−0.0005	−0.0015	−0.0026
	(−0.18)	(−0.61)	(−0.91)
T_O	0.0366	0.0304	0.0509
	(0.76)	(0.71)	(1.29)
Aud_c	0.0087	0.0223	0.0157
	(0.44)	(1.02)	(0.70)
H_1	−0.0022	−0.0011	−0.0023
	(−0.85)	(−0.39)	(−0.88)
H_5	0.0032	0.0029	0.0042
	(0.97)	(0.80)	(1.51)
Ins	0.0009	0.001	0.0004
	(0.86)	(1.03)	(0.44)
E_com	−0.0063	−0.0392	−0.0097
	(−0.05)	(−0.22)	(−0.07)
ESR	−0.0056	0.0009	0.0012
	(−1.35)	(0.12)	(0.14)
restatement	−0.328	−0.508 **	−0.331
	(−1.50)	(−2.37)	(−1.54)
$MLFC_{t-1}$	0.57 ***	0.606 ***	0.643 ***
	(6.32)	(6.85)	(7.43)
$MLFC_{t-2}$	0.0857	0.0208	0.0608
	(1.46)	(0.32)	(0.92)
常数项	1.328	0.957	1.225
	(1.33)	(0.92)	(0.98)
AR（1）P 值	0	0	0
AR（2）P 值	0.1078	0.7714	0.9675
sargan P 值	0.8524	0.9866	0.7126
N	1772	1720	1650

注：括号内为 t 统计值；* 表示在 0.1 的水平上显著，** 表示在 0.05 的水平上显著，*** 表示在 0.01 的水平上显著。

如表 5-9 所示，企业履行社会责任影响包括高管在内的所有员工劳资公平程度的回归中，滞后一期企业社会责任的估计系数在 10% 的水平上显著为负，当期和滞后两期企业社会责任的估计系数不显著，说明滞后一期的企业社会责任履行越好，当期所有员工劳资公平程度越小，也就是说企业社会责任履行越好，后期包括高管在内的所有员工劳资公平状况就越好。滞后一期企业社会责任对当期包括高管在内的所有员工劳资公平起到促进作用，研究结论也支持了假设 5.1A。同时研究也说明，企业社会责任意识的增强使企业在财务分配过程中充分考虑了包括高管在内的所有员工的劳资公平，从而尽可能排除利润侵蚀包括高管在内的所有员工工资或包括高管在内的所有员工工资侵蚀利润的情况，满足公司包括高管在内的所有员工利益相关方的基本利益，而不是改变"蛋糕"分配游戏规则，支持了企业社会责任理论和利益相关者理论。从控制变量的回归结果可以看出：只有财务重述与所有员工劳资公平程度在 5% 的显著性水平上负相关，其他控制变量均不显著，说明存在财务重述的样本公司包括高管在内的所有员工劳资公平状况好。企业履行社会责任影响所有员工劳资公平的结论与影响去除高管薪酬的劳资公平的结论是完全一致的。

表 5-9 企业履行社会责任影响所有员工劳资公平程度的回归结果

因变量	LFC		
	系统 GMM	系统 GMM	系统 GMM
CSR	0.00218		
	(0.89)		
CSR_{t-1}		-0.00319^*	
		(-1.65)	
CSR_{t-2}			-0.0004
			(-0.20)
Size	-0.0353	-0.0214	-0.0526
	(-0.81)	(-0.48)	(-1.00)
TBQ	-0.016	0.0029	-0.0019
	(-0.50)	(0.09)	(-0.07)
ROA	0.0042	0.0143	0.0031
	(0.25)	(0.77)	(0.16)

续表

因变量	LFC		
	系统 GMM	系统 GMM	系统 GMM
kroa	−1.442	−3.212	−2.358
	(−0.57)	(−1.16)	(−0.85)
Debt	−0.0003	−0.0012	−0.0007
	(−0.20)	(−0.73)	(−0.41)
B_risk	−0.0602	−0.0568	−0.113*
	(−0.76)	(−0.73)	(−1.64)
Growth	0.0003	0.0005	0.001*
	(0.53)	(0.88)	(1.82)
earn	0.0756	0.0577	0.0659
	(1.31)	(0.95)	(1.11)
big_4	−0.0353	0.0161	−0.0837
	(−0.45)	(0.18)	(−1.14)
Rep	−0.162	−0.193	−0.194
	(−1.36)	(−1.56)	(−1.34)
F_resources	−0.160	−0.265	−0.0143
	(−0.82)	(−1.24)	(−0.08)
controller	−0.103	−0.104	0.0549
	(−0.70)	(−0.67)	(0.42)
r_Indepe	−0.00009	−0.0012	−0.0023
	(−0.04)	(−0.51)	(−0.84)
T_O	0.0354	0.0289	0.0509
	(0.75)	(0.69)	(1.32)
Aud_c	0.0088	0.024	0.017
	(0.45)	(1.10)	(0.78)
H_1	−0.0018	−0.0009	−0.0019
	(−0.73)	(−0.33)	(−0.74)
H_5	0.0029	0.0029	0.0041
	(0.90)	(0.81)	(1.45)
Ins	0.0009	0.001	0.0003
	(0.82)	(0.98)	(0.36)

因变量	LFC		
	系统 GMM	系统 GMM	系统 GMM
E_com	−0.0037	−0.0317	−0.0219
	(−0.03)	(−0.18)	(−0.17)
ESR	−0.0057	−0.0006	0.0003
	(−1.46)	(−0.08)	(0.03)
restatement	−0.318	−0.508 **	−0.314
	(−1.45)	(−2.37)	(−1.47)
LFC_{t-1}	0.555 ***	0.588 ***	0.63 ***
	(6.19)	(6.56)	(7.31)
LFC_{t-2}	0.0877	0.0239	0.0586
	(1.52)	(0.38)	(0.91)
常数项	1.326	1.029	1.202
	(1.35)	(0.98)	(0.97)
AR（1）P 值	0	0	0
AR（2）P 值	0.0881	0.6671	0.9759
sargan P 值	0.7446	0.9734	0.6575
N	1772	1720	1650

注：括号内为 t 统计值；* 表示在 0.1 的水平上显著，** 表示在 0.05 的水平上显著，*** 表示在 0.01 的水平上显著。

四、企业履行社会责任对管理公平回归结果分析

我们在模型（5-8）中分别以当期企业社会责任 CSR、滞后一期企业社会责任 CSR_{t-1}、滞后两期企业社会责任 CSR_{t-2} 作为自变量，以高管薪酬公平程度 ECF 作为因变量进行回归分析，检验企业履行社会责任对管理公平的动态跨期影响。

如表 5-10 所示，企业履行社会责任影响高管薪酬公平程度的回归中，滞后一期企业社会责任的估计系数在 5% 的水平上显著为负，当期和滞后两期企业社会责任的估计系数不显著，说明滞后一期的企业社会责任履行越好，当期高管薪酬公平程度越小，也就是说企业社会责任履行越好，后期的管理公平状况就越好。滞后一期企业社会责任对管理公平起到促进作

用，研究结论支持了假设 5.1B。同时研究也说明，企业社会责任意识的增强使企业在财务分配过程中充分考虑了高管的财务公平，从而尽可能排除激励不足或过度激励的情况，满足公司高管利益相关方的基本利益，而不是改变"蛋糕"分配游戏规则，支持了企业社会责任理论和利益相关者理论。从控制变量的回归结果可以看出：所有控制变量均不显著，说明在10%的显著性水平以内控制变量对管理公平影响不敏感，这可能是因为企业社会责任潜在影响管理公平。企业社会责任对管理公平的影响比对劳资公平的影响更显著，可能是因为目前我国劳资公平整体情况还不是很好，劳资公平保护制度还不是很完善，企业对管理公平的重视程度大于劳资公平。

表 5-10　企业履行社会责任影响高管薪酬公平程度的回归结果

因变量	ECF		
	系统 GMM	系统 GMM	系统 GMM
CSR	0.00328		
	(0.62)		
CSR_{t-1}		−0.00852 **	
		(−2.19)	
CSR_{t-2}			−0.00127
			(−0.35)
Size	0.0209	0.101	0.157
	(0.20)	(1.07)	(1.28)
TBQ	0.0604	0.0679	0.112 *
	(0.92)	(1.03)	(1.65)
ROE	−0.0015	−0.0027	−0.0021
	(−0.47)	(−0.87)	(−0.64)
Debt	−0.0024	−0.0041	−0.0067
	(−0.58)	(−1.19)	(−1.27)
B_risk	0.153	0.123	0.151
	(0.75)	(0.75)	(1.00)
Growth	0.0001	0.0001	−0.00002
	(0.09)	(0.16)	(−0.02)

因变量	ECF		
	系统 GMM	系统 GMM	系统 GMM
earn	−0.0035	0.0015	−0.0481
	(−0.05)	(0.02)	(−0.73)
big_4	0.0703	0.169	−0.0036
	(0.25)	(0.83)	(−0.02)
Rep	−0.0329	−0.0547	0.0137
	(−0.25)	(−0.39)	(0.08)
controller	0.218	−0.0355	0.0016
	(0.62)	(−0.10)	(0.01)
r_Indepew	0.0048	0.0055	0.0002
	(0.75)	(0.86)	(0.03)
T_O	−0.109	−0.0788	−0.0861
	(−1.36)	(−0.81)	(−0.78)
Aud_c	0.0302	0.0295	0.0404
	(0.48)	(0.54)	(0.67)
H_1	−0.0021	0.0008	−0.0045
	(−0.47)	(0.14)	(−0.50)
H_5	0.003	0.0009	−0.0032
	(0.31)	(0.11)	(−0.41)
Ins	−0.0044	−0.0055	0.0043
	(−0.57)	(−0.74)	(0.50)
E_com	0.436	0.405	0.0868
	(1.21)	(1.24)	(0.27)
ESR	−0.0004	−0.003	0.00007
	(−0.08)	(−0.50)	(0.01)
restatement	0.0371	0.0071	0.007
	(0.61)	(0.13)	(0.11)
Edu	−0.563	−0.347	−0.370
	(−0.90)	(−0.52)	(−0.81)
ECF_{t-1}	0.352 ***	0.397 ***	0.838 ***
	(2.96)	(3.58)	(5.46)

因变量	ECF		
	系统 GMM	系统 GMM	系统 GMM
ECF_{t-2}	0.161**	0.181***	0.0873
	(1.97)	(2.64)	(0.69)
常数项	−0.314	−1.120	−0.941
	(−0.14)	(−0.59)	(−0.31)
AR (1) P 值	0.0016	0.0005	0.0016
AR (2) P 值	0.123	0.2521	0.1189
sargan P 值	0.6718	0.4929	0.1086
N	1219	1185	1135

注：括号内为 t 统计值；* 表示在 0.1 的水平上显著，** 表示在 0.05 的水平上显著，*** 表示在 0.01 的水平上显著。

五、企业履行社会责任对资本公平回归结果分析

我们在模型（5-9）和模型（5-10）中分别以当期企业社会责任 CSR、滞后一期企业社会责任 CSR_{t-1}、滞后两期企业社会责任 CSR_{t-2} 作为自变量，以剔除应计盈余管理后扣除非经常性损益的净利润率 kroa_AM 和剔除真实盈余管理后扣除非经常性损益的净利润率 kroa_RM 作为因变量进行回归分析，检验企业履行社会责任对资本公平的动态跨期影响。

如表 5-11 所示，企业履行社会责任影响剔除应计盈余管理后扣除非经常性损益的净利润率的回归中，滞后两期企业社会责任的估计系数在 5% 的水平上显著为正，当期和滞后一期企业社会责任的估计系数不显著，说明滞后两期的企业社会责任履行越好，当期剔除应计盈余管理后扣除非经常性损益的净利润率越大，也就是说企业社会责任履行越好，后期剔除应计盈余管理后扣除非经常性损益的净利润率就越大。滞后两期的企业社会责任对当期资本公平起到促进作用，研究结论支持了假设 5.1C。同时研究也说明，企业社会责任意识的增强使企业经营过程中剔除包含应计盈余管理等"噪声"后的净利润率显著提高，从而在排除干扰后实实在在地增大了企业净利润，使股东投资真正得到的回报增大，使股东利益相关方分配到更多的增值额，而不是单纯地改变"蛋糕"分配游戏规则，支持了企

业社会责任理论和利益相关者理论。

表 5-11 企业履行社会责任影响剔除应计盈余管理后
扣除非经常性损益的净利润率的回归结果

因变量	kroa_AM		
	系统 GMM	系统 GMM	系统 GMM
CSR	−0.00003		
	(−0.06)		
CSR_{t-1}		0.00069	
		(1.37)	
CSR_{t-2}			0.0011 **
			(2.09)
Size	−0.001	−0.0006	−0.0036
	(−0.08)	(−0.06)	(−0.27)
TBQ	0.0099	0.0145 **	0.008
	(1.57)	(2.35)	(1.17)
ROE	−0.0009 **	−0.0007	−0.0007
	(−2.02)	(−1.64)	(−1.51)
Debt	−0.0003	−0.0002	−0.0001
	(−0.70)	(−0.48)	(−0.29)
B_risk	−0.0188	0.0087	0.0046
	(−0.81)	(0.47)	(0.19)
Growth	0.0005 ***	0.0005 ***	0.0005 ***
	(3.80)	(4.26)	(4.28)
earn	−0.0115	−0.0156 *	−0.0189 *
	(−1.26)	(−1.67)	(−1.88)
big_4	0.035 *	0.0379 *	0.023
	(1.70)	(1.79)	(0.99)
Rep	−0.0098	−0.0147	−0.0271
	(−0.58)	(−0.79)	(−1.29)
r_Indepe	0.0003	0.0002	0.0004
	(0.51)	(0.26)	(0.73)

因变量	kroa_AM		
	系统 GMM	系统 GMM	系统 GMM
T_O	−0.0034	−0.0021	0.004
	(−0.27)	(−0.19)	(0.33)
Aud_c	0.0029	0.0039	0.0023
	(0.50)	(0.67)	(0.39)
H_1	−0.0008	−0.0005	−0.00003
	(−1.32)	(−0.98)	(−0.04)
Ins	0.00006	0.00004	0.00001
	(0.29)	(0.19)	(0.04)
E_com	0.0623	0.0136	0.0546
	(1.45)	(0.33)	(1.25)
ESR	0.0045	0.002	−0.0044
	(1.43)	(0.50)	(−0.84)
restatement	−0.001	−0.0022	0.002
	(−0.12)	(−0.28)	(0.25)
$kroa\_AM_{t-1}$	0.139***	0.187***	0.180***
	(2.83)	(3.76)	(3.58)
$kroa\_AM_{t-2}$	−0.0123	0.0044	−0.0032
	(−0.33)	(0.12)	(−0.08)
常数项	−0.872***	−0.557*	−0.846**
	(−2.73)	(−1.92)	(−2.53)
AR（1）P 值	0	0	0
AR（2）P 值	0.4251	0.9039	0.9978
sargan P 值	0.6322	0.3284	0.4077
N	2541	2452	2348

注：括号内为 t 统计值；* 表示在 0.1 的水平上显著，** 表示在 0.05 的水平上显著，*** 表示在 0.01 的水平上显著。

从控制变量的回归结果可以看出：成长性对剔除应计盈余管理后扣除非经常性损益的净利润率的影响在 1% 的水平上显著为正；盈亏状况对剔除应计盈余管理后扣除非经常性损益的净利润率的影响在 10% 的水平上显

著为负；公司规模、公司价值、净盈利水平、财务风险、经营风险、审计成本、审计意见、独董比例、董事长和总经理是否两职合一、是否设置审计委员会、第一大股东持股比例、机构持股比例、前三名高管薪酬、高管持股比例、财务重述对剔除应计盈余管理后扣除非经常性损益的净利润率的影响不显著。也就是说，成长性越好的样本公司，剔除应计盈余管理后扣除非经常性损益的净利润率就越大；亏损的样本公司，剔除应计盈余管理后扣除非经常性损益的净利润率就越小。

如表 5-12 所示，企业履行社会责任影响剔除真实盈余管理后扣除非经常性损益的净利润率的回归中，系统 GMM 模型下滞后两期企业社会责任的估计系数在 10% 的水平上显著为正，当期和滞后一期企业社会责任的估计系数不显著，说明滞后两期的企业社会责任履行越好，当期剔除真实盈余管理后扣除非经常性损益的净利润率越大，也就是说企业社会责任履行越好，后期剔除真实盈余管理后扣除非经常性损益的净利润率就越大。滞后两期的企业社会责任对后期资本公平起到促进作用，研究结论也支持了假设 5.1C。同时研究也说明，企业社会责任意识的增强使企业经营过程中剔除包含真实盈余管理等"噪声"后的净利润率显著提高，从而在排除干扰后实实在在地增大了企业净利润，使股东投资真正得到的回报增大，使股东利益相关方分配到更多的增值额，而不是单纯地改变"蛋糕"分配游戏规则，支持了企业社会责任理论和利益相关者理论。

表 5-12　企业履行社会责任影响剔除真实盈余管理后扣除非经常性损益的净利润率的回归结果

因变量	kroa_RM		
	系统 GMM	系统 GMM	系统 GMM
CSR	−0.00105		
	(−0.76)		
CSR_{t-1}		0.00094	
		(0.91)	
CSR_{t-2}			0.00208*
			(1.96)
Size	0.0017	−0.0068	−0.019
	(0.06)	(−0.25)	(−0.61)

因变量	kroa_RM		
	系统 GMM	系统 GMM	系统 GMM
TBQ	0.0119	0.0099	-0.0018
	(0.82)	(0.76)	(-0.10)
ROE	0.0042 ***	0.0038 ***	0.0034 ***
	(4.08)	(4.30)	(4.00)
Debt	-0.0001	-0.0002	-0.0003
	(-0.10)	(-0.21)	(-0.27)
B_risk	-0.0567	-0.0305	-0.0939
	(-0.91)	(-0.44)	(-1.53)
Growth	0.0013 ***	0.0015 ***	0.0018 ***
	(4.52)	(5.48)	(6.02)
earn	0.002	-0.0015	-0.0025
	(0.11)	(-0.08)	(-0.11)
big_4	-0.0133	-0.0044	0.0005
	(-0.25)	(-0.09)	(0.01)
Rep	0.0296	0.00637	0.0322
	(0.70)	(0.16)	(0.75)
r_Indepe	0.0004	0.0005	0.0014
	(0.31)	(0.43)	(1.13)
T_O	0.0220	0.0172	0.0143
	(0.66)	(0.66)	(0.51)
Aud_c	-0.0039	-0.0066	-0.0136
	(-0.33)	(-0.59)	(-1.19)
H_1	0.0023	0.0029 *	0.0036 *
	(1.13)	(1.65)	(1.71)
Ins	0.0007	0.0007	0.0005
	(1.39)	(1.49)	(0.96)
E_com	0.113	0.145	0.129
	(0.97)	(1.46)	(1.17)
ESR	0.0138 *	0.0123 *	0.0242
	(1.82)	(1.72)	(1.28)

续表

因变量	kroa_RM		
	系统 GMM	系统 GMM	系统 GMM
restatement	0.00695	−0.0018	0.0037
	(0.41)	(−0.10)	(0.24)
$kroa\_RM_{t-1}$	0.277 ***	0.375 ***	0.360 ***
	(3.66)	(5.06)	(3.62)
$kroa\_RM_{t-2}$	0.0514	0.0738 *	0.0867 **
	(1.36)	(1.74)	(2.00)
常数项	−3.239 ***	−2.782 ***	−2.753 **
	(−3.07)	(−2.70)	(−2.36)
AR (1) P 值	0	0	0
AR (2) P 值	0.8561	0.3755	0.7101
sargan P 值	0.1543	0.0677	0.1022
N	2541	2452	2348

注：括号内为 t 统计值；＊表示在 0.1 的水平上显著，＊＊表示在 0.05 的水平上显著，＊＊＊表示在 0.01 的水平上显著。

从控制变量的回归结果可以看出：净盈利水平、成长性对剔除真实盈余管理后扣除非经常性损益的净利润率的影响在 1% 的水平上显著为正，第一大股东持股比例在 10% 的水平上显著为正；公司规模、公司价值、财务风险、经营风险、审计成本、审计意见、盈亏状况、独董比例、董事长和总经理是否两职合一、是否设置审计委员会、第一大股东持股比例、机构持股比例、前三名高管薪酬、高管持股比例、财务重述对剔除真实盈余管理后扣除非经常性损益的净利润率的影响不显著。也就是说，净资产报酬率越高的、成长性越好的、第一大股东持股比例越大的样本公司，剔除真实盈余管理后扣除非经常性损益的净利润率越大。

综上所述，滞后两期的企业社会责任不管是与剔除应计盈余管理后扣除非经常性损益的净利润率还是与剔除真实盈余管理后扣除非经常性损益的净利润率都是显著正相关，表明滞后两期的企业社会责任履行越好，资本公平状况越好，作为股东的企业利益相关者的需求得到满足，投资回报公平，也就是说，企业社会责任的积极履行使后期资本公平得到实现。

六、稳健性检验

依照计量经济学所述，内生性问题会影响研究结论的稳健性，它产生的原因主要是变量衡量误差和遗漏重要变量，这会导致模型中的解释变量与随机扰动项相关。上文的研究通过面板数据系统 GMM 方法已经解决了遗漏重要变量和缺少工具变量导致的内生性问题，因此，通过稳健性检验我们主要考察企业社会责任和财务公平衡量的可靠性。综上所述，本书利用变量替换方法进行了稳健性检验，以增加结论的有效性。在稳健性检验中主要替换财务公平变量取值和企业社会责任变量取值。

1. 企业履行社会责任影响劳资公平稳健性检验

考虑到目前国内没有形成普遍一致的企业社会责任衡量方法，本章通过企业社会责任变量替换进行稳健性检验，减小不同衡量方法的差异对研究结论的影响。2008 年上海证券交易所发布了《关于加强上市公司社会责任承担工作的通知》，其中首次出现了反映企业履行社会责任程度的指标——每股社会贡献值。由于股票股利、配股、增发等因素会导致企业股票数量发生变化，每年末股票数量可能都不相同，这样在计算每股社会贡献值时不同期间股票数量不同会造成其可比性较差，从而产生误差。为了尽可能减少这种误差，本章用研究期间内的年度平均股票数量（2009~2015 年各年末总股数之和/7）作为除数，改进原来的每股贡献值，具体计算方法参见第二章。本章用改进的每股社会贡献值 CSR2 作为企业社会责任的替代变量，其他变量不变，使用相同的方法和模型进行重新回归。研究结果如表 5-13 和表 5-14 所示。

表 5-13 改进的每股社会贡献值影响去除高管薪酬的劳资公平程度的回归结果

因变量	MLFC		
	系统 GMM	系统 GMM	系统 GMM
CSR2	−0.00508 （−0.36）		
$CSR2_{t-1}$		−0.0284 * （−1.80）	
$CSR2_{t-2}$			0.00469 （0.29）

因变量	MLFC		
	系统 GMM	系统 GMM	系统 GMM
Size	0.0192	0.0259	0.012
	(0.83)	(1.22)	(0.63)
TBQ	0.003	0.0072	0.0006
	(0.27)	(0.60)	(0.06)
ROA	0.0136	0.0099	0.0118
	(0.80)	(0.59)	(0.72)
kroa	−4.308	−3.895	−4.07
	(−1.61)	(−1.44)	(−1.51)
Debt	−0.0004	−0.0007	−0.0004
	(−0.56)	(−0.83)	(−0.50)
B_risk	−0.0128	−0.0178	−0.0136
	(−0.32)	(−0.44)	(−0.33)
Growth	0.0011 ***	0.001 ***	0.0011 ***
	(3.38)	(2.98)	(3.21)
earn	0.0941 *	0.0995 **	0.0972 *
	(1.89)	(1.98)	(1.94)
big_4	−0.0436	−0.0376	−0.0438
	(−1.18)	(−1.00)	(−1.15)
Rep	−0.0376	−0.0419	−0.0401
	(−0.62)	(−0.71)	(−0.66)
F_resources	0.0508	0.0368	0.0459
	(0.54)	(0.39)	(0.48)
controller	0.0295	0.0532	0.0230
	(0.39)	(0.69)	(0.31)
r_Indepe	−0.00002	−0.0001	−0.00003
	(−0.01)	(−0.10)	(−0.02)
T_O	−0.0071	−0.005	−0.0084
	(−0.38)	(−0.27)	(−0.45)
Aud_c	−0.0038	−0.0045	−0.0038
	(−0.31)	(−0.38)	(−0.31)

续表

因变量	MLFC		
	系统 GMM	系统 GMM	系统 GMM
H_1	0.0003	0.0004	0.0004
	(0.25)	(0.33)	(0.31)
H_5	0.0003	0.0001	0.0002
	(0.21)	(0.12)	(0.13)
Ins	−0.0003	−0.0003	−0.0002
	(−0.56)	(−0.67)	(−0.49)
E_com	−0.0432**	−0.0318*	−0.0437**
	(−2.12)	(−1.65)	(−2.14)
ESR	0.0006	0.0006	0.0006
	(0.61)	(0.61)	(0.64)
restatement	0.104	0.087	0.108
	(0.93)	(0.81)	(0.96)
$MLFC_{t-1}$	0.565***	0.544***	0.565***
	(13.72)	(14.14)	(13.69)
$MLFC_{t-2}$	0.0341	0.0307	0.0352
	(1.34)	(1.21)	(1.39)
常数项	0.406	0.155	0.569
	(0.76)	(0.34)	(1.24)
AR（1）P 值	0	0	0
AR（2）P 值	0.2072	0.1913	0.2266
sargan P 值	0.4378	0.3167	0.4565
N	7036	7036	7036

注：括号内为 t 统计值；* 表示在 0.1 的水平上显著，** 表示在 0.05 的水平上显著，*** 表示在 0.01 的水平上显著。

表 5-14　改进的每股社会贡献值影响所有员工劳资公平程度的回归结果

因变量	LFC		
	系统 GMM	系统 GMM	系统 GMM
CSR2	−0.00352		
	(−0.24)		

因变量	LFC		
	系统 GMM	系统 GMM	系统 GMM
$CSR2_{t-1}$		−0.0333 **	
		(−2.09)	
$CSR2_{t-2}$			0.00663
			(0.39)
Size	0.0215	0.0313	0.0156
	(0.90)	(1.47)	(0.80)
TBQ	0.0063	0.0118	0.0034
	(0.57)	(1.00)	(0.30)
ROA	0.0093	0.0052	0.0074
	(0.53)	(0.30)	(0.43)
kroa	−3.883	−3.395	−3.587
	(−1.42)	(−1.23)	(−1.30)
Debt	−0.0006	−0.0009	−0.0005
	(−0.77)	(−1.13)	(−0.69)
B_risk	−0.0129	−0.018	−0.0112
	(−0.32)	(−0.45)	(−0.27)
Growth	0.0012 ***	0.001 ***	0.0012 ***
	(3.48)	(2.99)	(3.23)
earn	0.104 **	0.11 **	0.108 **
	(2.08)	(2.18)	(2.14)
big_4	−0.041	−0.0332	−0.0423
	(−1.10)	(−0.88)	(−1.09)
Rep	−0.0374	−0.044	−0.0401
	(−0.62)	(−0.75)	(−0.66)
F_resources	0.0524	0.0339	0.0468
	(0.55)	(0.36)	(0.48)
controller	0.0173	0.0475	0.0057
	(0.22)	(0.60)	(0.07)
r_Indepe	−0.0001	−0.0002	−0.0001
	(−0.07)	(−0.17)	(−0.09)

因变量	LFC		
	系统 GMM	系统 GMM	系统 GMM
T_O	−0.0102	−0.0077	−0.0118
	(−0.54)	(−0.42)	(−0.61)
Aud_c	−0.0036	−0.0045	−0.0034
	(−0.29)	(−0.38)	(−0.27)
H_1	0.0005	0.0006	0.0006
	(0.42)	(0.46)	(0.47)
H_5	0.0001	−0.00002	0.00001
	(0.09)	(−0.02)	(0.01)
Ins	−0.0004	−0.0005	−0.0004
	(−0.92)	(−1.11)	(−0.82)
E_com	−0.0523**	−0.0395**	−0.0519**
	(−2.54)	(−2.03)	(−2.50)
ESR	0.0006	0.0006	0.0006
	(0.61)	(0.62)	(0.64)
restatement	0.132	0.114	0.132
	(1.18)	(1.06)	(1.16)
LFC_{t-1}	0.575***	0.549***	0.576***
	(13.58)	(14.10)	(13.48)
LFC_{t-2}	0.0404	0.0348	0.0424
	(1.52)	(1.32)	(1.60)
常数项	0.492	0.170	0.613
	(0.90)	(0.37)	(1.32)
AR（1）P 值	0	0	0
AR（2）P 值	0.2606	0.2599	0.2946
sargan P 值	0.5183	0.3537	0.5765
N	7036	7036	7036

注：括号内为 t 统计值；* 表示在 0.1 的水平上显著，** 表示在 0.05 的水平上显著，*** 表示在 0.01 的水平上显著。

需要特别说明的是，只有披露企业社会责任报告的上市公司才有润灵环球责任评级得分，因此研究样本就会受到一定的限制。改进的每股社会贡献值作为企业社会责任的替代变量就不存在这样的限制，所以本书扩大样本容量，既包括披露企业社会责任报告的上市公司，也包括未披露的上市公司，以增加本书结论的稳健性。

如表5-13所示，改进的每股社会贡献值影响去除高管薪酬的劳资公平程度的回归中，滞后一期企业社会责任的估计系数在10%的水平上显著为负；当期和滞后两期企业社会责任的估计系数都不显著。这说明滞后一期企业社会责任履行越好，当期去除高管薪酬的劳资公平程度越小。如表5-14所示，改进的每股社会贡献值影响所有员工劳资公平程度的回归中，滞后一期企业社会责任的估计系数在5%的水平上显著为负；当期和滞后两期企业社会责任的估计系数都不显著。这说明滞后一期企业社会责任履行越好，当期所有员工劳资公平程度越小。总之，替换了企业社会责任变量并且扩大了样本之后，研究结果再一次说明，滞后一期的企业社会责任履行越好，当期企业劳资公平状况越好，研究结论与前文完全一致，说明本书结论是稳健的，不受内生性问题和样本容量限制的影响。

2. 企业履行社会责任影响管理公平稳健性检验

在对管理公平的稳健性检验中，本书继续用改进的每股社会贡献值CSR2作为企业社会责任的替代变量，其他变量不变，使用相同的方法和模型进行重新回归。同样本书扩大样本容量，既包括披露企业社会责任报告的上市公司，也包括未披露的上市公司，以增加本书结论的稳健性。研究结果如表5-15所示。

如表5-15所示，改进的每股社会贡献值影响高管薪酬公平程度的回归中，当期和滞后一期企业社会责任的估计系数在10%的水平上显著为负；滞后两期企业社会责任的估计系数不显著。这个结果表明，当期和滞后一期企业社会责任履行越好，当期高管薪酬公平程度越小，也就是说，当期和滞后一期企业社会责任履行越好，当期企业管理公平状况越好。替换了企业社会责任变量并且扩大了样本之后，当期企业社会责任的估计系数显著性增强，研究结论与前文基本一致，说明本书结论是稳健的，不受内生性问题和样本容量限制的影响。

表 5-15　改进的每股社会贡献值影响高管薪酬公平程度的回归结果

因变量	ECF		
	系统 GMM	系统 GMM	系统 GMM
CSR2	-0.224 *		
	(-1.90)		
$CSR2_{t-1}$		-0.174 *	
		(-1.91)	
$CSR2_{t-2}$			-0.0298
			(-0.33)
Size	0.22	0.104	0.0172
	(1.03)	(0.58)	(0.10)
TBQ	0.178 **	0.162 **	0.164 **
	(2.17)	(2.02)	(1.99)
ROE	0.0201 **	0.0105	0.0133
	(2.03)	(1.38)	(1.62)
Debt	0.006	0.006	0.007
	(1.00)	(1.04)	(1.13)
B_risk	0.255	0.178	0.196
	(0.70)	(0.51)	(0.54)
Growth	-0.0061 ***	-0.007 ***	-0.0064 ***
	(-3.05)	(-3.34)	(-3.13)
earn	-0.0457	-0.064	-0.0481
	(-0.36)	(-0.49)	(-0.36)
big_4	0.0945	0.176	0.166
	(0.14)	(0.25)	(0.23)
Rep	-0.0931	-0.149	-0.169
	(-0.23)	(-0.37)	(-0.41)
controller	0.0069	0.26	0.293
	(0.01)	(0.22)	(0.24)
r_Indepew	0.0161	0.0155	0.016
	(1.21)	(1.16)	(1.16)
T_O	-0.0896	-0.106	-0.0936
	(-0.45)	(-0.52)	(-0.45)

因变量	ECF		
	系统 GMM	系统 GMM	系统 GMM
Aud_c	−0.0433	−0.0327	−0.0432
	(−0.37)	(−0.28)	(−0.35)
H_1	−0.0179	−0.0158	−0.0185
	(−1.45)	(−1.28)	(−1.42)
H_5	0.0387 *	0.0343	0.0377 *
	(1.80)	(1.57)	(1.67)
Ins	−0.051 **	−0.0477 **	−0.0491 **
	(−2.20)	(−2.01)	(−2.02)
E_com	0.237	0.236	0.181
	(1.36)	(1.34)	(0.99)
ESR	−0.0172 *	−0.0171 *	−0.0177 *
	(−1.77)	(−1.72)	(−1.72)
restatement	−0.0825	−0.0895	−0.0906
	(−0.71)	(−0.76)	(−0.74)
Edu	−4.498 *	−4.574 *	−4.856 *
	(−1.92)	(−1.90)	(−1.95)
ECF_{t-1}	0.701 ***	0.706 ***	0.725 ***
	(5.02)	(5.18)	(5.36)
ECF_{t-2}	0.186 **	0.182 **	0.181 **
	(2.50)	(2.46)	(2.37)
常数项	−4.991	−2.461	0.325
	(−1.09)	(−0.59)	(0.08)
AR（1）P 值	0.0136	0.0151	0.018
AR（2）P 值	0.9506	0.8337	0.8661
sargan P 值	0.7757	0.7624	0.7858
N	4403	4403	4403

注：括号内为 t 统计值；* 表示在 0.1 的水平上显著，** 表示在 0.05 的水平上显著，*** 表示在 0.01 的水平上显著。

3. 企业履行社会责任影响资本公平稳健性检验

为了检验资本公平的稳健性，首先本书采用没有剔除盈余管理"噪声"的扣除非经常性损益的净利润率 kroa 替换上文资本公平变量,其他变量不变且仍使用本书前述数据,使用相同的方法和模型进行重新回归,扣除非经常性损益的净利润率的具体计算方法参见第二章。研究结果如表 5-16 所示。

其次本书继续用改进的每股社会贡献值 CSR2 作为企业社会责任的替代变量,采用没有剔除盈余管理"噪声"的扣除非经常性损益的净利润率 kroa 作为因变量,其他变量不变,使用相同的方法和模型进行重新回归。同样本书扩大样本容量,既包括披露企业社会责任报告的上市公司,也包括未披露的上市公司,以增加本书结论的稳健性。研究结果如表 5-17 所示。

如表 5-16 所示,企业履行社会责任影响扣除非经常性损益的净利润率的回归中,滞后两期企业社会责任的估计系数在 10% 的水平上显著为正,当期和滞后一期企业社会责任的估计系数不显著,说明滞后两期的企业社会责任履行越好,当期扣除非经常性损益的净利润率越大,也就是说,滞后两期企业社会责任履行越好,当期企业资本公平状况越好。研究结论与前文基本一致,但在显著水平上稍有不同,使用剔除应计盈余管理之后扣除非经常性损益的净利润率的回归结果在 5%(见表 5-11)的水平上显著,而使用没有剔除应计盈余管理扣除非经常性损益的净利润率的回归结果则在 10% 的水平上显著,这可能是因为,从较长时间看利润被平滑了。由此说明本书结论是稳健的,不受内生性问题的影响。

表 5-16 企业履行社会责任影响扣除非经常性损益的净利润率的回归结果

因变量	kroa		
	系统 GMM	系统 GMM	系统 GMM
CSR	-0.000005		
	(-0.04)		
CSR_{t-1}		0.00013	
		(1.04)	
CSR_{t-2}			0.00019*
			(1.66)
Size	0.0011	0.0014	-0.0002
	(0.38)	(0.45)	(-0.06)

续表

因变量	kroa		
	系统 GMM	系统 GMM	系统 GMM
TBQ	0.0007	−0.0002	−0.0013
	(0.51)	(−0.13)	(−0.59)
ROE	0.0022***	0.0022***	0.0021***
	(11.92)	(10.14)	(9.39)
Debt	−0.0001	−0.0002	−0.0004**
	(−0.92)	(−1.24)	(−2.20)
B_risk	0.0153	0.0211**	0.0058
	(1.57)	(2.02)	(0.81)
Growth	0.0002***	0.0001***	0.0002***
	(4.23)	(3.41)	(4.82)
earn	−0.0192***	−0.0202***	−0.0161***
	(−5.57)	(−5.74)	(−3.85)
big_4	0.0003	−0.0002	0.0016
	(0.07)	(−0.05)	(0.38)
Rep	0.0105	0.0083	0.0047
	(1.08)	(0.80)	(0.37)
r_Indepe	0.0001	0.0001	0.0002
	(0.88)	(0.76)	(1.04)
T_O	0.0093**	0.009**	0.0056
	(2.15)	(2.35)	(1.25)
Aud_c	−0.0015	−0.002	−0.0015
	(−1.03)	(−1.36)	(−0.92)
H_1	0.00003	0.00002	0.00002
	(0.18)	(0.09)	(0.09)
Ins	0.0001**	0.0002***	0.0002***
	(2.14)	(2.64)	(2.68)
E_com	0.0009	0.0012	0.0002
	(0.25)	(0.32)	(0.08)
ESR	−0.0025*	−0.0025*	0.0014
	(−1.77)	(−1.78)	(0.47)

因变量	kroa		
	系统 GMM	系统 GMM	系统 GMM
restatement	−0.0005	−0.0012	−0.0002
	(−0.20)	(−0.46)	(−0.08)
$kroa_{t-1}$	0.354 ***	0.299 ***	0.379 ***
	(6.05)	(5.56)	(6.49)
$kroa_{t-2}$	0.0109	0.0438	0.0068
	(0.30)	(1.01)	(0.15)
常数项	−0.0636	−0.0797	−0.0051
	(−0.70)	(−0.79)	(−0.05)
AR (1) P 值	0	0	0
AR (2) P 值	0.588	0.5621	0.112
sargan P 值	0.5133	0.3782	0.1952
N	1964	1909	1840

注：括号内为 t 统计值；* 表示在 0.1 的水平上显著，** 表示在 0.05 的水平上显著，*** 表示在 0.01 的水平上显著。

如表 5-17 所示，改进的每股社会贡献值影响扣除非经常性损益的净利润率的回归中，当期企业社会责任的估计系数在 1% 的水平上显著为正；滞后一期和滞后两期企业社会责任的估计系数不显著。这说明当期企业社会责任履行越好，当期扣除非经常性损益的净利润率越大，也就是说，当期企业社会责任履行越好，当期企业资本公平状况越好。研究结论与前文基本一致，只是影响期间不同，这可能是因为，样本容量的扩大会使影响期间发生变动，影响期间往前转移。由此进一步说明本书结论是稳健的，不受内生性问题和样本容量限制的影响。

表 5-17　改进的每股社会贡献值影响扣除非经常性损益的净利润率的回归结果

因变量	kroa		
	系统 GMM	系统 GMM	系统 GMM
CSR2	0.00524 **		
	(2.34)		

因变量	kroa		
	系统 GMM	系统 GMM	系统 GMM
$CSR2_{t-1}$		0.00119	
		(0.51)	
$CSR2_{t-2}$			-0.00094
			(-0.43)
Size	-0.0042 *	-0.0033	-0.002
	(-1.74)	(-1.49)	(-0.96)
TBQ	-0.002 **	-0.0023 *	-0.0019
	(-2.07)	(-1.71)	(-1.36)
ROE	0.0016 ***	0.0022 ***	0.0021 ***
	(5.86)	(6.34)	(5.22)
Debt	-0.0002 **	-0.0001	-0.0002
	(-2.40)	(-1.02)	(-1.31)
B_risk	0.0089 **	0.0117 **	0.0115 **
	(2.04)	(2.38)	(2.07)
Growth	0.0001 ***	0.0002 ***	0.0001 ***
	(5.39)	(4.18)	(4.05)
earn	-0.025 ***	-0.0227 ***	-0.0231 ***
	(-10.81)	(-6.85)	(-6.42)
big_4	0.0046	0.004	0.0052
	(1.12)	(0.75)	(0.97)
Rep	0.0022	0.0048	0.0042
	(0.49)	(0.92)	(0.85)
r_Indepe	-0.0002	-0.0001	-0.0001
	(-1.11)	(-0.78)	(-0.82)
T_O	-0.0032	-0.003	-0.0034
	(-1.08)	(-0.82)	(-0.93)
Aud_c	0.0006	0.0008	0.0005
	(0.49)	(0.61)	(0.39)
H_1	0.00001	0.00001	-0.000005
	(0.11)	(0.08)	(-0.04)

续表

因变量	kroa		
	系统 GMM	系统 GMM	系统 GMM
Ins	0.0002 ***	0.0002 ***	0.0002 ***
	(4.14)	(3.61)	(3.62)
E_com	0.0013	0.0015	0.001
	(0.58)	(0.61)	(0.43)
ESR	0.0017 **	0.0017	0.0018 *
	(2.19)	(1.63)	(1.70)
restatement	0.0014	0.0026	0.0028 *
	(0.88)	(1.50)	(1.66)
$kroa_{t-1}$	0.369 ***	0.499 ***	0.414 ***
	(2.95)	(4.35)	(3.35)
$kroa_{t-2}$	−0.0288	0.0039	0.0975
	(−1.22)	(0.04)	(1.61)
常数项	0.0742	0.0449	0.0275
	(1.22)	(0.82)	(0.50)
AR (1) P 值	0	0	0
AR (2) P 值	0.2037	0.1698	0.7597
sargan P 值	0.3064	0.6376	0.5337
N	5833	5833	5833

注：括号内为 t 统计值；* 表示在 0.1 的水平上显著，** 表示在 0.05 的水平上显著，*** 表示在 0.01 的水平上显著。

第四节　拓展性研究

一、不同工资与利润关系下企业履行社会责任影响劳资公平研究

MLF 是样本公司去除高管薪酬的修正拉克尔系数与拉克尔黄金法则的差值，反映普通员工的劳资公平状况，称为普通员工劳资公平差值。如果

MLF>0，我们称作工资侵蚀利润，用 MLF+ 表示正向普通员工劳资公平差值，表明工资水平偏高，劳动生产率过低；如果 MLF<0，我们称作利润侵蚀工资，用 MLF- 表示负向普通员工劳资公平差值，表明工资水平偏低，影响企业生产效率。那么企业履行社会责任在以上两种情况下所起到的促进普通员工劳资公平的作用一样吗？为了研究这个问题，本书把样本公司分为两部分，一部分 MLF>0，另一部分 MLF<0，用正向普通员工劳资公平差值和负向普通员工劳资公平差值作为因变量，具体计算公式参照第二章。按照前文的研究设计，模型、其他变量、方法等都不变，得到以下回归结果，如表 5-18 所示。

表 5-18　企业履行社会责任影响普通员工劳资公平差值的回归结果

因变量	利润侵蚀工资			因变量	工资侵蚀利润		
	MLF-				MLF+		
模型	系统 GMM			模型	系统 GMM		
CSR	0.00016			CSR	−0.00017		
	(0.28)				(−0.16)		
CSR_{t-1}		0.00102*		CSR_{t-1}		0.00031	
		(1.66)				(0.29)	
CSR_{t-2}			−0.0003	CSR_{t-2}			0.00136
			(−0.50)				(1.46)
Size	−0.0346*	−0.0416*	−0.0414*	Size	−0.0439***	−0.0472***	−0.0582***
	(−1.93)	(−1.76)	(−1.71)		(−2.82)	(−2.75)	(−3.23)
TBQ	0.0094	0.0081	0.0066	TBQ	0.0091	0.0072	0.0032
	(1.18)	(1.07)	(0.58)		(0.97)	(0.80)	(0.27)
ROA	−0.017***	−0.018***	−0.02***	ROA	−0.0493***	−0.0519***	−0.0513***
	(−4.43)	(−3.76)	(−3.11)		(−4.39)	(−4.00)	(−4.54)
kroa	0.244	0.527	0.217	kroa	1.377	1.461	1.586
	(0.54)	(1.00)	(0.41)		(1.23)	(1.14)	(1.26)
Debt	−0.0003	−0.0003	−0.0012	Debt	−0.00003	0.0004	0.0002
	(−0.56)	(−0.40)	(−1.32)		(−0.05)	(0.50)	(0.20)
B_risk	0.0242	0.0248	0.0544	B_risk	0.0116	−0.0001	0.0213
	(0.80)	(0.72)	(1.50)		(0.28)	(−0.00)	(0.50)

续表

因变量	利润侵蚀工资			因变量	工资侵蚀利润		
	MLF−				MLF+		
模型	系统 GMM			模型	系统 GMM		
Growth	−0.00001	−0.00003	0.00007	Growth	0.0006	0.0006	0.00004
	(−0.06)	(−0.18)	(0.52)		(1.51)	(1.45)	(0.09)
earn	0.0076	0.0172	0.0298	earn	0.0426**	0.032*	0.049***
	(0.35)	(0.69)	(1.10)		(2.42)	(1.80)	(2.68)
big_4	0.0089	0.0305	0.018	big_4	−0.0361	−0.0281	−0.0269
	(0.35)	(1.24)	(0.52)		(−0.94)	(−0.72)	(−0.81)
Rep	−0.0301	−0.0391	−0.0172	Rep	−0.0333	−0.0267	−0.0406
	(−0.57)	(−0.65)	(−0.27)		(−0.81)	(−0.66)	(−1.00)
F_resources	−0.0517	−0.0376	−0.0736	F_resources	0.0289	0.096	0.0996
	(−0.98)	(−0.58)	(−1.14)		(0.25)	(0.79)	(0.90)
controller	0.0382	0.0065	0.0888	controller	0.0396	0.0263	0.0269
	(0.97)	(0.13)	(1.49)		(0.86)	(0.54)	(0.53)
r_Indepe	−0.0006	−0.00005	−0.0002	r_Indepe	−0.0009	−0.0013	−0.0002
	(−0.80)	(−0.05)	(−0.17)		(−0.68)	(−0.96)	(−0.19)
T_O	0.007	0.0116	0.0113	T_O	0.0082	0.0097	−0.0096
	(0.46)	(0.84)	(0.67)		(0.45)	(0.54)	(−0.51)
Aud_c	−0.0001	0.0042	0.0088	Aud_c	−0.0014	−0.0039	−0.0097
	(−0.02)	(0.57)	(0.97)		(−0.13)	(−0.34)	(−0.85)
H_1	−0.0013	−0.0011	−0.0006	H_1	−0.0014	−0.0008	−0.0008
	(−1.55)	(−1.19)	(−0.58)		(−1.40)	(−0.68)	(−0.69)
H_5	0.001	0.001	0.0006	H_5	0.0012	0.0015	0.0015
	(1.32)	(0.96)	(0.56)		(0.94)	(1.09)	(1.33)
Ins	0.0004	0.0003	0.0004	Ins	−0.0005	−0.0006	−0.0003
	(1.19)	(0.92)	(0.99)		(−1.44)	(−1.50)	(−0.75)
E_com	−0.013	−0.0311	−0.0488	E_com	0.0039	0.0098	0.0323
	(−0.34)	(−0.67)	(−0.94)		(0.10)	(0.24)	(0.75)
ESR	0.0043	0.0021	0.01	ESR	−0.0002	−0.0042	0.0032
	(1.17)	(0.60)	(1.17)		(−0.08)	(−0.92)	(0.66)
restatement	0.0348	0.0433	0.0195	restatement	−0.0385	−0.0603	−0.0339
	(1.04)	(1.25)	(0.43)		(−1.09)	(−1.37)	(−0.84)

因变量	利润侵蚀工资			因变量	工资侵蚀利润		
	MLF-				MLF+		
模型	系统 GMM			模型	系统 GMM		
MLF-$_{t-1}$	0.384 **	0.424 ***	0.261 *	MLF+$_{t-1}$	0.353 ***	0.346 ***	0.384 ***
	(2.15)	(2.67)	(1.73)		(3.79)	(3.70)	(4.14)
MLF-$_{t-2}$	0.0051	−0.0447	0.0067	MLF+$_{t-2}$	0.0638	0.0702	0.0692
	(0.04)	(−0.40)	(0.06)		(1.49)	(1.50)	(1.43)
MLF-$_{t-3}$	0.0822	0.0997 *	0.0882	MLF+$_{t-3}$	−0.0079	−0.0271	−0.0176
	(1.55)	(1.96)	(1.35)		(−0.17)	(−0.56)	(−0.34)
常数项	0.328	0.425	−0.239	常数项	0.224	0.333	0.391
	(0.78)	(0.95)	(−0.54)		(0.33)	(0.70)	(0.82)
AR(1)P 值	0.0437	0.0065	0.0137	AR(1)P 值	0.0001	0.0001	0.0001
AR(2)P 值	0.3944	0.2576	0.3298	AR(2)P 值	0.3125	0.198	0.1551
sargan P 值	0.9325	0.5085	0.8294	sargan P 值	0.6072	0.7309	0.46
N	968	938	894	N	805	783	757

注：括号内为 t 统计值；* 表示在 0.1 的水平上显著，** 表示在 0.05 的水平上显著，*** 表示在 0.01 的水平上显著。

利润侵蚀工资的情况下，滞后一期的企业社会责任对当期负向普通员工劳资公平差值 MLF-的影响在 10% 的水平上显著为正，说明滞后一期企业社会责任履行越好，当期负向普通员工劳资公平差值就越大，也就是说，滞后一期企业社会责任履行越好，当期普通员工劳资公平状况就越好；工资侵蚀利润的情况下，各期的企业社会责任对当期正向普通员工劳资公平差值 MLF+影响不显著。研究结论表明，当普通员工工资水平偏低时，企业社会责任履行越好，就能促使普通员工劳资公平状况越好，但是当普通员工工资水平偏高时，履行企业社会责任对普通员工劳资公平状况的影响就不显著。这与目前我国企业员工的实际情况相符，公司对于普通员工薪酬只重视增加过程，而当增加到工资侵蚀利润时，企业社会责任就不能促使其进入减少过程进而达到普通员工劳资公平。所以利润侵蚀工资的公司积极履行社会责任可以带来普通员工劳资公平，但是工资侵蚀利润的公司就不能单纯靠积极履行社会责任来促使普通员工劳资公平，而是要结合其他员工激励方式共同实施。

二、不同激励水平下企业履行社会责任影响管理公平研究

基于财务绩效的企业高管薪酬指数排序是将高管薪酬指数按照其数值大小进行排序。从理论上讲，该指数越接近100，高管薪酬激励越适度；高管薪酬指数越高于100，表示高管薪酬越过度，反之，则越不足。我们运用四分之一分位法对排序后的样本企业高管薪酬指数进行分类，排位在前四分之一的公司确定为激励过度，排位在后四分之一的公司确定为激励不足，中间的公司确定为激励适中，这样的划分在计算中实际上也兼顾了行业差距的影响。那么企业履行社会责任在以上三种情况下起到的促进管理公平的作用一样吗？本书按照上述分类方法，将样本公司分为激励不足、激励适中和过度激励三类，按照前文的研究设计，模型、变量、方法等都不变，得到以下回归结果，如表5-19所示。

表5-19　不同激励情况企业履行社会责任影响高管薪酬公平程度的回归结果

因变量	激励不足			激励适中			过度激励		
	ECF			ECF			ECF		
模型	系统 GMM			系统 GMM			系统 GMM		
CSR	−0.00009			0.00535			−0.00011		
	(−0.11)			(1.47)			(−0.00)		
CSR_{t-1}		−0.0021***			−0.00028			0.0225	
		(−2.73)			(−0.04)			(0.44)	
CSR_{t-2}			0.0004			−0.00119			0.0205
			(0.70)			(−0.35)			(0.36)
Size	−0.0025	0.0111	0.0163	0.287***	0.22*	0.3***	−0.0915	−0.352	−0.131
	(−0.13)	(0.59)	(0.63)	(5.25)	(1.90)	(2.89)	(−0.13)	(−0.46)	(−0.14)
TBQ	0.0138	0.0218*	0.0023	−0.0182	−0.0121	−0.00004	0.244	0.163	0.204
	(0.88)	(1.67)	(0.14)	(−0.65)	(−0.32)	(−0.00)	(0.40)	(1.15)	(0.48)
ROE	−0.0003	−0.0004	−0.00005	0.0008	0.002	0.0014	−0.01	0.003	−0.0044
	(−0.78)	(−1.07)	(−0.08)	(0.35)	(0.79)	(0.62)	(−0.22)	(0.08)	(−0.07)
Debt	0.0006	0.001*	0.0007	−0.0006	−0.002	−0.0017	0.0136	0.0007	0.0058
	(0.97)	(1.67)	(0.95)	(−0.35)	(−0.81)	(−0.64)	(0.46)	(0.04)	(0.28)

续表

因变量	激励不足			激励适中			过度激励		
	ECF			ECF			ECF		
模型	系统 GMM			系统 GMM			系统 GMM		
B_risk	0.0624**	0.0783**	0.0518	0.501***	0.511**	0.613***	−3.34	−4.109	−3.027
	(2.16)	(2.07)	(0.99)	(3.57)	(2.20)	(3.95)	(−0.77)	(−1.17)	(−0.57)
Growth	0.0005**	0.0002	0.0003	0.0005	−0.0003	−0.0008	−0.0118	−0.0111	−0.0143
	(2.31)	(1.11)	(1.29)	(0.79)	(−0.30)	(−1.31)	(−1.37)	(−1.35)	(−1.07)
earn	−0.0065	−0.008	−0.0124	−0.0173	0.0039	−0.0173	−0.494	−0.166	−0.361
	(−0.83)	(−0.84)	(−1.29)	(−0.36)	(0.07)	(−0.36)	(−0.57)	(−0.46)	(−0.56)
big_4	0.0013	0.0357	0.0388	−0.0342	0.228	0.0629	—	—	—
	(0.03)	(0.84)	(0.74)	(−0.32)	(0.97)	(0.53)			
Rep	0.0014	0.0079	0.0171	−0.0962	−0.0496	−0.0583	0.444	−0.0898	0.479
	(0.03)	(0.20)	(0.29)	(−0.87)	(−0.48)	(−0.70)	(0.15)	(−0.05)	(0.22)
controller	−0.0334	0.0023	−0.0863	0.0091	0.118	0.225	−1.206	−0.852	−0.433
	(−0.35)	(0.03)	(−0.62)	(0.06)	(0.50)	(1.30)	(−0.31)	(−0.40)	(−0.14)
r_Indepe	0.00008	0.00007	−0.0001	0.0005	−0.0028	−0.0011	−0.0206	−0.0311	−0.0128
	(0.09)	(0.08)	(−0.14)	(0.11)	(−0.42)	(−0.15)	(−0.43)	(−0.56)	(−0.15)
T_O	−0.0022	0.0037	0.004	0.0794	−0.0421	−0.0084	−0.115	−0.0219	−0.339
	(−0.13)	(0.20)	(0.23)	(0.81)	(−0.31)	(−0.09)	(−0.06)	(−0.02)	(−0.21)
Aud_c	−0.0007	−0.0079	−0.0031	0.0224	0.0401	0.0231	−0.116	0.0298	−0.0118
	(−0.10)	(−0.92)	(−0.37)	(0.53)	(0.82)	(0.45)	(−0.17)	(0.07)	(−0.01)
H_1	0.0022**	0.0016*	0.0013	−0.0014	−0.0084	−0.007	−0.0261	−0.025	−0.0447
	(2.19)	(1.85)	(0.81)	(−0.38)	(−1.38)	(−1.44)	(−0.57)	(−0.64)	(−0.33)
H_5	0.0017	0.001	−0.0003	0.00007	0.002	0.00006	0.0156	0.0036	0.0061
	(1.39)	(1.09)	(−0.22)	(0.01)	(0.36)	(0.01)	(0.35)	(0.13)	(0.19)
Ins	−0.0006	−0.0008	0.0009	−0.0016	0.0006	0.0042	0.0098	0.0167	0.0215
	(−0.64)	(−1.21)	(0.89)	(−0.52)	(0.11)	(0.82)	(0.41)	(0.57)	(0.29)
E_com	−0.0245	−0.0123	−0.0561	−0.211*	−0.266	−0.454**	2.321	1.882	1.834
	(−0.97)	(−0.40)	(−1.33)	(−1.82)	(−1.36)	(−2.50)	(1.33)	(1.26)	(0.65)
ESR	−0.0012	−0.0006	−0.0015	−0.0028	0.0009	0.0079	0.0336	0.0271	0.0168
	(−0.35)	(−0.16)	(−0.27)	(−0.39)	(0.08)	(1.06)	(0.58)	(1.18)	(0.17)

续表

因变量	激励不足			激励适中			过度激励		
	ECF			ECF			ECF		
模型	系统 GMM			系统 GMM			系统 GMM		
restatement	0.0006	−0.0016	−0.0053	0.0048	0.0024	0.0227	−0.397	−0.267	−0.302
	(0.05)	(−0.13)	(−0.36)	(0.08)	(0.04)	(0.43)	(−0.42)	(−0.17)	(−0.14)
Edu	−0.0359	−0.0016	0.0259	0.0131	0.107	−0.0536	−0.174	0.0234	0.0171
	(−0.76)	(−0.03)	(0.39)	(0.07)	(0.55)	(−0.28)	(−0.16)	(0.03)	(0.01)
ECF_{t-1}	0.124	0.0203	0.0743	0.0776	0.0514	0.0214	0.186	0.184	0.212
	(1.55)	(0.22)	(0.54)	(1.06)	(0.26)	(0.16)	(0.59)	(0.84)	(1.01)
ECF_{t-2}	0.228 ***	0.259 ***	0.237 ***	0.0676	0.103 *	0.0678	0.385	0.273	0.322
	(3.25)	(3.40)	(2.99)	(1.18)	(1.70)	(0.96)	(1.21)	(1.63)	(0.86)
常数项	−0.0908	−0.118	0.313	−1.305	0.465	−0.189	1.709	10.8	2.301
	(−0.19)	(−0.24)	(0.55)	(−1.23)	(0.31)	(−0.10)	(0.08)	(0.65)	(0.09)
AR(1) P 值	0.01	0.0008	0.0026	0.0035	0.0026	0.0723	0.3494	0.5091	0.1945
AR(2) P 值	0.3398	0.3617	0.1541	0.2866	0.5768	0.6652	0.6158	0.4627	0.8598
sargan P 值	0.2769	0.6307	0.1083	0.1791	0.5869	0.4516	1	0.9999	0.999
N	553	550	535	415	377	365	116	116	116

注：括号内为 t 统计值；＊表示在 0.1 的水平上显著，＊＊表示在 0.05 的水平上显著，＊＊＊表示在 0.01 的水平上显著。"—"表示由于共线性变量被删除。

高管激励不足的样本公司中，滞后一期的企业社会责任对高管薪酬公平程度的影响在 5% 的水平上显著为负，说明滞后一期企业社会责任履行越好，高管薪酬公平程度就越小，也就是说，滞后一期企业社会责任履行越好，当期管理公平状况就越好；高管激励适中的样本公司中，各期的企业社会责任对高管薪酬公平程度的影响不显著；高管过度激励的样本公司中，各期的企业社会责任对高管薪酬公平程度的影响不显著。研究结论表明，当公司高管激励不足时，企业社会责任履行越好，就能促使管理公平状况越好，但是当公司高管激励适中和过度激励时，履行企业社会责任对劳资公平状况的影响就不敏感。这与目前我国企业高管激励的实际情况相符，高管薪酬激励只重视正激励过程，而一旦增加到一定水平，即便是过度激励，企业履行社会责任也不能促使其进入负激励过程进而达到管理公平。所以高管激励不足的公司积极履行社会责任可以带来管理公平，但是高管过度激励的公司就不能单纯靠积极履行社会责任来促使管理公平，而是要结合其他高管激励方式共同实施。

三、企业社会责任、资本成本与资本公平

传统利润分析都是参照利润表上的净利润数据，盈利的公司占大多数。然而，实际上一部分公司的全部资本成本大于其净利润，已经损害了股东财富。经济增加值通过剔除资本成本弥补了这个缺陷。经济增加值意味着资本也是有成本的，企业使用资本也要像支付工资一样为资本付费。经济增加值表示企业在每个报表期间剔除所有资本成本后创造或损害的财富价值量，风险投资可接受的最低报酬弥补了所有资本成本。企业经营者为股东创造净价值的能力和有效使用资本的效果可以通过经济增加值准确地评价。在考虑了资本成本因素后，积极履行企业社会责任还能带来资本公平吗？本书以经济增加值率 REVA 为因变量，具体计算公式参照第二章，按照前文的研究设计，模型、其他变量、方法等都不变，得到以下回归结果，如表 5-20 所示。

表 5-20　企业履行社会责任影响经济增加值率的回归结果

因变量	REVA		
	系统 GMM	系统 GMM	系统 GMM
CSR	-0.000003		
	(-0.03)		
CSR_{t-1}		0.00014	
		(1.27)	
CSR_{t-2}			0.00016*
			(1.65)
Size	-0.0015	-0.0007	0.0005
	(-0.60)	(-0.28)	(0.20)
TBQ	0.0007	0.0011	0.0019
	(0.53)	(0.71)	(1.16)

因变量	REVA		
	系统 GMM	系统 GMM	系统 GMM
ROE	0.0032 ***	0.0033 ***	0.0032 ***
	(15.73)	(14.68)	(15.34)
Debt	−0.00008	−0.0001	−0.0002 **
	(−0.76)	(−1.37)	(−2.35)
B_risk	0.0061	0.0092	0.0096
	(0.95)	(1.61)	(1.62)
Growth	0.0001 ***	0.00009 ***	0.00009 ***
	(3.71)	(3.22)	(3.36)
earn	−0.0095 ***	−0.0091 ***	−0.0077 ***
	(−3.91)	(−3.63)	(−3.06)
big_4	−0.0013	−0.003	−0.0014
	(−0.23)	(−0.53)	(−0.28)
Rep	0.0078	0.0081	0.0092
	(1.19)	(1.05)	(1.09)
r_Indepe	0.0001	0.00003	0.0001
	(0.90)	(0.23)	(0.82)
T_O	0.0029	0.0027	0.0023
	(1.21)	(1.15)	(0.92)
Aud_c	−0.0009	−0.0007	−0.0006
	(−0.77)	(−0.56)	(−0.48)
H_1	0.0002	0.0002	0.0004 *
	(0.96)	(1.27)	(1.95)
Ins	0.00005	0.00006	0.00002
	(1.11)	(1.23)	(0.35)
E_com	0.0004	−0.002	−0.0019
	(0.15)	(−0.89)	(−0.80)
ESR	0.0007 **	0.0009 ***	0.0006
	(2.29)	(2.68)	(1.21)
restatement	−0.0004	−0.0001	0.0004
	(−0.15)	(−0.05)	(0.15)

因变量	REVA		
	系统 GMM	系统 GMM	系统 GMM
$REVA_{t-1}$	0.251 ***	0.234 ***	0.24 ***
	(6.64)	(5.91)	(5.99)
$REVA_{t-2}$	0.0312	0.0488 **	0.0469 **
	(1.57)	(2.51)	(2.50)
常数项	−0.0124	0.0005	−0.0352
	(−0.17)	(0.01)	(−0.46)
AR（1）P 值	0	0	0
AR（2）P 值	0.3643	0.4144	0.4985
sargan P 值	0.0366	0.0419	0.1049
N	2541	2452	2348

注：括号内为 t 统计值；＊表示在 0.1 的水平上显著，＊＊表示在 0.05 的水平上显著，＊＊＊表示在 0.01 的水平上显著。

　　企业社会责任影响经济增加值率的回归结果中，滞后两期企业社会责任的估计系数在 10% 的水平上显著为正，当期和滞后一期企业社会责任的估计系数不显著，说明滞后两期的企业社会责任履行越好，经济增加值率就越大，也就是说，在考虑了资本成本影响因素后，滞后两期企业社会责任履行越好，当期企业资本公平状况依然越好。

　　本章尝试剔除影响资本公平的各种"噪声"，包括资本成本、盈余管理、非正常损益等，同时与包含"噪声"的资本公平做对比，研究结果基本一致。研究结果表明，目前我国披露社会责任报告的 A 股上市公司积极履行企业社会责任能够有效地改善后期资本公平状况，切实保障了股东利益相关者的利益需求。

第五节　本章小结

　　第一，本章选取企业财务公平作为企业社会责任的影响对象，结合贡献三因素论，从劳动、管理、资本三个可观测角度，以我国2009~2015年沪深两市披露社会责任报告的A股上市公司为研究样本，通过润灵环球责任评级得分与劳资公平、管理公平、资本公平指标，运用系统GMM方法，实证分析了企业履行社会责任对劳资公平、管理公平和资本公平的动态跨期影响。研究结果显示，滞后一期企业社会责任履行越好，当期普通员工劳资公平状况和包括高管在内的所有员工劳资公平状况就越好，滞后一期企业社会责任对当期劳资公平起到促进作用；滞后一期企业社会责任履行越好，当期的管理公平状况就越好，滞后一期企业社会责任对当期管理公平起到促进作用；滞后两期的企业社会责任履行越好，当期剔除应计盈余管理后扣除非经常性损益的净利润率和当期剔除真实盈余管理后扣除非经常性损益的净利润率就越大，滞后两期企业社会责任对当期资本公平起到促进作用。同时研究也说明，企业社会责任意识的增强使企业在财务分配活动中能够充分满足企业普通员工利益相关方、高管利益相关方和股东利益相关方的需求，从而促进劳资公平、管理公平和资本公平的形成，在努力做大企业"蛋糕"后，均衡分配游戏规则，使各利益相关方利益达到最优，实现共赢，结论支持了企业社会责任理论和利益相关者理论。

第二，本章研究企业社会责任在利润侵蚀工资和工资侵蚀利润两种不同的情况下促进普通员工劳资公平的差异。研究结果显示，利润侵蚀工资的企业滞后一期社会责任可以带来普通员工劳资公平，但是工资侵蚀利润的企业就不能单纯靠积极履行社会责任来促使普通员工劳资公平。结论从更细分的视角揭示了企业履行社会责任对普通员工劳资公平的影响差异，能够促使政府、社会和企业更加深入和全面地认识企业履行社会责任影响劳资公平的差异，为增强企业自觉履行社会责任的意识提供参考，引导政府和社会重视企业社会责任的积极作用。

第三，本章研究企业社会责任在高管激励不足、激励适中和过度激励三种不同的情况下促进管理公平的差异。研究结果显示，当公司高管激励不足时，滞后一期企业社会责任履行越好，就能促使管理公平状况越好，但是当公司高管激励适中和过度激励时，履行企业社会责任对劳资公平状况的影响就不显著。结论从更细分的视角揭示了企业履行社会责任对管理公平的影响差异，能够促使政府、社会和企业更加深入和全面地认识企业社会责任履行产生的管理公平，提高企业自觉履行社会责任的意识。

第四，剔除资本成本因素后，本章研究企业履行社会责任对资本公平的动态跨期影响。在剔除了资本成本影响因素后，滞后两期企业社会责任履行越好，企业资本公平状况依然越好。结论从更准确的角度揭示了企业履行社会责任对资本公平的影响，能够促使政府、社会和企业更加深入和全面地认识企业社会责任履行产生的资本公平，提高企业自觉履行社会责任的意识，增加政府监管的方法，引导社会认识企业社会责任的作用。

第五，与以往研究企业社会责任经济后果选取的研究对象、样本以及研究方法不同，本章创造性地以财务公平作为研究对象，选取披露企业社会责任报告的 A 股上市公司，结合贡献三因素论，从劳动、管理、资本三个可观测角度，选用系统 GMM 方法进行研究。研究更加具有创新性、针对性、全面性和深入性，细化和拓宽了企业履行社会责任影响财务公平的研究，有效验证了我国实行企业社会责任披露制度的优势，为企业自觉履行社会责任提供科学的依据，为监管层和社会更好解决中国上市公司的财务公平问题提供了有益的参考，为其他利益相关者要求行使自己的权利提供了有效的帮助，站在财务公平角度为促进我国提升财务效率与财务公平的企业社会责任的积极履行提供了对策，并且为推进我国企业社会责任的全面发展提供了客观有力的证据。

第六章
提升财务效率与财务公平的企业社会责任履行的对策研究

在现代市场经济条件下，企业积极履行社会责任是提升财务效率与财务公平的重要途径。提高企业经营活动中的财务效率和分配活动中的财务公平可以有效增强企业核心竞争力，促进企业可持续发展。因此，本章从企业、政府、市场、社会舆论、信息披露和投资者六个层面为我国提升财务效率与财务公平的企业社会责任的积极履行提供对策建议。

第一节　完善企业内部社会责任体系建设

一、拓宽对企业履行社会责任的影响的认识

利益相关者理论的发展使企业社会责任的积极作用凸显，企业社会责任被纳入企业财务管理战略中，并迅速与企业具体财务活动高度融合，企业社会责任思想逐步融入其融资、投资、营运和分配等财务活动中，企业社会责任对具体财务活动的经济影响和社会影响受到了越来越多的关注。所以，企业要积极尝试拓宽关于企业履行社会责任的影响的认识，不仅要从具体财务活动的视角认识，还要从未来企业与社会结合发展的新领域视角认识，积极促进企业社会责任与各种影响企业和社会的重大活动相融合。现阶段要加强经营活动和分配活动中企业社会责任的履行，建立经营和分配活动中的社会责任管理体系，形成持续稳定的企业社会责任经济影响和社会影响的深入认识机制，促进社会和企业的和谐与可持续发展。

二、建立企业履行社会责任的长期机制

企业履行社会责任的效果不是一蹴而就的，而是一个渐进的过程，具有一定的滞后性。这就要求企业充分认识到现实中的市场是不完善的，许多非理性因素处处干扰，致使各利益相关者不能第一时间了解企业履行社会责任的完整信息。从履行企业社会责任到财务效率与财务公平的提高，整个信息传递过程比较长。所以，企业相关人员一定要重视企业履行社会责任的效果出现的长效机制，按照发展规律去对待企业社会责任的履行问题，关注长远利益，建立企业履行社会责任长效机制，保证财务效率的提高和财务公平的实现。

三、细化企业社会责任的履行主体

由于我国资本市场运行不成熟和企业社会责任管理不完善，在不同的企业社会责任履行主体中，积极履行社会责任对财务效率与财务公平的影响就存在不同效果。根据本书研究结果，可以从以下方面对企业细化社会责任履行主体提供参考。

（1）企业结合披露意愿细化社会责任履行主体。企业社会责任披露意愿不同，履行社会责任影响财务效率与财务公平的效果就不同。只有在自愿披露社会责任报告的上市公司中，企业履行社会责任才能对后期结果形式财务效率起到实质性的提高作用；在应规披露社会责任报告的上市公司中，这种作用不明显，可能的原因是，应规披露社会责任报告的上市公司在履行社会责任和披露社会责任报告时趋于形式。正是因为出现这样的结果，所以在推行企业积极履行社会责任时，一定要根据自身的实际情况，切实自愿地把社会责任融入企业各项活动中。要分别对待自愿披露和强制披露社会责任信息的企业，根据披露意愿的具体情况，选择对各自有效的社会责任推行实施。各方推进企业履行社会责任和企业建立社会责任履行机制时，应尽可能结合企业社会责任报告披露意愿细化企业社会责任履行主体。

（2）结合利润和工资大小关系细化企业社会责任履行主体。企业社会责任在利润侵蚀工资和工资侵蚀利润两种不同的情况下，促进劳资公平的效果不同。利润侵蚀工资的企业积极履行社会责任可以带来后期劳资公平，但是工资侵蚀利润的企业就不能单纯靠积极履行社会责任来促使劳资公平。利润侵蚀工资的企业要积极履行社会责任，坚持实施长效机制，最

终实现财务公平；工资侵蚀利润的企业应该引导和强化员工注重财务公平的意识，这些企业在履行社会责任的同时，还要通过调整工资分配来增加激励方式，改变收入只增不减的状况，才能促进财务公平。各方推进企业履行社会责任和企业建立社会责任履行机制时，应尽可能地结合企业利润和工资大小关系细化社会责任履行主体。

（3）结合高管激励水平细化企业社会责任履行主体。企业社会责任在不同高管激励情况下，促进管理公平的效果不同。当公司高管激励不足时，企业社会责任履行越好，就能促使后期管理公平状况越好，但是当公司高管激励适中和过度激励时，履行企业社会责任对劳资公平状况的影响就不显著。所以，高管激励不足的企业应加大社会责任履行力度，更好地促进财务公平；高管过度激励的企业应查找企业社会责任失效的原因，制定合理的高管激励方案，结合企业社会责任共同实现财务公平。各方推进企业履行社会责任和企业建立社会责任履行机制时，应尽可能地结合企业高管激励水平细化企业社会责任履行主体。

四、创新企业社会责任内部管理制度

企业提升财务效率与财务公平，就要关注股东和其他主要利益相关者的"受托责任"，摈弃传统观念，基于企业社会责任优势观点分别从战略管理层面和业务管理层面创新企业社会责任管理制度。

（1）战略管理层面创新。企业必须对传统的战略管理加以变革和创新，实施以同时提高财务效率与财务公平为财务目标的"双重财务目标社会责任型战略管理"。具体来说，企业要把社会责任思想嵌入企业战略管理体系中，运用创新的理论研究成果，吸收履行社会责任标杆企业的实践经验，建立"双重财务目标社会责任型战略管理"框架。这个创新的框架应该包括企业和利益相关者的需求与供给的深入分析；充分研究制约资源，权衡财务效率与财务公平，总体和长远地确定企业双重战略目标；按照技术和经济上的标准综合评价各种战略方案，选出能够达到既定目标的最优方案；根据环境变化实时动态实施、控制和调整执行方案。

（2）业务管理层面创新。业务管理层面的创新就是把提高财务效率与财务公平的企业社会责任特性嵌入企业内部各种业务管理活动中，通过日常业务管理方式使"双重财务目标社会责任型战略管理"真正付诸实际。这方面的创新需要：①将双重财务目标社会责任制度化。企业积极履行社会责任的同时提升财务效率与财务公平，那么企业应形成制度，要求企业员工在日常管理和生产中增强社会责任意识，以提升财务效率和财务公平为目标，积极履行社会责任。②员工要定期开展双重财务目标社会责任管理培训。员工双重财务目标社会责任培训可以推动员工自觉树立利益相关方理念和可持续发展理念，把双重财务目标社会责任管理要求落实在工作过程中，履行社会责任，最终实现双重目标。③重视同利益相关方的充分沟通。通过与利益相关方的沟通，可以增加沟通环境的透明性，改善双方或多方关系，减少沟通成本，提高财务效率与财务公平。国家电网、宜家、飞利浦等企业在企业社会责任业务管理层面的创新方面很好地证实了注重与利益相关者充分沟通的优势所在。

五、创新企业社会责任的内部治理制度

创新企业社会责任内部治理机制主要是引入企业社会责任优势观点解决企业与利益相关者的利益冲突。具体可以通过以下方式：①建立双重财务目标社会责任的独立董事制度。为了解决企业与非股东利益相关者之间的利益冲突，促使企业承担社会责任，提升财务效率与财务公平，可以以我国的独立董事制度为基础，建立专门监督双重财务目标社会责任的独董制度。②建立双重财务目标社会责任的共同监事制度。双重财务目标社会责任的共同监事制度是为了实现双重目标而建立的多元化且相互制衡的社会责任监督体制。这种制度实质上是把主要利益相关者引入企业监事会，保证各利益相关者共同监督企业行为，促使企业积极履行社会责任，提升财务效率与财务公平。③建立双重财务目标社会责任的相机决策机制。双重财务目标社会责任的相机决策机制是一种简化方式，在企业财务效率与财务公平受到损害时，利益相关者可以通过这种方式掌握企业的经营权和控制权，终止违背双重财务目标实现的行为，通过积极履行社会责任，保障利益相关者的利益。

第二节　完善政府对企业社会责任的监管职能

政府一般充当"看得见的手"来规范和引导企业社会责任行为，在促

进能够提升财务效率与财务公平的社会责任的积极履行方面作用巨大。鉴于目前政府在双重财务目标社会责任体系建设中存在一些不足，本章具体从以下几方面完善政府的作用：

一、建立企业社会责任激励与惩罚制度

为了鼓励企业以实现双重财务目标为己任，自觉履行企业社会责任，政府应出台一系列企业社会责任激励与引导政策和措施，给予那些财务效率与财务公平提升较好的企业奖励和支持。但在鼓励企业履行社会责任的同时，政府也得建立严格的惩罚机制，对忽视社会责任的企业进行惩罚，使它们付出巨大的代价。

二、完善企业社会责任相关法律制度

我国现有企业社会责任相关的法律制度与国外企业社会责任的立法制度相比，还存在如制度分散、不及时、企业社会责任司法制度相对滞后等缺点。因此，政府监管部门要加强企业社会责任相关法规和标准的制定，指导和推动企业社会责任战略管理实践和管理水平的提高，充分发挥良好的企业社会责任在有效提升财务效率与财务公平方面的重要作用。例如，制定一部基于提升财务效率与财务公平等的综合性企业社会责任法，法规中要详细描述企业社会责任的范围、责任、对象、内容、经济影响和社会影响，企业不积极履行社会责任的相关惩罚和制裁也要清楚地列于其中，具体操作方式应简单易懂，各利益相关者都能通过这部法律保障各自的利益。

三、建立企业社会责任执法部门问责制度

党的十八大以来，国家重拳出击各种腐败行为，党的十九大明确了"防腐治腐"的力度还要继续加强。为了防止企业社会责任执法过程中的"灯下黑"，我国应该以提升企业财务效率与财务公平为目标，建立对企业社会责任执法部门的"问责制"，增强执法责任感，减少执法不作为现象。建立问责机制具体要做到以下几点：明确责任；明确问责方；明确追究手段；要公开透明。除了参考财务绩效指标外，还可以把企业履行社会责任与财务效率财务公平是否达标挂钩。

四、均衡企业履行社会责任与政府监管的关系

目前企业履行社会责任与政府监管存在一定的矛盾，双方博弈激烈。要想处理好企业履行社会责任与政府监管之间的均衡问题，政府应该充分认识到，通过企业自觉积极履行社会责任提升企业财务效率与财务公平能够实现共赢，所以政府在监管时应从上述原则出发，努力做到以下几个方面：①政府财务依法监管企业社会责任行为，体现公平；②政府财务提高监管企业社会责任的效率，保障企业的合法利益；③政府在加强监管企业的同时，也要注重对企业社会责任行为的服务；④政府监管的目的性要与企业履行社会责任的自觉性相融合；⑤政府可以通过促使企业履行社会责任提高财务效率与财务公平来均衡两者的关系。

第三节　完善企业社会责任的相关市场功能

市场作为"看不见的手"可以有效弥补政府"看得见的手"的不足，促进能够提升财务效率与财务公平的企业社会责任的积极履行。具体可以从建立认证机制和消除行政垄断两个方面进行完善：

一、建立产品符合社会责任标准的认证制度

西方发达国家的产品认证机制严格按照社会责任标准，出售的产品必须符合 ISO9000 质量标准、ISO14000 环保标准、联合国的全球契约、道德标准行动准则以及 ISO26000 社会责任准则或 SA8000 标准等，产品只有通过这些认证才能在市场上流通，符合认证标准的产品才能获得消费者的青睐，企业与市场之间信息完全透明，没有履行企业社会责任且不符合标准的产品没有准入资格，无法进入市场，这就能够促使企业积极履行社会责任，使其产品符合认证标准，从而在无形中提高了企业财务效率与财务公平。我国可以借鉴欧美市场的社会责任标准和认证经验，强制要求我国企业进入市场流通的产品必须符合国际通用准则 SA8000 标准和我国实际的行业社会责任标准等，减少企业与市场的暗箱，提高市场透明度，同时引导消费者只购买经过社会责任认证的产品，通过社会责任联系企业与消费

者，形成良好的环境，增强履行社会责任的企业的产品的市场竞争力，形成双方相互促进的良性循环，从而提高企业财务效率与财务公平。

二、消除地方政府的行政垄断

市场失灵的一个重要原因是垄断的存在，垄断使市场资源集中在某一点上，资源不能正常流动，也不能合理配置，供求双方的一般均衡没办法达到，寻租和腐败行为充斥市场，从而产生无效率市场生产或无效率市场销售。当前大量的垄断势力存在于我国市场建设中，尤其是地方政府通过行政手段垄断当地资源和国有企业。在完善企业社会责任市场机制的过程中，我国应该最大限度地限制和消除垄断势力的存在，地方保护主义和政治关联更应该纳入限制和消除范围。在这样的环境下，利益相关者与企业合作时可以选择更多的机会和更大的谈判筹码。消除地方行政垄断意味着鼓励企业间公平竞争，提高市场竞争力和消费者购买力，进而提高企业财务效率与财务公平，反过来再推动企业自觉履行社会责任。

第四节　发挥社会舆论宣传企业社会责任的作用

新闻媒体通过声誉机制改善公司的治理机制，进而影响企业的财务效率与财务公平以及社会责任行为。加强企业声誉的相关报道和良好的报道质量是新闻媒体促进企业履行社会责任的重点。为了通过媒体监督促进企业履行社会责任，并提高财务效率，体现财务公平，再反过来促进企业履行社会责任，具体应该做到以下两点：

一、引导媒体加强社会责任方面的报道

媒体要大力宣传社会责任履行得好且财务效率与财务公平提升明显的企业，这些企业的优秀事迹和成功经验要立为标杆，让其他企业去学习和借鉴，并且要正确引导社会关注这样的标杆企业；相反，媒体要揭露和批判社会责任履行较差的企业，引导民众提前估计这些企业可能面临的风险和损失。媒体报道要惩恶扬善，民众借助媒体报道提高社会责任意识，企业借助媒体报道提高知名度和关注度，使企业获取关系资产和核心竞争

力，实现企业社会责任和财务效率与财务公平相互促进，共同提高。

二、确保媒体对企业社会责任的报道质量

媒体报道是我们认识世界的重要途径，媒体报道的质量至关重要。媒体报道的客观性、重要性、全面性和公平性都属于媒体报道质量的范畴。也就是说，媒体报道要客观分析事件的重要性，全面分析事件的经过，公平对待报道中的事或人，扩大报道的影响范围，遵纪守法，惩恶扬善。为了确保媒体报道的权威性和科学性，政府或行业协会可以以上述特性为标准评选媒体报道，选出负责任、客观公正、值得信赖的媒体组织，它们提供的信息方向准、内容好、影响广泛，民众可以通过这些媒体组织获取媒体信息。我们还可以加大行业协会、教育机构等其他非政府组织对企业履行社会责任提升财务效率与财务公平的效果进行引导和监督。总之，通过高质量的媒体报道刺激企业积极履行社会责任，从而提高财务效率与财务公平。

第五节　健全企业社会责任信息披露制度

企业社会责任信息披露制度是一项基础性的社会责任治理制度，具有十分重要的作用，它规范了企业披露社会责任信息的质量、范围、方式和程序等内容。近年来我国披露社会责任信息的企业越来越多，但是与国外市场经济发达的国家相比，仍存在一些需要进一步研究解决的问题。要解决这些问题，就必须从以下四个方面着手：

一、企业社会责任信息披露原则

企业社会责任信息披露应该遵循的基本要求就是企业社会责任信息披露原则，它是判断企业社会责任信息披露质量的基本标准和规范，主要应从完整性原则、真实性原则、及时性原则、可比性原则和可理解性原则来完善，适当加入财务效率与财务公平等判断依据。

二、企业社会责任信息披露内容

企业社会责任信息披露内容反映了企业在一定时期内履行或忽视社会责任的情况。首先，确定披露内容时要注意：①披露不仅体现在管理理念和管理过程方面，而且更注重实际结果；②不仅要披露好的方面，而且要敢于披露不足的方面；③披露不仅要简练、少说空话，避免篇幅过长，而且要十分明确，多用数据和事实说话，便于公众理解；④要注意区分企业法律上的社会责任和企业道德上的社会责任的差异，各利益相关者评价企业履行或忽视不同类型社会责任的结果不一样，要能够提供清晰的社会责任类型；⑤要注意实际与技术、本期与前期的比较分析，以便各利益相关者评价企业社会责任发展的状况；⑥注重强调企业社会责任信息披露对财务效率与财务公平的影响以及反作用影响。其次，根据企业与社会的关系，按照利益相关者理论，确定所披露内容的维度，并在每一维度上披露企业想做什么、如何去做、做的结果如何以及如何进一步改进。

三、企业社会责任信息披露方式

从政府规制的角度看，企业社会责任信息披露的方式可分为应规披露和自愿披露；从披露载体的角度看，企业社会责任信息披露的方式可分为单独性披露和整合性披露。目前国外越来越多的大型企业采用整合性披露方式，因为它存在以下几点好处：一是有助于避免信息重复；二是有助于不同方面信息之间的联系；三是有助于更好地采用可扩展商业报告语言，使各利益相关者能更快地获取和分析相关信息；四是有助于评价企业履行社会责任对财务效率与财务公平影响程度等的全面性。而目前我国企业大多采用单独性披露方式，本书建议我国企业采用整合性披露方式。

四、企业社会责任信息披露审计

企业社会责任信息披露审计是企业社会责任审计的一部分，是对企业社会责任活动的真实性、合理性和伦理性进行鉴证、监督和评价的一种审计活动。要有效开展企业社会责任审计工作，具体需要从四个方面着手：①我国现有审计机构可以作为企业社会责任审计的主体，包括企业内审部门、政府审计机构和会计师事务所，要注意分工和吸收专家参与。②我国企业社会责任审计的客体应包括企业所有社会责任，如企业对员工、债权人、政府、环境等方面的责任以及财务效率与财务公平等经济后果的审计。③我国企业社会责任审计的程序应包括四个阶段：首先通过对企业前期调研分析制定社会责任审计计划；其次寻找企业潜在的社会责任风险，确认和评估相关的控制制度；再次选择有效的审计程序和审计方法，实施审计计划；最后获取审计证据，形成审计报告。④我国企业社会责任审计标准几乎是一片空白，有关政府部门要借鉴国际经验，结合我国实际，加快制定能够提升企业财务效率与财务公平的企业社会责任审计标准，从具体财务活动方面推动我国企业社会责任审计的发展。

第六节　建立完整的企业社会责任投资体系

　　企业积极履行社会责任能够提高企业财务效率，促进企业财务公平，说明投资者会对企业履行社会责任情况做出积极的评价，所以投资者社会责任意识的提升是推动企业积极履行社会责任的一个不容忽视的积极力量，提高投资者的企业社会责任投资意识，培育资本市场的企业社会责任投资理念，对于促进我国提升财务效率与财务公平的企业社会责任的积极履行有重要意义。

　　目前虽然我国社会公众的环境意识有了较明显的提高，但是社会公众全面了解企业财务效率与财务公平的社会责任经济意识还很薄弱，社会公众对自己的社会责任投资权利也不了解，这些都导致中国发展社会责任投资的外部环境不优越。另外，对比企业社会责任投资成熟的国家，我国在这方面还处于初步阶段甚至没有起步，存在很多不足，主要表现在两方面：一方面，上市公司社会责任信息披露数量少且质量差，如企业履行社会责任对财务效率与财务公平的影响程度并没有被披露等；另一方面，社会责任指数、社会责任投资基金以及相关中介机构是社会责任投资运作体系的三个关键环节，到目前为止这个体系没有系统形成，单个环节要么空缺，要么才刚刚起步。对于这样的现状，本书建议我国企业社会责任投资的开展可以借鉴英、美等国家的成熟经验，结合我国的实际，通过各方面的共同努力，尽快建立一套完整的企业社会责任投资体系，它的运转要具有连续性、系统性、有机性和开放性。还可以借鉴中国证券交易所和商品交易所的运营模式，设置企业社会责任交易所，通过社会责任交易市场，既能保证企业社会责任信息披露的质量和数量，又能保证社会责任运作体系中关键环节不缺失且运行完善。

第七节　本章小结

根据前文研究结论，企业积极履行社会责任是企业提高财务效率、实现财务公平的重要途径，双方的相互促进和良性循环价值重大。因此，本书基于多元治理机制，结合我国现实，从企业自身、政府、市场、社会舆论、信息披露和投资者六个层面提出对策建议，以促进我国提升财务效率和财务公平的企业社会责任的积极履行。

（1）企业层面，一是拓宽对企业履行社会责任影响的认识；二是保障企业履行社会责任长期实施；三是细化企业社会责任的履行主体；四是分别从战略管理和业务管理方面建立创新型企业社会责任内部管理制度；五是建立双重财务目标社会责任的独立董事制度、双重财务目标社会责任的共同监事制度和双重财务目标社会责任的相机决策机制，进而创新企业社会责任内部治理制度。

（2）政府层面，通过转变政府职能、建立激励与惩罚制度、完善企业社会责任法律制度、建立企业社会责任执法部门问责制度、均衡企业履行社会责任与政府监管、提高企业社会责任的社会关注度，促进我国提升财务效率与财务公平的企业社会责任的积极履行。

（3）市场层面，我国可以借鉴欧美市场的社会责任标准和认证经验，强制我国企业的产品必须符合相关社会责任标准，引导消费者只购买经过社会责任认证的产品，并最大限度地限制和消除地方垄断势力的存在，提高市场竞争力和消费者购买力，从而形成双方相互促进的良性循环，提高企业财务效率与财务公平。

（4）社会舆论层面，民众可以借助高质量的媒体报道提高社会责任意识，企业可以借助高质量的媒体报道获取关系资产和核心竞争力，企业社会责任和财务效率与财务公平相互促进，共同提高。

（5）信息披露层面，结合我国实际，从企业社会责任信息披露原则、内容、方式和披露审计四个层面提出完善我国提升企业财务效率与财务公平的企业社会责任信息披露制度的建议，从具体财务活动信息披露方面健全我国企业社会责任信息披露制度建设。

（6）投资者层面，建议我国借鉴英、美等国家的成熟经验，结合我国的实际，建立一套完整而有机的企业社会责任投资运作体系和企业社会责任交易所，保证社会责任运作体系中关键环节不缺失且运行完善。

第七章
研究结论和未来展望

　　本书基于我国经济环境和资本市场特征，在综述国内外相关研究成果的基础上，规范研究与实证研究相结合，以我国 2009~2015 年沪深两市披露社会责任信息报告的 A 股上市公司为研究样本，以利益相关者理论、资源基础理论、合法性理论、委托代理理论和"股东至上"理论为理论基础，研究企业履行社会责任对其经营活动中的财务效率和分配活动中的财务公平的影响效应，希望能够丰富企业履行社会责任的经济影响和社会影响的相关研究成果，明确企业积极履行社会责任能够带来的新贡献，促进企业正确认识社会责任对其生存和可持续发展的重要意义，为政府提倡履行企业社会责任，企业自愿履行社会责任，利益相关者正确认识企业社会责任提供参考依据，并为促进我国提升财务效率与财务公平的企业社会责任的积极履行提出对策建议。

第一节　研究结论

　　第一，完善了企业社会责任、财务效率和财务公平的概念，并系统性地衡量了企业财务效率和财务公平。本书通过深入研究企业社会责任的边界并找到其已有定义的分歧原因，完善了企业社会责任概念；创造性地把财务效率与财务公平作为企业履行社会责任的影响对象，进而根据效率和公平的含义演化推导出财务效率和财务公平的概念，创新性地界定了财务效率和财务公平各自的范围，完善了企业财务效率和财务公平的概念。本书选择润灵环球企业社会责任评级得分作为企业社会责任的衡量变量，并自行设计了改进的每股社会贡献值的计算模型，以其作为稳健性检验中企业社会责任的替代变量。财务效率衡量中，过程形式财务效率采用 DEA 模型中基于产出导向的 BCC 模型计算得出的综合效率；结果形式财务效率采用考虑了股东、包括高管在内的员工、债权人、政府、社区和环境六方主要利益相关者的实际需求且剔除盈余管理影响后的社会贡献率。财务公平衡量中，基于贡献三因素论，从劳动、管理、资本三个可观测角度对企业增值额分配时的劳资公平、管理公平和资本公平进行测度研究。劳资公平衡量是通过模型改进优化，以计算出的去除高管薪酬的劳资公平程度和所有员工劳资公平程度作为劳资公平的替代变量。管理公平衡量是以高管薪酬指数为基础，通过建模并优化，先计算出高管薪酬指数，然后计算出高管薪酬公平程度作为管理公平的替代变量。资本公平衡量是通过建立模型计算得出剔除应计盈余管理后扣除非经常性损益的净利润率和剔除真实盈余管理后扣除非经常性损益的净利润率作为资本公平的替代变量。

第二，理清财务效率与财务公平关系后，基于企业社会责任优势观点和劣势观点进行企业履行社会责任影响财务效率与财务公平的理论分析并构建了实证研究框架。首先，本书结合研究效率与公平关系的国家政策与学者相关研究成果，认为企业既要提高财务效率，又要实现财务公平，既要注重经济效益，也要注重社会效益，两者兼顾，以此作为研究的前提。通过理论基础的回顾，分析了基于利益相关者理论、资源基础理论和合法性理论的企业社会责任优势观点和基于委托代理理论和"股东至上"理论的企业社会责任劣势观点的动因。在此基础上，理论论述了两种观点下企业履行社会责任对财务效率与财务公平的不同影响。其次，依据本书的研究问题和理论分析，构建了检验企业履行社会责任对财务效率与财务公平影响效应的实证研究框架。实证研究框架包括主体实证检验、稳健性检验和拓展研究三部分内容。

第三，企业积极履行社会责任能提高后期财务效率，从过程和结果两方面真正给企业利益相关者带来可靠财富。本书选取财务效率作为企业社会责任的影响对象，依据不同的理论基础，结合公司财务效率的形式，通过润灵环球责任评级得分与过程形式财务效率和结果形式财务效率指标，运用 DEA-Tobit 两阶段法和系统 GMM 方法，实证分析了企业履行社会责任对过程形式财务效率和结果形式财务效率的动态跨期影响。研究发现，企业当期、滞后一期和滞后两期社会责任履行越好，当期过程形式财务效率就越高；滞后一期和滞后两期的社会责任履行越好，去除应计盈余管理的社会贡献率就越高；滞后一期的企业社会责任履行越好，当期去除真实盈余管理的社会贡献率越高。此外，本书进一步研究了过程形式财务效率在企业履行社会责任影响真实盈余管理中的中介作用。研究结果表明，企业过程形式财务效率可以在滞后两期社会责任影响真实盈余管理的过程中发挥完全中介效应，企业积极履行社会责任可通过提高其后期财务效率来增大利益相关者的利益预期，从而抑制后期真实盈余管理。这个结论站在真实盈余管理的角度进一步证实了企业履行社会责任对过程形式财务效率动态跨期影响的研究价值，能够促使企业更加深入和全面地认识社会责任履行产生的影响，提高企业自觉履行社会责任的意识。本书进一步把样本企业社会责任报告披露意愿分为应规披露和自愿披露，运用系统 GMM 方法，实证分析了两种披露意愿下企业履行社会责任对结果形式财务效率的动态跨期影响。研究结果表明，应规披露意愿下，当期、滞后一期和滞后两期的企业社会责任对去除应计盈余管理的社会贡献率和去除真实盈余管理的社会贡献率的影响都不显著；自愿披露意愿下，滞后两期的企业社会责任对去除应计盈余管理的社会贡献率的影响显著为正，滞后一期的企业社会责任对去除真实盈余管理的社会贡献率的影响显著为正。研究说明，只有在自愿披露社会责任报告的上市公司中，企业履行社会责任才能对后期结果形式财务效率起到实质性的提高作用；在应规披露社会责任报告的上市公司中，这种作用不明显，可能是应规披露社会责任报告的企业，履行社会责任和披露社会责任报告都趋于形式化。

第四，企业积极履行社会责任能提升后期财务公平，促进劳资公平、管理公平和资本公平的形成，实现共赢。本书选取财务公平作为企业社会责任的影响对象，依据不同的理论基础，结合贡献三因素论，从劳动、管理、资本三个可观测角度，通过润灵环球责任评级得分与劳资公平、管理公平、资本公平指标，运用系统 GMM 方法，实证分析了企业社会责任对劳资公平、管理公平和资本公平的动态跨期影响。研究发现，滞后一期企业社会责任履行越好，当期普通员工劳资公平状况和包括高管在内的所有员工劳资公平状况就越好，滞后一期企业社会责任对当期劳资公平起到促进作用；滞后一期企业社会责任履行越好，当期的管理公平状况就越好，滞后一期企业社会责任对当期管理公平起到促进作用；滞后两期的企业社会责任履行越好，当期剔除应计盈余管理后扣除非经常性损益的净利润率和当期剔除真实盈余管理后扣除非经常性损益的净利润率就越大，滞后两期企业社会责任对当期资本公平起到促进作用。进一步研究结果显示，利润侵蚀工资的公司滞后一期社会责任可以带来劳资公平，但是工资侵蚀利润的公司就不能单纯靠积极履行社会责任来促使劳资公平；当公司高管激励不足时，滞后一期企业社会责任履行越好，就能促使管理公平状况越好，但是当公司高管激励适中和过度激励时，履行企业社会责任对劳资公平状况的影响就不显著；在考虑了所有资本成本影响因素后，滞后两期企业社会责任履行越好，企业资本公平状况依然越好。

第五，分别从企业自身、政府、市场、社会舆论、信息披露和投资者六个层面为推动我国提升财务效率与财务公平的企业社会责任的积极履行提供对策建议。通过上文理论和实证研究发现，企业积极履行社会责任是企业提高财务效率、实现财务公平的重要途径，两者的相互促进和良性循环意义重大。因此，本书基于多元治理机制，结合我国现实，从企业自身、政府、市场、社会舆论、信息披露和投资者六个层面提出建议，以促进我国提升财务效率与财务公平的企业社会责任的积极履行。

第二节　未来展望

关于企业社会责任的经济影响和社会影响，不管是理论研究还是实践研究都还处于探索阶段，本书是初步试探在新领域中研究企业社会责任的经济影响和社会影响，分别探讨了企业履行社会责任对财务效率与财务公平的影响，以期站在效率和公平角度研究企业积极履行社会责任对企业的真实影响，并从研究内容和方法上深层次地分析了企业财务效率与财务公平，然后针对中国披露社会责任信息报告的 A 股上市公司进行实证检验，取得了一定的研究成果。但是由于受到篇幅、时间、精力、能力等主观因素和数据可获得性等客观因素的限制，本书的研究存在诸多不足，许多问题都需要进一步拓展，以下一些方面尚待进一步深化：

第一，财务公平的衡量范围问题。虽然书中建立了财务公平的计量模型，但是由于目前关于财务公平计量方法的文献较少，而且大多选择宏观视角的基尼系数，微观计量研究片面且不系统，所以本书构建的计量模型可能存在局限性。未来研究可以拓展财务公平衡量范围，在财务公平衡量中加入更多的利益相关者财务公平，从财务结果公平、财务过程公平、财务信息公平，以及客观财务公平和主观财务公平角度来衡量。

第二，内生性问题。企业社会责任和财务效率与财务公平之间的关系可能具有较多内生性问题，本书主要采用计量经济学中的系统 GMM、变量替换等技术方法进行了稳健性检验，但缺少针对基于我国实际背景引起的特殊内生性问题的考虑，从而可能影响研究结论的稳健性。因此，如何进一步从我国企业的经营环境出发考虑内生性问题的影响，将是今后完善相关研究的努力方向。

第三，企业社会责任和财务效率与财务公平的交互影响问题。本书只研究了企业社会责任对财务效率与财务公平的动态跨期影响，但财务效率与财务公平是否可以反过来动态跨期影响企业社会责任值得进一步研究。未来可以尝试研究财务效率与财务公平对企业社会责任的动态跨期影响，完善企业社会责任和财务效率与财务公平的交互动态跨期影响研究。

参考文献

［1］Abbott W. F. , Monsen R. J. On the Measurement of Corporate Social Responsibility: Self-Reported Disclosures as a Method of Measuring Corporate Social Involvement ［J］. Academy of Management Journal, 1979, 22 (3): 501-515.

［2］Aguilera R. V. , Rupp D. E. , Williams C. A. , Ganapathi J. Putting the S Back in Corporate Social Responsibility: A Multilevel Theory of Social Change in Organizations ［J］. Academy of Management Review, 2007, 32 (3): 836-863.

［3］Allouche J. , Laroche P. AMeta-Analytical Investigation of the Relationship between Corporate Social and Financial Performance ［J］. Revue De Gestion Des Resources Humaines, 2005, 57 (1): 8-41.

［4］Aupperle K. , Carroll A. , Hatfield J. An Empirical Examination of the Relationship between Corporate Social Responsibility and Profitability ［J］. Academy of Management Journal, 1985, 28 (2): 446-463.

［5］Barnea A. , Rubin A. Corporate Social Responsibility as a Conflict between Shareholders ［J］. Journal of Business Ethics, 2010, 97 (1): 71-86.

［6］Barnett, M. L. Stakeholder Influence Capacity and the Variability of Financial Returns to Corporate Social Responsibility ［J］. The Academy of Management Review, 2007, 32 (3): 794-816.

［7］Baron R. M. , Kenny D. A. The Moderater-Mediator Variable Distinction in Social Psychological Research: Conceptual Strategic, and Statistical Consideration ［J］. Journal of Personality and Social Psychology, 1986, 51 (6): 1173-1182.

［8］Beddewela E. , Fairbrass J. Seeking Legitimacy Through CSR: Institutional Pressures and Corporate Responses of Multinationals in Sri Lanka ［J］.

Journal of Business Ethics, 2016, 136 (3): 503-522.

[9] Benlemlih M., Bitar M. Corporate Social Responsibility and Investment Efficiency [J]. Journal of Business Ethics, 2016 (16): 1-25.

[10] Berle A. A. For Whom Corporate Managers Are Trustees: A Note [J]. Harvard Law Review, 1932, 45 (8): 1365-1372.

[11] Bhandari A., Javakhadze D. Corporate Social Responsibility and Capital Allocation Efficiency [J]. Journal of Corporate Finance, 2017, 43: 354-377.

[12] Blundell Richard, Bond Stephen. Initial Conditions and Moment Restrictions in Dynamic Panel data Models [J]. Journal of Econometrics, 1998, 87 (1): 115-143.

[13] Bouquet C., Deutsch Y. The Impact of Corporate Social Performance on a Firm's Multinationality [J]. Journal of Business Ethics, 2008, 80 (4): 755-769.

[14] Bowen H. R. Social Responsibilities of the Businessman [M]. MIowa: University of Iowa Press, 2013.

[15] Bragdon, Marlin. Is Pollution Profitable? [J]. Risk Management, 1972, 19 (4): 9-18.

[16] Brammer S., Millington A. Does It Pay to Be Different? An Analysis of the Relationship between Corporate Social and Financial Performance [J]. Strategic Management Journal, 2008, 29 (12): 1325-1343.

[17] Branco M. C., Rodrigues L. L. Corporate Social Responsibility and Resource-based Perspectives [J]. Journal of Business Ethics, 2006, 69 (2): 111-132.

[18] Brine M., Brown R., Hackett G. Corporate Social Responsibility and Financial Performance in the Australian Context [J]. Economic Round-up, 2014 (2): 47-58.

[19] Brown N., Deegan C. The Public Disclosure of Environmental Performance Information: A Dual Test of Media Agenda Setting Theory and Legitimacy Theory [J]. Accounting and Business Research, 1998, 29: 21-41.

[20] Cao Y. Y., Liu J. H., Wang J. Q. Corporate Social Responsibility and Financing Efficiency [J]. Soft Science, 2013 (6).

［21］ Carroll A. B. A Three – dimensional Conceptual Model of Corporate Performance ［J］. Academy of Management Review, 1979（4）: 497-505.

［22］ Carroll A. B. The Pyramid of Corporate Social Responsibility: Toward the Moral Management of Organizational Stakeholders ［J］. Business Horizons, 1991, 34（4）: 39-48.

［23］ Chang Y., Hsieh C. H., Wang T. C., Hsieh T. Y. Corporate Social Responsibility, Cost of Equity and Cost 154 of Bank Loans ［J］. International Review of Accounting, Banking and Finance, 2014, 6（3-4）: 96-142.

［24］ Charnes A., Cooper W. W., Lewin A. Y., Seiford L. M. Basic DEA Models ［M］. Springer Netherlands, 1994: 23-47.

［25］ Cheng B., Ioannou I., Serafeim G. Corporate Social Responsibility and Acceess to Finance ［J］. Strategic Management Joural, 2014, 35（1）: 1-23.

［26］ Clark J. M. The Changing Basis of Economic Responsibility ［J］. The Journal of Political Economy, 1916, 24（3）: 209-229.

［27］ Clarkson M. A Stakeholder Framework for Analyzing and Evaluating Corporate Social Performance ［J］. Academy of Management Review, 1995, 20（1）: 92-117.

［28］ Cochran P. L., Wood R. A. Corporate Social Responsibility and Financial Performance ［J］. Academy of Management Journal, 1984, 27（1）: 42-56.

［29］ Cohen D. A., Aiyesha Dey, Thomas Z. Lys. Real and Accrual – Based Earnings Management in the Preand Post-Sarbanes-Oxley Periods ［J］. The Accounting Review, 2008, 83（3）: 757-787.

［30］ Cohen D. A., Zarowin P. Accrual-based and Real Earnings Management Activities around Seasoned Equity Offerings ［J］. Journal of Accounting and Economics, 2010（1）: 2-19.

［31］ Davis, K. Can Business Afford to Ignore Social Responsibilities ［J］. California Management Review, 1960, 2（3）: 70-76.

［32］ Davis K. The Case for and against Business Assumption of Corporate Performance ［J］. Academy of Management Review, 1973, 16（2）: 312-322.

［33］ Deegan C. The Legitimising Effect of Social and Environmental Disclosures: A Theoretical Foundation [J]. Accounting, Auditing and Accountability, 2002, 15 (3): 282-311.

[34] Dhaliwal D. S., Li O. Z., Tsang A., Yang Y. G. Voluntauy Nonfinancial Disclosure and the Cost of Equity Capital: The Initiation of Corporate Social Responsibility Reportig [J]. The Accouting Review, 2011, 86 (1): 59-100.

[35] Donaldson, Dunfee. Response: Making Stakeholder Theory Whole [J]. Academy of Management Review, 1999, 24 (2): 237-241.

[36] Donaldson T., Preston L. E. The Stakeholder Theory of the Corporation: Concepts, Evidence, and Implicatios [J]. Academy of Management Review, 1995, 20 (1): 65-91.

[37] Du X. How the Market Values Green Washing? Evidence from China [J]. Journal of Business Ethics, 2014, 128 (3): 1-28.

[38] Dzhavdatovna K. A., Rishadovna G. R., Alexandrovna R. O. Influence of Corporate Social Responsibility (CSR) on Financial Efficiency of Company [J]. Asian Social Science, 2014, 10 (24).

[39] El Ghoul S., Guedhami O., Chuck C. Y. K., Dev R. M. Does Corporate Social Responsibility Affect the Cost of Capital? [J]. Journal of Banking & Finance, 2011, 35 (9): 2388-2406.

[40] Ester Gras-Gil et al. Quarterly Article Investigating the Relationship between Corporate Social Responsibility and Earnings Management: Evidence from Spain [J]. BRQ Business Research Quarterly, 2016 (2): 1-11.

[41] Fogler, Nutt. A Note on Social Responsibility and Stock Valuation [J]. Academy of Management Journal, 1975 (18): 155-160.

[42] Fombrun C. J., Gardberg N. A., Barnett M. L. Opportunity Platforms and Safety Nets: Corporate Citizenship and Reputational Risk [J]. Business and Society Review, 2000, 105 (1): 85-106.

[43] Frederick W. C. From CSR1 to CSR2: The Maturing of Business and Society thought [J]. Business and Society, 1994, 33 (2): 150-164.

[44] Freedman M., Wasley C. The association between Environmental Performance and Environmental Disclosure in Annual Reports and 10Ks [J]. Advances in Public Interest Accounting, 1990, 3: 183-193.

［45］ Freeman R. E. , Evan W. M. Corporate Governance: A Stakeholder Interpretation ［J］. Journal of Behavioral Economics, 1990, 19 (4): 337-359.

［46］ Freeman R. E. , Harrison J. S. , Wicks A. C. et al. Stakeholder theory: The state of the art ［M］. Cambridge: Cambridge University Press, 2010.

［47］ Freeman R. E. , Harrison J. S. , Wicks A. C. Managing for Stakeholders: Survival, Reputation, and Success ［M］. New Haven: Yale University Press, 2007.

［48］ Freeman R. E. , Liedtka J. Corporate Social Responsibility: A Critical Approach ［J］. Business Horizons, 1991, 34 (4): 92-98.

［49］ Freeman R. E. Strategic Management: A Stakeholder Approach ［M］. Boston: Pitman/Ballinger, 1984.

［50］ Friedman M. The Social Responsibility of Business is to Increase its Profits ［N］. New York Times Magazine, 1970-9-13: 32-33.

［51］ Fryxell G. E. , Wang J. The Fortune Corporate "Reputation" Index: Reputation for What? ［J］. Journal of Management, 1994, 20 (1): 1-14.

［52］ Galaskiewicz J. An urban Grants Economy Revisited: Corporate Charitable Contributions in the Twin Cities, 1979-81, 1987-89 ［J］. Administrative Science Quarterly, 1997, 42: 445-471.

［53］ Gao L. , Zhang J. H. Firms' Earnings Smoothing, Corporate Social Responsibility, and valuation ［J］. Journal of Corporate Finance, 2015, 32: 108-127.

［54］ Garay L. , Font X. Doing Good to Do Well? Corporate Social Responsibility Reasons, Practices and Impacts in Small and Medium Accommodation Enterprises ［J］. International Journal of Hospitality Management, 2012, 31 (2): 329-337.

［55］ Gargouri R. M. , Shabou R. , Francoeur C. The Relationship between Corporate Social Performance and Earnings Management ［J］. Canadian Journal of Administrative Sciences, 2010, 27 (4): 320-334.

［56］ Glen J. , K. Lee, A. Singh. Persistence of Profitability and Competition in Emerging Markets ［J］. Economics Letters, 2001, 72 (2): 247-253.

［57］ Godfrey P. C. , Hatch N. W. , Hansen J. M. Toward a General Theory of CSRs the Roles of Beneficence, Profitability, Insurance, and

Industry Heterogeneity [J]. Business & Society, 2010, 49 (2): 316-344.

[58] Goss A., Roberts G. S. The impact of Corporate Social Responsibility on the Cost of Bank Loans [J]. Journal of Banking & Finance, 2011, 35 (7): 1794-1810.

[59] Griffin J. J., J. F. Mahon. The Corporate Social Performance and Corporate Financial Performance Debate: Twenty-Five Years of Incomparable Research [J]. Business and Society, 1997, 36 (1): 5-31.

[60] Gschwandtner A. Profit Persistence in the "Very" Long Run: Evidence from Survivors and Exiters [J]. Applied Economics, 2005, 37 (7): 793-806.

[61] Hart S. L., Ahuja G. Does it pay to be Green? An Empirical Examination of the Relationship between Emission Reduction and Firm Performance [J]. Business Strategy & the Environment, 1996, 5 (1): 30-37.

[62] Hasan I., Kobeissi N., Liu L. L., Wang H. Z. Corporate Social Responsibility and Firm Financial Performance: The Mediating Role of Productivity [J]. Journal of Business Ethics, 2018, 149 (3): 671-688.

[63] Heinkel R., A. Kraus, J. Zechner. The Effect of Green Investment on Corporate Behavior [J]. Journal of Financial and Quantitative Analysis, 2001, 36 (4): 431-449.

[64] Hemingway C. A., Maclagan P. W. Managers' Personal Values as Drivers of Corporate Social Responsibility [J]. Journal of Business Ethics, 2004, 50 (1): 33-44.

[65] Heung-Jun Jung, Dong-One Kim. Good Neighbors but Bad Employers: Two Faces of Corporate Social Responsibility Programs [J]. Journal Business Ethics, 2016, 138: 295-310.

[66] Hillman A. J., Keim G. D. Shareholder Value, Stakeholder Management, and Social Issues: What's the Bottom Line [J]. Strategic Management Journal, 2001, 22 (2): 125-139.

[67] Hillman A. W. L., Jones T. M. Stakeholder Agency Theory [J]. Journal of Management Studies, 1992, 29 (2): 131-154.

[68] Hsiang-Lin Chih, Chung-Hua Shen, Feng-Ching Kang. Corporate Social Responsibility, Investor Protection, and Earnings Management: Some

International Evidence [J]. Journal of Business Ethics, 2008, 79 (1-2): 179-198.

[69] Hull C. E. , Rothenberg S. Firm Performance: The Interactions of Corporate Social Performance with Innovation and Industry Differentiation [J]. Strategic Management Journal, 2010, 29 (7): 781-789.

[70] Ichniowski C. , Kochan T. A. , Levine D. , Olson C. , Strauss G. What Works at Work: Overview and Assessment [J]. Industrial Relations: A Journal of Economy and Society, 1996, 35 (3): 299-333.

[71] Ingram R. W. , Frazier K. B. Environmental Performance and Corporate Disclosure [J]. Journal of Accounting Research, 1980, 18 (2): 614-622.

[72] Islam Muhammad Azizul, Deegan Craig. Media Pressures and Corporate Disclosure of Social Responsibility Performance Information: A Study of Two Global Clothing and Sports Retail Companies [J]. Accounting & Business Research, 2010, 40 (2): 131-148.

[73] Jennifer M. F. , Banerjee S. , Garci "a-Sa" nchez I. M. Corporate Social Responsibility as a Strategic Shield against Costs of Earnings Management Practices [J]. Journal of Business Ethics, 2016, 133 (2): 305-324.

[74] Jensen M. C. , Meckling W. H. Theory of the Firm: Managerial Behavior, Agency Costs, and Capital Structure [J]. Journal of Financial Economics, 1976, 3 (4): 305-360.

[75] Jones T. M. Instuumental Stakeholder Theory: A Sythesis of Ethics and Economics [J]. Academy of Management Review, 1995, 20 (2): 404-437.

[76] Karen E. S, Marc J. E. Exploring the Financial Value of a Reputation fbr Corporate Social Responsibility during a Crisis [J]. Corporate Reputation Review, 2005, 7 (4): 327-345.

[77] Khor A. K. H. Social Contract Theory, Legitimacy Theory and Corporate Social and Environmental Disclosure Policies: Constructing a Theoretical Framework [J]. Journal of Investing, 2009, 13 (1): 57-66.

[78] Kim Y. , Park M. S. , Wier B. Is Earnings Quality Associated with Corporate Social Responsibility [J]. The Accounting Review, 2012, 87 (3): 761-796.

[79] Koh P. , Qian C. , Wang H. Firm litigation Risk and the Insurance Value of Corporate Social Performance [J]. Strategic Management Journal, 2015, 35 (10): 1464-1482.

[80] Kotler P. , Lee N. Best of Breed: When it Comes to Gaining A market Edge while Supporting a Social Cause, "Corporate Social Marketing" Leads the Pack [J]. Social Marketing Quarterly, 2005, 11 (3-4): 91-103.

[81] Kytle B. , Ruggie J. Corporate Social Responsibility as Risk Management [J]. Management of Environmental Quality-An International Journal, 2005, 20 (20): 311-320.

[82] Lindblom C. K. The Implications of Organizational Legitimacy for Corporate Social Performance and Disclosure [C]. Paper Presented at the Critical Perspectives on Accounting Conference, New York, 1994.

[83] Lu W. X. , Martin E. T. Which Factors Moderate the Relationship between Sustainability Performance and Financial Performance? A Meta-analysis Study [J]. Journal of International Accounting Research, 2016, 15 (1): 1-15.

[84] Mackey A. , T. Mackey, J. Barney. Corporate Social Responsibility and Firm Performance: Investor Preferences and Corporate Strategies [J]. Academy of Management Review, 2007, 32 (3): 817-835.

[85] Maignan I. , Ralston D. A. Corporate social Responsibility in Europe and the US: Insights from Businesses' Self-presentations [J]. Journal of International Business Studies, 2002, 33 (3): 497-514.

[86] Makni R. , Francoeur C. , Bellavance F. Causality between Corporate Social Performance and Financial Performance: Evidence from Canadian Firms [J]. Journal of Business Ethics, 2009, 89 (3): 409.

[87] Margolis J. , H. Elfenbein, J. Walsh. Does It Pay to be good……and does It Matter? A Meta-Analysis of the Relationship Between Corporate Social and Financial Performance [R]. Working Paper, 2009.

[88] Margolis J. D. , Elfenbein H. A. , Walsh J. P. Does It Pay to be good? A Meta-analysis and Redirection of Research on the Relation between Corporate Social and Financial Performance [R]. Working Paper, 2007.

[89] McAdam R. , Leonard D. Corporate Social Responsibility in a Total

Quality Management Context: Opportunities for Sustainable Growth [J]. Corporate Governance, 2003, 3 (4): 36-45.

［90］McGuire J. B. , Sundgren A. , Schneeweis T. Corporate Social Responsibility and Firm Financial Performance [J]. Academy of Management Journal, 1988, 31 (4): 854-872.

［91］Mcpeak C. , Tooley N. Do Corporate Social Responsibility Leaders Perform Better Financially? [J]. Journal of Global Businessw Issues, 2008, 2 (2): 982-985.

［92］Mcwilliams A. , Siegel D. Corporate Social Responsibility: A Theory of the Firm Perspective [J]. Academy of Management Review, 2001, 26 (1): 117-127.

［93］Mcwilliams A. , Siegel D. S. , Wright P. M. Corporate Social Respinsibility: Strategic Implications [J]. Journal of Management Studies, 2006, 43 (1): 1-18

［94］Mcwilliams A. , Siegel D. S. Creating and Capturing Value: Strategic Corporate Social Responsibility, Resource-Based Theory, and Sustainable Competitive Advantage [J]. Journal of Management, 2011, 37 (5): 1480-1495.

［95］Navarro P. Why do Corporations Give to Charity [J]. Journal of Business, 1988, 61 (1): 65-93.

［96］Nickell S. J. "Economic policy and private investment since the oil crisis" by Artus et al. [J]. European Economic Review, 1981, 16 (1): 57-59.

［97］O'Donovan G. Environmental Disclosures in the Annual Report: Extending the Applicability and Predictive Power of Legitimacy Theory [J]. Accounting, Auditing and Accountability, 2002, 15 (3): 344-372.

［98］Orlitzky M. , Schmidt F. L. , Rynes S. L. Corporate Social and Financial Performance: A Meta-analysis [J]. Organization Studies, 2003, 24 (3): 403-441.

［99］Patten D. M. Inftra-industry Environmental Disclosuren in Response to the Alaska Oil Spill: A Note on Legitimacy Theory [J]. Accounting, Organizations and Society, 1992, 15 (5): 471-475.

［100］Paul C. J. , Siegel D. S. Corporate Social Responsibility and Economic Performance [J]. Journal of Productivity Analysis, 1996, 26 (3):

207-211.

[101] Pfeffer J. , Salancik G. R. The External Control of Organizations: A Resource Dependence Perspective [M]. New York: Harper and Row, 1978.

[102] Porter M. , Kramer M. Creating Shared Value: How to Reinvent Capitalism and Unleash A Wave of Innovation and Growth [J]. Harvard Business Review, 2011, 89: 1-17.

[103] Porter M. , Kramer M. Strategy & Society [J]. Harvard Business Review, 2006, 84 (12): 78-92.

[104] Preston, Lee E. , O'Bannon, Douglas P. The Corporate Social Financial Performance Relationship: A Typology and Analysis [J]. Business and Society, 1999, 36 (4): 419-429.

[105] Preston L. E. , O'Bannon D. P. The Corporate Social-Financial Performance Relationship: A Typology and Analysis [J]. Business and Society, 1997, 36 (4): 419-429.

[106] Prior D. , Surroca J. , Tribo' J. A. Are Socially Responsible Managers Really Ethical? Exploring the Relationship between Earnings Management and Corporate Social Responsibility [J]. Social Science Electronic Publishing, 2008, 16 (3): 160-177.

[107] Quazi A. M. , O'Brien D. An Empirical Test of a Cross-national Model of Corporate Social Responsibility [J]. Journal of Business Ethics, 2000, 25 (1): 33-51.

[108] Roychowdhury S. Earnings Management through Real Activities Manipulation [J]. Journal of Accounting and Economics, 2006, 42 (3): 335-370.

[109] Ruf B. M. , Muralidhar K. , Brown R. M. , Janney J. J. , Paul K. An Empirical Investigation of the Relationship between Change in Corporate Social Performance and Financial Performance: A Stakeholder Theory Perspective [J]. Journal of Business Ethics, 2001, 32 (2): 143-156.

[110] Russo M. V. , Fouts P. A. A Resource-based Perspective on Corporate Environmental Performance and Profitability [J]. Academy of Management Journal, 1997, 40 (3): 534-559.

[111] Samet M. , Jarboui A. How Does Corporate Social Responsibility

Contribute to Investment Efficiency? [J]. Journal of Multinational Financial Management, 2017, 40: 33-46.

[112] Sen S. , BhaUacharya C. B. Does Doing Good always Lead to Doing Better? Consumer Reactions to Corporate Social Responsibility [J]. Journal of Marketing Research, 2001, 38 (2): 225-243.

[113] Sethi S. P. Dimensions of Corporate Social Performance: An Analytical Framework [J]. California Management Review, 1975, 17 (3): 58-64.

[114] Sharma S. , Sharma J. , Devi A. Corporate Social Responsibility: The Key Role of Human Resources Management [J]. Business Intelligence Journal, 2009, 2 (1): 205-214.

[115] Sturdivant, Frederick D. , James L. Ginter. Corporate Social Responsibility: Management Attitudes and Economic Performance [J]. California Management Review, 1977, 19: 30-39.

[116] Sun L. , Stuebs M. Corporate Social Responsibility and Firm Productivity: Evidence from the Chemical Industry in the United States [J]. Journal of Business Ethics, 2013, 118 (2): 251-263.

[117] Surroca J. , Tribo J. A. , Waddock S. Corporate Responsibility and Financial Performance: The Role of Intangible Resources [J]. Strategic Management Journal, 2010, 31 (5): 463-490.

[118] Tang Z. , Hull C. E. , Rothenberg S. How Corporate Social Responsibility Engagement Strategy Moderates the CSR-Financial Performance Relationship [J]. Journal of Management Studies, 2012, 49 (7): 1274-1303.

[119] Turban D. , D. Greening. Corporate Social Performance and Organizational Attractiveness to Prospective Employees [J]. Academy of Management Journal, 1997, 40 (3): 658-672.

[120] Turker D. Measuring Corporate Social Responsibility: A Scale Development Study [J]. Journal of Business Ethics, 2009, 85 (4): 411-427.

[121] Ullmann A. Data in Search of a Theory: A Critical Examination of the Relationships among Social Performance, Social Disclosure, and Economic Performance [J]. Academy of Management Review, 1985, 10 (3): 540-557.

[122] Van Beurden P. , T. Gossling. The Worth of Values – A Literature

Review on the Relation between Corporate Social and Financial Performance [J]. Journal of Business Ethics, 2008, 82 (2): 407-424.

[123] Vitaliano D. F. , Stella G. P. The Cost of Corporate Social Responsibility: The Case of the Community Reinvestment Act [J]. Journal of Productivity Analysis, 2006, 26 (3): 235-244.

[124] Vlachos P. A. , Tsamakos A. , Vrechopoulos A. P. , Avramidis P. K. Corporate Social Responsibility: Attributions, Loyalty, and the Mediating Role of Trust [J]. Journal of the Academy of Marketing Science, 2009, 37 (2): 170-180.

[125] Waddock S. A. , Graves S. B. The Corporate Social Performance-Financial Performance Link [J]. Strategic Management Journal, 1997, 18 (4): 303-319.

[126] Wang Bin. Accounting of External Environmental Cost of Enterprise Based on Integration of MFCA and LIME [J]. Chemical Engineering Transactions, 2015, 46 (12): 1213-1218.

[127] Wang Bin. An Empirical Study on the Effects of Corporate Social Responsibility on Earnings Management [J]. Ce Ca, 2017, 42 (10): 4436-4443.

[128] Wang Bin. An Empirical Study on the Interactive and Inter-temporal Influences between Corporate Social Responsibility and "De-noised" Financial Performance [J]. Ce Ca, 2017, 42 (9): 4096-4103.

[129] Wang Bin. Structure and Accounting of Internal Environmental Cost of Enterprises Based on MFCA [J]. International Journal of Earth Sciences and Engineering, 2015, 8 (5): 2490-2495.

[130] Wang Bin. The Governance Effect or Entrenchment Effect? Social Responsibility and Earnings Management in Chemical Industry [J]. Chemical Engineering Transactions, 2017, 62 (12): 1567-1572.

[131] Wang H. , Choi J. , Li J. Too Little or Too Much? [J]. Organization Science, 2008, 19: 143-159.

[132] Wang S. , Gao Y. H. What do we know about Corporate Social Responsibility Research Analysis [J]. Irish Journal of Management, 2016, 35 (1): 1-16.

［133］Wintoki M. B. , J. S. Linck, J. M. Netter. Endogeneity and the Dynamics of Internal Corporate Governance ［J］. Journal of Financial Economics, 2012, 105 (3): 581-606.

［134］Wood D. Corporate Social Performance Revisited ［J］. Academy of Management Review, 1991, 16 (4): 691-718.

［135］Wu M. Corporate Social Performance, Corporate Financial Performance, and Firm Size: A Meta—Analysis ［J］. Journal of American Academy of Business, 2006, 8 (1): 163-171.

［136］Wu S. W. , Lin F. Y. , Wu C. M. Corporate Social Responsibility and Cost of Capital: An Empirical Study of the Taiwan Stock Market ［J］. Emerging Markets Finance & Trade, 2014, 50 (Supplement 1): 107-120.

［137］Yang ShouLin. Corporate Social Responsibility and an Enterprise's Operational Efficiency: Considering Competitor's Strategies and the Perspectives of Long-term Engagement ［J］. Quality & Quantity, 2016, 50 (6): 2553-2569.

［138］Yuan C. , Shen C. H. Corporate Social Responsibility and Profitability-cost of Debt as the Mediator ［J］. Taipei Economic Inquiry, 2014, 50 (2): 291-357.

［139］Zhiyu Cui, Xiaoya Liang, Xiongwen Lu. Prize or Price? Corporate Social Responsibility Commitment and Sales Performance in the Chinese Private Sector ［J］. Management and Organization Review, 2013, 11 (1): 25-44.

［140］蔡月祥, 杜丽. 企业社会责任与财务绩效关系的实证研究——基于结构方程模型的分析 ［J］. 中国集体经济, 2016 (3): 97-100.

［141］曹凤月. 企业道德责任研究论纲 ［J］. 中国劳动关系学院学报, 2005 (2): 107-113.

［142］曹亚勇, 于丽丽. 政府控制、社会责任与投资效率: 2009-2011 年上市公司样本 ［J］. 改革, 2013 (7): 127-135.

［143］陈宏辉, 张麟, 向燕. 企业社会责任领域的实证研究: 中国大陆学者 2000-2015 年的探索 ［J］. 管理学报, 2016, 13 (7): 1051-1059.

［144］陈留彬. 中国企业社会责任评价实证研究 ［J］. 山东社会科学, 2007 (11): 145-150.

［145］陈强. 高级计量经济学及 Stata 应用 ［M］. 北京: 高等教育出

版社，2014.

　　[146] 陈守明，施佳，蒲雪青．我国企业社会责任与企业绩效相关性实证研究 [J]．上海企业，2008（2）：26-28.

　　[147] 邓小军，刘娅，干胜道．财务公平视角下的财务管理目标重构 [J]．财会月刊，2015（4）：3-4.

　　[148] 丁一兵，付林．中美大型企业社会责任对其企业效率的影响机制研究——基于 DEA-Tobit 两步法的分析 [J]．产业经济研究，2015（6）：21-31.

　　[149] 董千里等．企业规模、企业社会责任与企业财务绩效关系研究 [J]．技术经济与管理研究，2017（2）：23-28.

　　[150] 冯海红．小额贷款公司财务效率和社会效率及其影响因素——基于 DEA-Tobit 两阶段法的实证分析 [J]．财经理论与实践，2017（5）：33-38.

　　[151] 冯丽艳，肖翔，张靖．企业社会责任影响债务违约风险的内在机制——基于经营能力和经营风险的中介传导效应分析 [J]．华东经济管理，2016，30（4）：140-148.

　　[152] 冯丽艳，肖翔，赵天骄．企业社会责任与盈余管理治理 [J]．重庆大学学报（社会科学版），2016，22（6）：79-93.

　　[153] 冯丽艳．社会责任表现对权益资本成本的影响机制研究——经营风险和信息风险为路径 [D]．北京：北京交通大学，2017.

　　[154] 冯文彬．社会责任信息披露影响因素实证研究 [J]．改革与开放，2009（10）：102-104.

　　[155] 傅超，吉利．诉讼风险与公司慈善捐赠——基于"声誉保险"视角的解释 [J]．南开管理评论，2017（2）：108-121.

　　[156] 干胜道，邓小军，陈念．财务双目标协调论 [J]．财会月刊，2013（23）：3-5.

　　[157] 干胜道，刘庆龄．嵌入公平的企业财务目标新思考——来自2007—2013 年中国资本市场经验数据 [J]．财经问题研究，2015（1）：72-79.

　　[158] 干胜道．基于贡献三因素论的企业增值额分配财务公平测度研究 [J]．财会学习，2015（5）：13-17.

　　[159] 干胜道．价值创造与价值分配的有机结合——对企业财务本质

新认识 [J]. 会计之友，2013 (1)：14-15.

[160] 高明华. 中国上市公司高管薪酬指数报告 [M]. 北京：经济科学出版社，2011.

[161] 郭锐，张东栩，许冰. 辽宁上市公司社会责任会计信息的实证研究 [J]. 理论界，2006 (7)：266-267.

[162] 贺婷. 企业社会责任在会计方面的研究 [J]. 商场现代化，2016 (2)：210-211.

[163] 胡静. 企业社会责任对短期财务绩效、发展前景及战略决策的影响 [J]. 中国乡镇企业会计，2015 (3)：85-86.

[164] 胡铭. 基于顾客满意的企业社会责任与其绩效关系的实证研究 [J]. 嘉兴学院学报，2008 (3)：74-81.

[165] 胡宇鹏，胡海波. 企业社会责任对其经营效率的影响 [J]. 学术论坛，2017 (8)：166-167.

[166] 黄伟，陈钊. 外资进入、供应链压力与中国企业社会责任 [J]. 管理世界，2015 (2)：91-100.

[167] 嵇国平等. 企业社会责任对财务绩效的影响：一定是线性的吗？[J]. 经济问题，2016 (10)：92-97.

[168] 吉利，何熙琼，毛洪涛. "机会主义"还是"道德行为"？——履行社会责任公司的盈余管理行为研究 [J]. 会计与经济研究，2014 (9)：10-25.

[169] 姜启军. 企业社会责任和企业经济绩效的关系分析 [J]. 生产力研究，2007 (8)：50-57.

[170] 孔龙，李蕊. 政治关联、企业财务绩效与企业财务责任的相互关系研究——以我国食品饮料行业为例 [J]. 北京交通大学学报（社会科学版），2015，14 (3)：53-61.

[171] 乐烨华，张其秀，林丽娟. 从 5.12 地震看企业社会责任对企业财务业绩的影响 [J]. 经济论坛，2010 (6)：192-194.

[172] 黎友焕，龚成威. 国内企业社会责任理论研究新进展 [J]. 西安电子科技大学学报（社会科学版），2009 (1)：1-15.

[173] 李国平，韦晓茜. 企业社会责任内涵、度量与经济后果——基于国外企业社会责任理论的研究综述 [J]. 会计研究，2014 (8)：33-40.

[174] 李虹，罗莉华. 基于企业社会责任的财务能力分析 [J]. 中国

管理信息化，2009（7）：51-53.

[175] 李卉雯，姜磊. 基于社会责任的供电企业财务评价研究 [J].企业改革与管理，2015（8）：111.

[176] 李建升，李巍. 企业社会责任和企业财务绩效关系：争议与统一 [J]. 重庆大学学报（社会科学版），2010（6）：55-61.

[177] 李双辰，张春旺，李芳. 电力企业社会责任与企业财务绩效关系研究——基于 51 家公司 2011—2013 年面板数据 [J]. 会计之友，2015（24）：60-64.

[178] 李四海. 企业社会责任履行度影响因素的实证研究——来自上证 A 股的经验证据 [J]. 珞珈管理评论，2009（12）：94-104.

[179] 李伟阳，肖红军. 企业社会责任概念探究 [J]. 经济管理，2008（11）：21-22.

[180] 李霞，干胜道，冯林燕. 非营利组织捐赠者财务公平感知对捐赠意愿的影响研究 [J]. 上海财经大学学报，2017（10）：40-51.

[181] 李霞，干胜道. 非营利组织财务公平机制的构建 [J]. 云南社会科学，2017a（5）：87-92.

[182] 李霞，干胜道. 非营利组织财务公平理论应用研究 [J]. 新会计，2017b（4）：6-9.

[183] 李小华，干胜道. 利益相关者财务分配博弈分析及财务和谐分配模型构建 [J]. 新疆社会科学，2017（1）：33-39.

[184] 李新娥，穆红莉. 企业社会责任和企业绩效关系的实证研究 [J]. 企业经济，2010（4）：104-107.

[185] 李增福，董志强，连玉君. 应计项目盈余管理还是真实活动盈余管理？——基于我国 2007 年所得税改革的研究 [J]. 管理世界，2011（1）：121-134.

[186] 李占祥. 论企业社会责任 [J]. 中国工业经济研究，1993（3）：58-60.

[187] 李正. 企业社会责任与企业价值的相关性研究——来自沪市上市公司的经验证据 [J]. 中国工业经济，2006（2）：77-83.

[188] 刘长翠，孔晓婷. 社会责任会计信息披露的实证研究——来自沪市 2002 年—2004 年度的经验数据 [J]. 会计研究，2006（10）：36-43.

[189] 刘华，魏娟，巫丽兰. 企业社会责任能抑制盈余管理吗？——基

于强制披露企业社会责任报告准实验 [J]. 中国软科学, 2016 (4): 95-107.

[190] 刘晋科, 干胜道, 杨姗姗. 劳资财务公平测度比较研究——以高新技术产业上市公司为例 [J]. 管理世界, 2016 (1): 180-181.

[191] 刘俊海. 公司社会责任与和谐消费环境的营造 [J]. 上海政法学院学报, 2005 (7): 19-22.

[192] 刘琪. 试论三鹿奶粉事件中的政府责任 [J]. 经济研究导刊, 2009 (4): 98-99.

[193] 刘肖, 赵莹. 基于 Windows-DEA 模型的文化创意上市公司财务效率评价研究 [J]. 经济论坛, 2016 (9): 91-94.

[194] 刘雪雁. 企业社会责任与财务绩效关系研究——以造纸类企业为例 [J]. 武汉商学院学报, 2016 (2): 77-79.

[195] 龙文滨. 公司社会责任与财务业绩关系研究 [J]. 财会通讯, 2013 (12): 73-77.

[196] 卢代富. 国外企业社会责任界说述评 [J]. 现代法学, 2001, 23 (3): 137-144.

[197] 卢谢峰, 韩立敏. 中介变量、调节变量与协变量——概念、统计检验及其比较 [J]. 心理科学, 2007, 30 (4): 433-435.

[198] 马力, 齐善鸿. 公司社会责任理论述评 [J]. 经济社会体制比较, 2005 (3): 138-141.

[199] 马连福. 公司治理评价中的董事会治理评价指标体系设置研究 [J]. 南开管理评论, 2003 (6): 15-17.

[200] 倪中新, 王大中, 武凯文. 企业社会责任、所有权属性与企业经营效率——基于《企业社会责任蓝皮书 (2009-2013)》的经验证据 [J]. 第九届 (2014) 中国管理学年会——会计与财务分会场论文集, 2014 (11): 125-138.

[201] 乔海曙, 谭明. 金融企业社会责任与财务绩效关系的实证研究 [J]. 财经理论与实践, 2009 (11): 17-21.

[202] 屈晓华. 企业社会责任演进与企业良性行为反应的互动研究 [J]. 管理现代化, 2003 (10): 13-16.

[203] 任力, 赵洁. 企业社会责任与公司绩效的实证研究 [J]. 重庆交通大学学报 (社会科学版), 2009 (4): 60-65.

[204] 邵君利. 企业社会责任活动对企业价值的影响——根据中国化学制品行业上市公司的经验证据 [J]. 中国管理科学, 2009 (1): 75-80.

[205] 沈弋, 徐光华. 企业社会责任及其"前因后果"——基于结构演化逻辑的述评 [J]. 贵州财经大学学报, 2017 (1): 101-109.

[206] 沈艺峰, 沈洪涛. 论公司社会责任与相关利益者理论的全面结合趋势 [J]. 中国经济问题, 2003 (2): 51-60.

[207] 宋效中, 孟丽. 财务杠杆作用下企业社会责任与盈余管理的关系 [J]. 财会月刊, 2016 (3): 9-12.

[208] 苏冬蔚, 贺星星. 社会责任与企业效率: 基于新制度经济学的理论与经验分析 [J]. 世界经济, 2011 (9): 138-159.

[209] 苏蕊芯, 仲伟周, 刘尚鑫. 企业社会责任与企业效率关联性分析——以深市上市公司为例 [J]. 山西财经大学学报, 2010 (11): 75-85.

[210] 孙清亮, 张天楠. 企业社会责任与企业绩效相关性实证研究——基于社会责任信息披露视角的再探讨 [J]. 会计之友 (下旬刊), 2010 (10): 19-23.

[211] 陶文杰, 金占明. 企业社会责任信息披露、媒体关注度与企业财务绩效关系研究 [J]. 管理学报, 2012 (8): 1225-1232.

[212] 田虹, 王汉瑛. 异质性企业社会责任存在协同效应吗?——一个三维交互模型 [J]. 商业研究, 2014 (12): 134-140.

[213] 田虹, 王汉瑛. 异质性企业社会责任的"前门"机制和"后门"机制——来自中国上市公司的经验证据 [J]. 中南大学学报 (社会科学版), 2016 (2): 114-122.

[214] 万寿义, 刘非非. 企业盈余管理模式与企业社会责任相关性研究 [J]. 西南民族大学学报 (人文社会科学版), 2014 (7): 128-132.

[215] 王菲. 基于 DEA-GRA 的中国央企效率变动的实证分析 [J]. 统计与决策, 2015 (2): 128-131.

[216] 王建琼, 何静谊. 公司治理、企业经济绩效与企业社会责任——基于中国制造业上市公司数据的经验研究 [J]. 经济经纬, 2009 (2): 83-86.

[217] 王霞, 徐怡, 陈露. 企业社会责任信息披露有助于甄别财务报告质量吗? [J]. 财经研究, 2014 (5): 133-144.

［218］王昱．基于企业社会责任的财务指标分析研究［J］．内蒙古科技与经济，2010（11）：21-22.

［219］王志敏．煤炭企业履行社会责任的财务效率研究［D］．秦皇岛：燕山大学，2013.

［220］魏丽玲，陆旸．企业社会责任与财务绩效关系研究——以食品饮料制造业为例［J］．东南大学学报（哲学社会科学版），2016（12）：26-29.

［221］温素彬，方苑．企业社会责任与财务绩效关系的实证研究——利益相关者视角的面板数据分析［J］．中国工业经济，2008（10）：150-160.

［222］温忠麟，张雷，侯杰泰，刘红云．中介效应检验程序及其应用［J］．心理学报，2004，36（5）：614-620.

［223］吴方，严伟，邢潇倩．医药企业社会责任与财务绩效相关性的实证研究——基于68家医药上市公司的面板数据［J］．生态经济，2015，31（8）：112-116.

［224］吴兰，干胜道．我国公用事业上市公司是否做到公平与效率并重？［J］．经济体制改革，2016（7）：196-200.

［225］吴联生，王亚平．盈余管理程度的估计模型与经验证据：一个综述［J］．经济研究，2007（8）：143-152.

［226］习近平．决胜全面建成小康社会 夺取新时代中国特色社会主义伟大胜利——在中国共产党第十九次全国代表大会上的报告［J］．先锋队，2017（11）：5-24.

［227］夏子航，陈登彪，陈海涛．新三板扩容对挂牌企业盈余管理行为影响研究［J］．财经论丛（浙江财经大学学报）2016，208（6）：75-83.

［228］徐珊，黄健柏．企业产权、社会责任与权益资本成本［J］．南方经济，2015，307（4）：76-92.

［229］徐玉德，谭超．食品行业企业社会责任及其对财务绩效的影响——基于SEM的实证分析［J］．商业会计，2016（11）：4-8.

［230］颜剩勇．基于企业社会责任的财务能力分析［J］．生产力研究，2006（6）：268-270.

［231］杨帆，张梅芳．企业社会责任：理论述评与思考［J］．财会通讯，2010（1）：151-153.

［232］杨皖苏，杨善林．中国情境下企业社会责任与财务绩效关系的

实证研究——基于大、中小型上市公司的对比分析 [J]. 中国管理科学，2016，24（1）：143-150.

[233] 杨晓旭. 企业财务绩效与社会责任信息披露关系的实证研究 [J]. 市场论坛，2010（6）：39-41.

[234] 杨熠，沈洪涛. 我国公司社会责任与财务业绩关系的实证研究 [J]. 暨南大学学报（哲学社会科学版），2008（6）：60-68.

[235] 杨自业，尹开国. 公司社会绩效影响财务绩效的实证研究——来自中国上市公司的经验证据 [J]. 中国软科学，2009（11）：109-118.

[236] 殷格非，于志宏，吴福顺等. 寻找蜜蜂——"金蜜蜂"企业社会责任中国榜解析 [J]. WTO 经济导刊，2008（2）：40-41.

[237] 于晓谦，程浩. 公司治理对公司社会责任信息披露的影响——基于中国石化塑胶行业的实证研究 [J]. 会计之友，2010（2）：85-89.

[238] 袁家方. 企业社会责任 [M]. 北京：海洋出版社，1990.

[239] 张兰霞，袁栋楠，牛丹，金越. 企业社会责任对财务绩效影响的实证研究——以我国上市公司为研究对象 [J]. 东北大学学报（自然科学版），2011（2）：292-296.

[240] 张彦明，王斌，付会霞等. 企业社会责任与财务业绩关系理论研究 [J]. 财会通讯（综合·中），2012（11）：38-39.

[241] 张原等. 医药企业社会责任与财务绩效交互影响研究 [J]. 财务与会计，2017（8）：105-109.

[242] 张兆国，靳小翠，李庚秦. 企业社会责任与财务绩效之间交互跨期影响实证研究 [J]. 会计研究，2013（8）：32-39.

[243] 赵存丽. 不同企业性质的社会责任与财务绩效相关性研究 [J]. 会计之友，2013（2）：25-28.

[244] 甄红线，张先治，迟国泰. 制度环境、终极控制权对公司绩效的影响——基于代理成本的中介效应检验 [J]. 金融研究，2015，426（12）：162-177.

[245] 郑若娟. 西方企业社会责任理论研究进展——基于概念演进的视角 [J]. 国外社会科学，2006（3）：34-39.

[246] 钟成武. 我国企业社会责任会计信息披露的实证检验 [J]. 法制与经济（中旬刊），2008（7）：101-102.

[247] 钟向东，樊行健. 企业社会责任、财务业绩与盈余管理关系的

研究［J］. 财会月刊，2011（9）：14-18.

［248］周祖城. 企业社会责任：视角、形式与内涵［J］. 理论学刊，2005（2）：58-61.

［249］周祖城. 企业社会责任的关键问题辨析与研究建议［J］. 管理学报，2017（5）：713-719.

［250］周祖城. 企业社会责任研究的五种取向［J］. 管理学报，2016（7）：1045-1050.

［251］朱凯，赵旭颖，孙红. 会计准则改革、信息准确度与价值相关性——基于中国会计准则改革的经验证据［J］. 管理世界，2009（4）：47-54.

［252］朱雅琴，姚海鑫. 企业社会责任与企业价值关系的实证研究［J］. 财经问题研究，2010（2）：102-106.

后 记

　　一路走来，百感交集，人生百味，尽在其中。企业社会责任作为国家精神文明的重要体现，在社会与企业之间架起了一座举足轻重的桥梁。在具有中国特色的社会主义初级阶段，高度执行经济职能的企业重视履行企业社会责任，经济效益和社会效益并重，同时提高财务效率与财务公平，能够更好地为实现共同富裕贡献力量。企业社会责任与财务活动的高度融合，使企业履行社会责任影响财务效率与财务公平的相关研究显得格外有意义，创新和研究成果也格外突出。习总书记说过"绿水青山就是金山银山"，这项研究成果就是这句话的真实写照，是高质量践行党、国家和人民绿色发展意图的真实反映。

　　"苔花如米小，也学牡丹开。"书已成稿，虽然感觉有许多不尽如人意的地方，但还是收获了沉甸甸的果实。一路走来，陪伴我成长的人很多，时至今日，除了感激，别无其他。

　　"此生无悔入华夏，来生愿在种花家"，有幸生活在中国这样安全富强的国度，能够安心做研究，我无比感激；感谢上海市"高水平学科建设——应用经济学（金融学）"项目的资助出版，让我免去了经济方面的后顾之忧；感谢上海商学院财务金融学院的同仁，将合作共享、互帮互助体现得淋漓尽致；感谢河海大学沈菊琴教授、东南大学陈良华教授、南京大学王跃堂教授、三峡大学何伟军教授等老师提出宝贵意见；感谢无数个日日夜夜家人的支持和鼓励；感谢自己在这条道路上的坚持不懈和努力奋斗……帮助我的人还有很多，要感谢的人也有很多，在此感谢所有关心我、帮助我的人！

　　"雄关漫道真如铁，而今迈步从头越。"这本书得以出版，只说明曾经的付出得到了相应的回报，但是还有很多不足要去弥补，以后要做的事还有很多。虽然前行的道路上充满荆棘，但我会继续严格要求自己，认真努力坚持下去，"待到山花烂漫时，她在丛中笑"……